宋育仁
维新思想研究

董凌锋 著

北京燕山出版社

序 一

解放军出版社董凌锋编辑原是我的博士生。他在博士学位论文《宋育仁维新思想研究》基础上修改而成的这部书稿，请我给他作序。我一时不知该从何处下笔。昨天，我从香山游览归来，突然有了灵感。

百余年来，中国近现代史的研究成果，有如一座座目不暇接的大山：既有苍松翠柏、怪石嶙峋，亦有泉石叠翠、绿草如茵；既有雄峰千仞、碧潭如镜，亦有山花斗艳、百鸟鸣山。这恰如中国近代史研究在政治、思想、贸易、经济、军事、战争、社会、文化、人物、制度等各方面丰富多彩的研究景观。

然而，其中近现代人物的研究，却显示出一种不平衡的状态。就研究领域来说，主要是集中在政治思想界的明星人物，如：林则徐、魏源、洪秀全、孙中山、曾国藩、李鸿章、左宗棠等人，而其他经济、文化、科技及妇女、少数民族等人物的研究成果，则远不如上述等人。而即使是政治思想领域，学界的关注点也主要集中在上层的热点人物，而对晚清史中那些宗室王公，那些保守顽固的负面人物，尤其是广大中下层的典型人物则关注不多。董凌锋先生的这部《宋育仁维新思想研究》，恰是把目光集中到了历史上并未受到特别青睐，但却是十分重要的人物。

这是作者历史眼光的独到之处，该书成果无疑也是对近现代史学界的重要贡献。

宋育仁属于多年来被正史遗忘的历史人物，已有的研究成果与其在近代史上的作为及成就极不相配。通读全书，作者主要以宋育仁维新思想作为研究对象，兼及宋育仁的人生经历、著述言论、交友活动等。在研究宋育仁维新思想时，又将其放在整个中国近代史的大背景下进行考察，围绕近代中西文化交融碰撞与中国近代化问题，深入探讨了宋育仁维新思想产生与发展的原因、其维新思想的特点（包括局限性）、宋育仁在近代思想史及近代史上的历史地位等。

该书的学术价值，我认为主要体现在以下几个方面：

一、对宋育仁的研究并非就事论事，就人论人

在研究过程中，作者重视宋育仁与近代中国政治舞台上的其他派别如洋务派、顽固派等不同派别人士的联系与区别，并通过与近代中国其他维新思想家及其余进步人士进行多方位、多维度的比较研究，总结出宋育仁维新思想的特点，并对其在中国近代维新运动史、中国近代思想史及中国近代史上的地位予以评价。

二、对大量一手史料的深度挖掘和利用

作者在书中运用了大量的史料，尤其是对作为第一手资料的宋育仁著述，作者下了很大的功夫，给予了最大限度的挖掘和利用，有不少史料为前人所未曾利用，这是作者在运用史料方面的过人之处。

三、对宋育仁生平经历、著述言论的细致考察

以往，有关宋育仁的研究成果，未能对宋育仁其人进行清晰、准确、全面的阐述。但该书开篇，首先按时间顺序理清了宋育仁一生的主要经历，为随后论述宋育仁的维新思想奠定了坚实的立论基础。宋育仁著述丰硕，经史子集、西学中学无所不包，可谓著作等身，已有的研究成果中或对其言之不详，或言之不确。作者通过查阅大量资料及进行大量细致的考证工作，在书中首次以表格的形式将宋育仁的著述情况清晰地罗列出来，使读者一目了然。

四、对宋育仁维新思想之深入研究

这是本书的主体部分。作为一名维新思想家，宋育仁在已有研究成果中多被视为早期维新派的代表人物进行研究，而对宋育仁在维新运动、清末新政以及之后的维新思想则探讨不足，且缺乏与同时代及近代史上其他进步人物思想的比较研究。从时段上讲，该书对宋育仁维新思想的研究主要侧重于从宋育仁出使英法诸国到辛亥革命之前，论述其维新思想的不断成熟与发展，从内容上讲，该书主要侧重研究宋育仁在政治与经济方面的维新思想，兼论他的教育与军事思想，而并非面面俱到、全面开花。在对宋育仁及其维新思想进行论述时，作者注重与其他相关历史人物的比较，以体现宋育仁维新思想的优点与局限性，并对宋育仁维新思想形成与发展的历史背景、维新思想的特点及局限性做了深入的探讨与总结。

五、对一些具体的历史细节的深入考辨

书中对宋育仁的生卒年代、《时务论》的写成年代、宋育

仁的归国年代及其字号情况等学术界言之不清或有所争议的史实一一进行了细致的考证，给读者一个清楚的交代。

六、对宋育仁及其维新思想的评价与定位

该书通过对宋育仁维新思想的内容、特点以及维新思想形成渊源等问题的研究，结合与同时代其他进步人物及其思想的比较，总结出宋育仁维新思想的进步与不足之处，并将其放在维新运动史、中国近现代思想史的大背景中，力求对其有一个客观、公正的评价，并尝试对宋育仁及其维新思想在近代史上的作用和影响，予以定位。

综上所述，《宋育仁维新思想研究》一书的出版，必将极大地丰富已有宋育仁学术研究的成果，对于进一步深入研究宋育仁以及中国近代维新运动史、近代思想史及近代人物等，无疑都会起到积极的促进作用。

唐代韩愈曾说："弟子不必不如师，师不必贤于弟子。"董凌锋大作的问世，表明在宋育仁维新思想的研究上，他已远远超过了他的老师。但作为老师的我，更愿意看到自己的每一个弟子，均"出于蓝而胜于蓝"，在历史研究乃至人生更宽广的领域，能够建功立业，做出更辉煌的成绩。是为序。

国家清史编纂委员会专家
中国人民大学清史研究所教授、博士生导师　何瑜
2015年金秋于北京

序 二

鸦片战争以降，中国面临"三千年未有之变局"。列强环伺，不平等条约体系的建立，犹如一根根吸血管附着在中华民族的身体上。沿续了几千年的中央集权专制主义统治这时也走到了尽头，官僚体系的腐败，专制制度对整个社会的束缚，使整个社会上下充满奢侈、腐朽的气息。文化上，作为当时统治者尊崇的主流意识形态——儒家学说（宋明理学），已成为整个社会——尤其是传统知识分子思想的桎梏，"万马齐喑究可哀"是时人对此发出的无奈叹息。

面对民族、国家危机，中华民族从来不乏有识之士。19世纪中叶，从林则徐、魏源开始，一代又一代的知识精英、民间豪杰都有对时局的思考、对形势的判断及对危机的应对之策。

对近代思想史（人物）的研究，我们以往常常关注于"惊天动地"的人物，这是有道理的。一来这些人物在历史上的影响确实比较大，有的还有相当的"事功"；二来这些人物所遗留的资料也比较多，使我们在研究过程中不致有"向隅"之感。思想史的研究，"草根阶层"的思想是最为重要的，有些学者在这方面也做出了实际的成果，像葛兆光先生的《中国思想史》（三卷，复旦大学出版社2001年12月版）可谓是煌煌巨著。此外，在近代思想史方面，张鸣的《乡土心路八十年——中国近代化过程中农民意识的变迁》（陕西人民出版社2008年5月版）也做了有分量的探讨。但对于"草根阶层"思想意识的探讨，史料的搜集是一个大的问题，没有长时间的积累和相当的学术沉淀，是会觉得力不从心的。

在"惊天动地"的人物和"草根阶层"之间，有一大批思想者，与前者比较起来，他们往往不易引人注目，与后者相比，这些人在历史上多多少少都留下了痕迹，有的人还有比较系统的资料留存。这批人因为人数较多，分布于社会的各个角落，可以通过多种方式影响社会，正是他们构成了近代社会的精英阶层。对这一阶层人物思想的探讨，更有助于我们了解一个时代思想界的状况，理解中国近代艰难的现代化过程。本书的主角宋育仁即是此中的一员。

董凌锋君所著《宋育仁维新思想研究》，在广泛搜罗资料并吸收前人研究成果的基础上，对宋育仁的维新政治思想、经济思想进行了细致的爬梳，并分析了其思想形成的背景及特点。通读全稿，我觉得有几点是值得推荐的：其一，作者通过多方努力，建立了宋育仁的著述目录。这是前人在研究中没有做的工作，对将来的研究工作来说是"功德无量"的。其二，作者在分析宋育仁思想的过程中十分注重与同时代思想家的对比。这种对比既有与维新思想的集大成者康有为、梁启超的对比，也有与同时代的其他思想者——我们一般称之为"早期维新派"的对比，在这种对比中更加深了我们对宋育仁思想的理解。其三，对宋育仁思想的某些方面的解读是非常有深度的。

"宋育仁等早期维新派人士所主张开设的议院，并不是以西方民权思想为基础，而是以中国传统的民本思想为基础，他们大多把议院当作是能够使中国振衰起弱、挽救危亡的'富强之术'，以及认为议院是一种'通上下之情的工具或手段'，因此，他们并不理解或者认同自由、平等、天赋人权和社会契约论等资产阶级政治法律学说。"

实际上，该书值得推荐之处还有许多，如对宋育仁金融思想、银行思想的分析等等。

思想史研究是相当有难度的，尤其是在对研究对象思想的解读方面。本书在相关方面尚有进一步深入的余地，如对宋育仁金融思想的研究，可以结合当时西方银行业发展状况、现代银行（金融）的理念等做深入的探讨。

董君凌锋，谦谦君子也。2002年，他考入内蒙古大学历史系攻读硕士学位，其硕士学位论文《维新运动期间宋育仁思想研究》是我指导的。之后，他又入中国人民大学深造，获历史学博士学位。其大作《宋育仁维新思想研究》将付梓，索序于我。我才学浅薄，本不敢造次，然为师者当亦有此义务，聊作此以为续貂。

是为序。

内蒙古大学历史与旅游文化学院教授
博士生导师　牛敬忠

2015年9月

目 录

绪 论 / 1

第一节 选题意义 / 2
一、深入研究宋育仁的原因 / 2
二、研究宋育仁维新思想的意义 / 7

第二节 研究现状 / 12
一、有关宋育仁及其维新思想的综合性成果 / 12
二、有关宋育仁经济思想的研究成果 / 15
三、有关宋育仁其他方面的研究成果 / 18
四、提及宋育仁或对其略作简论的论著 / 22

第三节 创新之处与研究方法 / 28
一、创新之处 / 28
二、研究方法 / 31

第一章 宋育仁生平与著述 / 33

第一节 生平主要经历 / 34
一、从醉心科举到维新思想初步形成 / 36
二、从出使西方到积极参与维新运动 / 42
三、从京城赋闲到从事经济、文教工作 / 50
四、从支持"保皇"到致力文教工作 / 55

第二节　著述概况 / 61

一、所有著述概况 / 61

二、部分能见著述及代表作评析 / 68

第二章　宋育仁维新思想之政治思想 / 75

第一节　反侵略思想 / 76

一、痛斥列强　侵我中华 / 77

二、保卫边疆　应对侵略 / 80

三、师夷长技　改革军事 / 88

第二节　吏治思想 / 94

一、痛斥腐败吏治 / 95

二、提出整顿吏治之举 / 100

第三节　变革思想 / 106

一、批评顽固派、洋务派 / 106

二、批判科举制度 / 110

三、呼吁变革 / 114

第四节　议会思想 / 117

一、介绍西方议会制度的优与弊 / 118

二、规划中国设议院的具体蓝图 / 125

三、反对民主共和与自由、平等 / 129

第五节　地方自治思想 / 131

一、宣传西方地方自治制度 / 132

二、与他人自治思想的比较 / 135

第三章 宋育仁维新思想之经济思想 / 137

第一节 货币思想 / 139

一、"铸金币说"形成的时代背景 / 141

二、"铸金币说"的主要内涵 / 141

第二节 银行思想 / 157

一、银行思想形成的历史背景 / 158

二、对自办银行重要性的认识 / 159

三、关于设立银行的具体规划 / 164

第三节 工商思想 / 172

一、对中西工商业的不同认识 / 173

二、对发展工商业的具体构想 / 179

第四节 税制思想 / 196

一、比较中西 中繁西简 / 197

二、整顿税制 化繁为简 / 201

第五节 交通思想 / 203

一、重视交通 多策并举 / 203

二、盛赞铁路 力主兴建 / 206

第六节 重农论与理财观 / 210

一、重农论 / 211

二、理财观 / 213

第四章 宋育仁维新思想形成与发展的背景 / 217

第一节 日益恶化时局的影响 / 218

一、列强侵略不断加深 / 218

二、民族危机日趋严重 / 221

第二节　就读尊经书院所受影响 / 227
　　一、尊经书院整体环境的熏陶 / 227
　　二、尊经书院杰出师友的影响 / 230

第三节　出使西方经历的推进 / 239
　　一、考察西方　撰《采风记》/ 239
　　二、借款购舰　密谋袭日 / 242

第四节　进步人士与民族资本主义发展的影响 / 247
　　一、与进步人士交往所受影响 / 248
　　二、民族资本主义发展的刺激 / 257

第五章　宋育仁维新思想的特点 / 261

第一节　西学中源　复古改制 / 262
　　一、倡"西学中源"说 / 262
　　二、持"复古改制"观 / 269

第二节　关注经济　追求富强 / 280
　　一、宋育仁关注经济的时代背景 / 281
　　二、言行并用　重视经济 / 282

第三节　忧患意识　经世观念 / 286
　　一、忧患意识 / 286
　　二、经世观念 / 294

结　　语 / 297

参考文献 / 309

后　　记 / 333

绪论

第一节 选题意义

长期以来，史学界在进行人物研究时，关注更多的是那些曾经引领时代潮流或者对历史产生过重要影响、名气很大的历史人物，而对于那些敢于弄潮却不太知名的历史人物，研究者对其重视程度则明显不足，如对宋育仁的研究则属此种情况。虽然说宋育仁在中国近代史上的知名度不高，影响力有限，近代史相关论著中对其论述也极为有限，但笔者阅读史料后感觉：宋育仁虽然不及康有为、梁启超、严复、章太炎等历史人物那样在世时轰轰烈烈、叱咤风云，去世后又影响深远，但其不失为一位具有强烈爱国情怀的爱国者和维新思想家，不失为一位寻求救国道路的先驱，其丰富的人生经历和博大精深的思想体系颇值得研究者去深入探讨。

一、深入研究宋育仁的原因

既然人物研究是历史研究中的重要组成部分，那么史学工作者除了重视对那些如康有为、梁启超、严复、章太炎等近代史上的"巨型知识分子"进行研究外，也应将那些虽名声不大或名不见经传，但或多或少在历史上留下痕迹的"小人物"纳入研究的视野，通过追溯其独特的生存状态和回应近代挑战的独特方式，使历史图像的构成呈现出丰富多彩、复杂多样的本态。自20世纪80年代以来，随着社会史和文化史的勃兴，史学界开始关注"下层历史、草根历史"，学者们对历史人物的研究也发生了一些转变，从以前主要关注有重大影响的历史人物（主要集中于那些在历史上有重大影响的政治人物、经济人物、军事人物、教育人物、文化人物等），开始转向对那些以往被研究者及史书所忽视的历史人物予以关注，并取得了一批丰硕的研究成果。以对中国近代人物的研究为例，由于近代人物具有纷繁复杂的特点，即既数量庞大，又种类繁多，近代人物研究者们很难将其全部网罗。因此，在近代中国人物研究领域中还有一些亟待加强的薄弱领域，对宋育仁的研究即属于此。① 那么，宋育仁为何值得研究者去深入研究？他究竟有哪些过人之处呢？以笔者之愚见，答案主要在于以下几个方面：

（一）宋育仁丰富的人生经历和卓尔不凡的言行值得研究者对其进行深入研究

宋育仁生于1858年，卒于1931年，四川富顺人。他在世的晚清民国时期正是中国社会变动剧烈的年代，诚如李鸿章所言近代中国为"数千年未有之大变局"，其间宋育仁经历了近代中国发生的一系列重大历史事件：太平天国、第二次鸦片战争、洋务运动、中法战争、中日战争、维新运动、义和团运动、八国联军侵华、清末新政、辛亥革命等。下面具体分几个时段来介绍宋育仁人生中的关键点。

1.甲午战争之前——科举顺畅 著书立说 初倡维新

甲午战争之前，一方面，宋育仁在科举道路上可谓一帆风顺，从秀才到进士，几乎步步顺利，17岁中秀才，22岁中举人，29岁中进士，随即进入翰林院，实现了多少封建文人几乎一生都难以实现的梦想；另一方面，宋育仁的维新思想开始逐步萌生。1883年至1886年期间，宋育仁受聘于四川资州书院担任主讲，其

---

① 对宋育仁的研究虽然已经取得了一些成果（详细内容见绪论第二节"研究现状"部分中的专门介绍），但相对于宋育仁这样一位值得深入研究的历史人物，已有研究成果无论从深度和广度方面而言，均有很大的拓展空间。

间，他撰成《周礼十种》和《说文部首笺正》，其中属于《周礼十种》之一的《周官图谱》一书，为宋育仁后来提出的"复古改制"思想描绘出了初步蓝图。①1891年，宋育仁撰成《时务论》一书，标志其维新思想已初步形成。因此，宋育仁是甲午战争之前批判现实、倡导改革、传播西学的先进人物之一，也是早期维新派的代表人物之一。

2. 甲午战争期间——出使西方 撰《采风记》 密谋袭日

1894年，宋育仁以翰林院检讨的身份受命出使英、法、意、比四国，实际常驻伦敦，官职为"驻英二等参赞官"。出使期间，他积极考察西方（主要是英国）的政治、经济、教育、风俗、宗教、公法等情况，写成《泰西各国采风记》一书（简称《采风记》）。书中宣传了西方文明，从几个方面对西方社会政治、经济、军事、教育等领域的运作情况做了介绍，同时，书中也进行了中西对比，并且，宋育仁在书中阐述了其要求变革现实的维新主张。甲午战争爆发后，宋育仁于英国多方奔走，积极联络友人，进行上下沟通，计划借洋款、雇洋将、募洋兵、购洋舰，组建一支舰队，以保护商船为由，由太平洋直袭日本长崎，打日本一个措手不及。《马关条约》的签订最终使他的计划破产。②

3. 维新运动期间——主持商务 参与维新 传播西学

1895年，宋育仁回国之后，随即受聘于北京强学会，主讲自强之学。1896年3月，清政府任命他回四川主持商务、矿务。

---

① 遗憾的是，也许《周礼十种》（其中包括《周官图谱》）这些反映宋育仁早期维新思想的重要著作已经散佚，笔者想了好多办法最终也未能找到这些重要著作，这对于研究宋育仁早期的维新思想来说，不免是史料上的缺失，只有留待日后有机会若能找到此书，再进行增补研究。

② 归国途中，极度悲愤的宋育仁撰写了《借筹记》一书，书中详尽地记述了他为借款募兵、密谋袭日而费心积极奔走联络的详细过程。

受命后，宋育仁随即回川，于重庆设立商务局，主持四川省商务。其间，宋育仁通过大力创设公司、振兴商务等举措，极大地推动了四川民族工商业的产生和发展，扮演了"巴蜀地区民族工商业鼻祖"的角色。维新运动期间，宋育仁创办《渝报》《蜀学报》，还受聘于成都主持尊经书院，并成立蜀学会，积极宣传其维新变法思想。此外，宋育仁还主持印行了《蜀学丛书》，这对于宣传西学，开通蜀地风气起到了十分重要的推动作用。此外，他还亲自为《蜀学丛书》之一的《法意》作注，写成《法意钞案》一书。总之，维新运动期间，宋育仁以其卓尔不凡的言行积极地参与到维新变法的潮流之中，扮演了维新思想家和实践家的双重角色，不愧为一名杰出的维新志士。

4.清末新政期间——游走各处 致力经济 教书育人

清末新政期间，宋育仁主要受聘于地方督抚，辗转各地，从事经济和教育方面的工作。就经济方面而言，宋育仁参与过诸多与经济相关的活动，如受聘办理过湖北土药税务，负责掌管过江西财政事宜，担任过北洋造币总厂参议，同时还兼任民政部、度支部、邮传部的顾问等。在从事经济实践工作的同时，宋育仁还撰写了大量经济方面的专著，并多次给朝廷上奏折，提出了若干要求变革经济制度的主张，故其经济思想颇值得研究。[①]教育方面，清末新政期间，宋育仁受聘担任过江南南菁学堂总教习（后改任该学堂的监督），还受聘为学部、礼部顾问，担任过京师大学堂的经科教习。

---

①清末新政期间，宋育仁的经济思想主要反映在他于此间撰写的两部著作中：其一为《经世财政学》（此书于1905年写成，其中包括"本农食"、"权工商"、"明士学"、"立平准"、"制泉币"、"正权量"六卷，还有一些宋育仁撰写的有关理财、货币等经济方面的奏折）；其二为《经术公理学》（此书于1904年写成，其中有宋育仁写的"附拟设银行以筹商本简明章程"）。此外，宋育仁在担任主管经济事务的官员时，廉洁奉公，恪尽职守，对经济问题严查严管，以至于常遭到同僚的嫉妒和陷害。

5. 辛亥革命之后——关心时事 重视国学 呕心修志

辛亥革命之后，宋育仁仍然密切关注时局，并且在文化学术及纂修史书方面取得了丰硕的成就。民国初年，他受聘担任国史馆修纂，并一度代行国史馆馆长之职。1917年，他受聘为设在成都的四川国学院院长，后四川国学会成立，宋育仁被聘为会长。1921年，宋育仁被聘为四川通志局总纂，主持修纂《四川通志》，同时他的家乡富顺县建修志馆，续修《富顺县志》，宋育仁被聘为主编，一时间，宋育仁兼修两志。宋育仁还约四川国学会同仁于1922年创办《国学月刊》。在此刊上，他发表了大量著述，内容包括大量时评、经学、小学、文学、书信等方面的文字，其中，他还写长文为民请命，猛烈抨击民国的黑暗政局。①

综上所述，宋育仁不平凡的人生经历及其卓尔不凡的思想言行，确实值得研究者去深入研究。

（二）宋育仁撰写的大量著述为研究者对其进行深入研究提供了丰富的文献支撑

宋育仁一生勤于笔耕，可谓著作等身；他学识渊博，治学范围极广，遍及经史、政治、经济、军事、外交、文化、教育、诗词、文字学等诸多领域。②

（三）时人及后世对宋育仁的高度评价也是表明宋育仁值得深入研究的一个重要信号

作为早期维新派代表人物之一的陈炽以"管子天下才，诸葛真王佐"赞誉宋育仁。③宋育仁恩师王闿运也对宋育仁予以极高

---

① 宋育仁：《代国民鸣愿书》（八则），石印本，民国十二年（1923年）印。

② 关于宋育仁的著述情况，请读者参阅本书第一章第二节"著述概况"中关于宋育仁著述的详细介绍，此处不再赘述。

③ 秦嵩年：《哀怨集·序》，载于宋育仁著，秦嵩年编：《哀怨集》，羊鸣山房校印，1910年版。

的评价:"夫高才,年少盛名,早科,操行狷纯,卓卓然不随流俗。古今文儒,其能得比者,盖亦鲜矣。"①逝后有诗赞其曰:"生年不满百而历千秋,足长不及咫尺而行五洲,身不满七尺而上舆天游。生于晚近,而效前修。吾友谓似三闾,人之传问琴阁主。自题:于学,无所不能;于文,无体不工。知之者以为圣贤,不知者以为文雄。"②或曰:"宋先生者,晚近之魁杰也。其学术文章名甲一时,而先忧后乐之怀,世鲜有矣。"③宋育仁的弟子对其师也予以较高的评价:"以谈新政最早,治经术最深,著作等身,名满天下,时贤推重之。"④抑或曰:"于书无所不读,而为学以通经致用为主。早岁文名动海内,晚年见道日深。"⑤虽然这些评论或许有夸大溢美之词,且主要侧重于评论宋育仁的治学和人品,但其超凡不俗之处,由此可窥见一斑。时人对其评价之高,足见其必有不凡之才。

二、研究宋育仁维新思想的意义

余英时先生曾经说过:"中国近代一部思想史就是一个激进化的过程。"自1895年之后,中国社会日益呈现出"激化"的趋势,通过革命"彻底解决"所有问题的激进思潮不断高涨,对中国近、现代历史的发展产生了深远的影响。愈演愈烈的革命风暴

---

① 王闿运:《湘绮楼笺启·与宋生》,载于沈云龙主编:《近代中国史料丛刊》第18辑,文海出版社,1968年版,第42页。
② 宋维彝等:《宋芸子先生行状》,北平石老娘胡同傅沅林先生捐,中国国家图书馆分馆藏,1931年印。
③ 萧月高:《宋芸子先生传》,载于汪兆镛纂录:《碑传集三编》卷三五,《儒林》四,明文书局1985年版,第238页。
④ 秦嵩年:《哀怨集·序》,载于宋育仁著,秦嵩年编:《哀怨集》,羊鸣山房校印,1910年版。
⑤ 宋维彝等:《宋芸子先生行状》,北平石老娘胡同傅沅林先生捐,中国国家图书馆分馆藏,1931年印。

在涤荡旧传统的同时，也动摇了民族与国家发展所必需的某些根基，给当代社会变革带来了一定的困难。以"文革"为标志的大规模急风骤雨式的革命，更是给中国社会造成了极大的灾难和不可估量的损失。20世纪90年代以后，中国学术界出现了一股较为强劲的反激进主义思潮。人们开始反思"革命"观念，重新青睐适宜的、和风细雨般的改良主义。对改良主义的认同，也引领着人们去追思历史，挖掘思想史上调适与改良的智慧，深入研究或重新定位思想史上的一些重要人物。这表征着当代中国思想界在革命激情释放以后的理性思考和对近代以来中国政治、经济、文化和社会整体转型过程中经验与失误的一种省悟。本书之所以把宋育仁维新思想作为主要研究对象，正是因为受到上述这一大的时代及学术文化背景的启发。

事实上，关于应对近代中国的危机局面，近代以来一直存有两股思潮。按照墨子刻先生的分析范式，一股是英伦式的富有自由主义气息的温和渐进式的改良，也称"调适思潮"。这股思潮在甲午战争前的思想界占主导地位。由于这股思潮的提倡者未从根本上怀疑传统思想资源的有效性，因此，他们对清王朝进行的对中国社会的自我改良抱有一定的期待。可是，实践证明，有望走向宪政民主的各项改革，在各种危机凸现与矛盾交织的状况前不断地败下阵来，最后成了清末思想界的一种"被放弃的选择"。另一股是法国式的激进革命的"转化"型思潮，张灏先生用"激化"一词来形容它，这股思潮相信人类凭着自己的能力可以人为地改造社会政治，创造新世界，强调革命地彻底解决一切。这股崇尚革命的思潮观念在甲午战争后开始风行中国，并逐渐成了思想界的主流，"革命观念在五四后散布很广，成了马列主义进入中国的垫脚石"，[1]对中国社会的发展方向产生了深远

---

[1] 张灏：《中国近百年来的革命思想道路》，载于张灏：《张灏自选集》，上海教育出版社2002年版，第292~307页。

的影响。

的确，按照唐德刚先生的说法，19世纪中叶的中国社会是两千多年封建社会发展的"转型期"。①与第一次中国社会的自动转型不同，这次转型是在"西方文明的挑战之下，我们的传统制度被迫所做的有史以来的第二次政治社会制度的大转型"。这种被迫做出的转型是痛苦的。传统中国不仅在客观上缺乏社会转型所必需的政治、经济、社会、文化等方面的条件，而且举国上下都没有做好起码的心理准备。鸦片战争之前，不少社会精英人士如官僚集团中的士大夫较为顽固守旧，广大民众在天朝的庇护下基本过着闭塞保守的生活，全国上下都弥漫着一种天朝至上、唯我独尊的心态与观念，如果没有外部力量的冲击，可能就会这样长期维持在一种自给自足、自我封闭的状态中。但是，西方工业文明天生就具有极强的扩张性。伴随船坚炮利而来的英国鸦片，熏醒了国内一部分"先知先觉"之人，②他们意识到这次循海路袭来的"西夷"显然不同于往昔在中央之国边陲的"蛮族"，认识到西方国家不仅器物先进，而且其制度与文化也可圈可点。至此，"天朝独尊"的观念受到了前所未有的挑战。

为诊疗日益腐败颓废的天朝帝国，挽救日益严重的民族危机，近代仁人志士开始转向西方寻求救国良方，正如毛泽东所说："要救国，只有维新，要维新，只有学外国。那时的外国只有西方资本主义国家是进步的。"维新派是近代中国历史舞台上

---

①唐德刚：《晚清七十年》，岳麓书社1999年版，第7页。书中唐德刚先生认为：中国历史上的第一次转型期发生在秦汉时期，即公元前4世纪商鞅变法至汉武帝与汉昭帝之间的公元前86年前后的"废封建，立郡县，废井田，开阡陌"；1840年后是中国历史上的"第二次政治社会制度的大转型"。黄仁宇先生在《中国大历史》中也从经济角度谈到了中国传统社会的转型。

②以孙中山之见，启蒙时代的中国知识分子分为三等："先知先觉"、"后知后觉"、"不知不觉"。照这样理解，鸦片战争期间的第一代启蒙学者，应该是"先知先觉"之人。

的一支重要力量，维新思想是近代诸多思想流派中的重要一支，宋育仁的维新思想也是近代思想宝库中的组成部分之一，具体来说，研究宋育仁维新思想的意义主要有以下几个方面：

（一）维新派是近代中国的一支重要政治派别，他们倡导对现存政治、经济、教育、文化、军事、边防等制度进行变革

宋育仁充当了近代中国三个不同时期的维新派，即早期维新派、戊戌维新派、清末立宪派。在甲午战争之前他就对现存制度和时弊进行了激烈的批判，同时大力介绍了西方政治、经济、教育、军事等若干方面的运作情况，并在对中西之间相对应的相关情况进行了比较之后，认为必须要对现存制度进行变革，并且杂糅中西，提出其"复古改制"的系列主张，包括从政治、经济、军事、教育等若干方面进行维新的主张，扮演了维新先驱的角色。在维新运动期间，宋育仁更是大力宣扬其维新变法的系列主张，并积极参与维新运动，构建变法理论与躬行变法实践相结合，充当了维新思想家与实践家的角色。清末新政期间，宋育仁仍然在苦苦探寻维新变法之良策，多次上奏清廷，要求进行以变革经济制度为主要内容的改革。此外，他还撰写了若干专论经济、政治以及教育方面的论著，系统地阐明其政治、经济、教育方面的维新主张。

（二）宋育仁的维新思想具有理论意义

宋育仁维新思想内容丰富，包罗万象，涵盖政治、经济、法律、文化、教育、出版、军事、外交等诸多领域，深入研究宋育仁的维新思想，将会丰富维新运动史已有的研究成果，还能丰富近代维新思想的内涵，其中的进步思想必属于近代中国维新思想宝库中的一笔可贵财富。

(三) 宋育仁的维新思想具有现实意义

深入研究宋育仁的维新思想，能够对解决目前现实中存在的一些问题有所启发，甚至起到指导作用。以宋育仁经济方面的维新思想（即他的经济思想）为例，虽然从总体上讲，宋育仁的经济思想并未达到近代经济思想的最高水平，但其中的部分内容亦相当精彩。比如，他引用西方经济学说来分析近代中国的社会现实，抓住了当时中国经济运行中的要害问题，诸如他提出的优先发展农业、大力改善交通状况、改革货币制度等举措，可谓对症下药。如何在全面深化改革开放的新形势下继续保持农业经济的基础地位？如何在对外经济交往中获得最大的商业收益？如何随着经济的发展使国家货币政策更加完善？如何处理国家理财与人民权益之间的关系？对于上述这些问题，宋育仁在百年前发表的见解仍然有着不可忽视的借鉴意义。

需要补充说明的是，依笔者愚见，宋育仁的维新思想按照内容性质来划分，可以归纳为政治、经济、教育、军事、外交、法律等诸多方面，而其中宋育仁在政治和经济方面的维新思想是其维新思想体系中所占比例最大的主体部分。因此，本书并非对宋育仁的维新思想展开面面俱到的阐述与研究，而是把笔墨着重放在探讨宋育仁在政治及经济方面的维新思想，即其政治思想和经济思想。笔者认为，深入研究宋育仁在政治和经济方面的维新思想及实践，对于深入研究宋育仁而言，具有十分重要的现实意义和学术价值。从现实的角度而言，我国的改革开放已经取得了举世瞩目的伟大成就，其中政治体制改革和经济体制的变革均取得了卓越成效。在进行相关改革的过程中，除了借鉴西方在政治、经济方面已经取得的优秀成果之外，从近代进步人物的著述中汲取精神养料也十分重要，从这个意义上来说，宋育仁在百年前提出的政治、经济方面的维新思想，对于今天的政治、经济改革也具有一定的借鉴意义。从学术价值方面讲，宋育仁的政治思想和经济思想是其维新思想体系中最为重要、所占篇幅最大的主体部分，深入研究之，阐明其内涵、形成与发展之背景及其特点，有助于认识宋育仁维新思想的重要性，对于深入理解近代维新运动史及维新思想史不无裨益，同时也丰富了近代中国维新思想宝库的内涵，对于重新审视宋育仁在近代中国的历史地位具有极为重要的借鉴、指导意义。

第二节 研究现状

笔者现将已有宋育仁相关成果（主要为学术成果，也包括一些非学术性的成果）详细归纳、整理如下，旨在全面梳理已有宋育仁的成果，掌握宋育仁研究这一课题的相关学术史脉络，为进一步深入研究宋育仁奠定坚实的学术史基础。

一、有关宋育仁及其维新思想的综合性成果

据笔者所见，迄今为止，专门以宋育仁作为研究或者书写对象的著作为数甚少，有《宋育仁思想评传》《1898及其他——中国书生宋育仁》《宋育仁：隐没的传奇》。①其中《宋育仁思想评传》为研究性著作，具有较高的学术价值，书中主要分政治篇、法律篇、经济篇、军事与外交篇、文化教育篇等，论述了宋育仁的变法思想、法治思想、理财思想、外交思想、教育思

---

① 伍奕、多一木：《1898及其他——中国书生宋育仁》，光明日报出版社2010年版；伍奕、多一木：《宋育仁：隐没的传奇》，四川文艺出版社、成都时代出版社2013年版。《1898及其他——中国书生宋育仁》与《宋育仁：隐没的传奇》两书均是以宋育仁为书写对象的通俗读物，令笔者感到惊奇的是：两书的作者与内容竟然完全相同，只有书名不同、出版时间不同、出版社不同，因此，笔者认为，这两本书应该为同一本书的两种不同版本。

想等，局限之处在于缺乏对宋育仁一系列进步思想形成的背景以及对宋育仁思想优点与不足的分析，缺少与同时代其他进步人士的比较研究。①《1898及其他——中国书生宋育仁》《宋育仁：隐没的传奇》两书中以时间为序，从中国最后一批书生的角度切入，叙述了宋育仁不平凡的一生。

此外，对宋育仁进行专门研究的文章数量也较为有限。在已有研究成果中，有关宋育仁维新思想的综合性研究成果较引人注目，其中以徐溥先生的文章写作时间最早，且颇为重要。②徐先生文章的价值在于：首次以学术论文的形式对长久以来几乎被历史遗忘的重要历史人物宋育仁进行了专门研究，开宋育仁研究之先河，勾勒出了宋育仁生平的大体轮廓及其早期维新思想的基本内涵，为进一步进行深入研究提供了极有价值的线索。不足之处在于：此文中运用史料太少，有许多叙述内容的真实性有待商榷；此外，文中未将宋育仁与近代史上的其他进步人物进行比较，研究视野不够开阔，从研究方法来看，此文受阶级斗争分析方法的影响较大。

随后，金钟先生在1984年的《光明日报》上发表了一篇名为《首先举起"托古改制"旗帜的宋育仁》的文章。他认为："宋育仁不仅是早期维新派中的佼佼者，而且也是首先举起'托古改制'旗帜的思想家之一，其思想主张在近代中国历史上谱写了光彩夺目的一页。"③此文的意义在于高度评价了宋育仁维新思想在中国近代史上的重要地位，肯定了宋育仁作为近代维新先驱的重要身份，不足之处在于此文学术性不够强。林顿先生则

---

① 黄宗凯、刘菊素、孙山、罗毅：《宋育仁思想评传》，西南交通大学出版社2007年版。

② 徐溥：《早期改良主义思想家宋育仁》，《社会科学研究》，1979年第5期。

③ 金钟：《首先举起"托古改制"旗帜的宋育仁》，《光明日报》史学版，1984年5月30日。

对宋育仁要求改革的爱国思想进行了简要评述，①其中对宋育仁的评价也比较高，不足之处在于缺乏对宋育仁进行一分为二的辩证分析。宋育仁是清代历史上唯一筹划袭击日本并付诸实践的中国人，其出使西方期间策划的以"借洋款、募西兵、购西舰、奇袭日本本土"为内涵的"潜师之谋"可谓"惊天地、泣鬼神"，充分显示出其不凡胆略，刘永加和刘菊素撰文对宋育仁的此番壮举进行了简要叙述。②

文成英女士则以"变法散文"为切入点，对宋育仁要求"托古改制，变法维新"的思想主张进行了简要论述。③此文对于了解宋育仁的著作情况（尤其是体现宋育仁维新变法思想的著作）提供了参考线索。不足之处在于对宋育仁维新思想的论述过于简单，内容不够完整，学术性不够强，对史料的挖掘和利用程度不够深。

在进入21世纪之后，四川报界掀起了一股"重视宋育仁"的热潮。曹德权先生撰文叙述了甲午战后到戊戌政变期间宋育仁的主要活动，并对宋育仁在办报方面的成就予以高度评价，称赞宋育仁为"四川报业第一人"；④张杰先生则以通俗的语言介绍了宋育仁生平的主要经历；⑤伍松乔先生也撰文简要介绍了宋育仁一生的轨迹，呼吁"四川不能忘记宋育仁"。⑥上述三篇发表于四川当

---

①林顿：《杨锐、刘光第、宋育仁爱国主义思想浅探——兼论维新派与光绪派之双向依赖》，《成都大学学报》（社会科学版），1990年第1期。

②刘永加：《计划奇袭日本的大清外交官》，《文史博览》，2014年第10期；刘菊素：《清代一次流产的袭击日本计划》，《社区》，2009年第35期。

③文成英：《近代巴蜀的"变法散文"》，《渝州大学学报》（社会科学版），2000年第2期。

④曹德权：《宋育仁：四川报业第一人》，《自贡日报》，2005年5月1日。

⑤张杰：《宋育仁：成都办报第一人》，《成都日报》，2005年10月24日第B02版。

⑥伍松乔：《数典四川——不能忘记宋育仁》，《四川日报》，2006年6月30日第010版。

地报纸的文章，对于唤起学者们（尤其是四川和重庆的学者们）对宋育仁的关注起到了积极的推动作用，但局限之处也十分明显：三篇文章中对宋育仁的叙述还较为简单、片面，其中叙述涉及的某些史实的真实性有待考证。对于宋育仁的故乡，也有学者予以关注，钟永新专门走访了宋育仁的故乡和故居，睹物思人，作文记之，以此来缅怀先贤。① 邓又萍从重庆城市记忆的角度，对曾经在重庆从事维新事业的宋育仁予以图文并茂的记述，着重介绍了宋育仁在重庆的壮举，誉之为"重庆工商业先驱，四川报界鼻祖"。②

二、有关宋育仁经济思想的研究成果

在20世纪90年代中期，有学者从经济学的角度对宋育仁的经济思想做了专门探讨。钟祥财先生在《宋育仁的经济思想》一文中，主要从三个方面对宋育仁的经济思想进行了阐述，即"本农食论"、"权工商论"、"钱币论及其他（包括宋育仁的富国理财论以及其支持修建铁路、抨击官办工商业的主张等）"。③ 钟先生的文章运用经济学理论分析了宋育仁经济思想的主要内涵，并对其中的闪光点给予高度评价。局限性在于：他主要是以经济学家的眼光来观察宋育仁的经济思想，对影响宋育仁经济思想形成的时代背景及原因缺乏分析，而且也没有将宋育仁的经济思想与同时期其他进步人士的经济思想进行比较，对反映宋育仁经济思想的史料挖掘利用得不够等。笔者撰文对维新运动期间宋育仁的经济思想进行过探讨，阐述了维新运动期间宋育仁的经济思想及经济实践，主要论述了其重商思想以及要求整顿关税、铸造金

---

① 钟永新：《宋育仁故里寻访记》，《龙门阵》，2006年第1期。
② 邓又萍：《旧城记忆宋育仁》，《重庆与世界》，2013年第1期；邓又萍：《宋育仁：重庆工商业先驱，四川报界鼻祖》，《红岩春秋》，2014年第4期。
③ 钟祥财：《宋育仁的经济思想》，《经济科学》，1994年第2期。

币的主张，并与康有为、梁启超等维新派人士及早期维新派的经济思想进行比较研究，探究了维新运动期间宋育仁经济思想产生的背景。①

还有学者对宋育仁在维新运动期间的经济民族主义思想进行了论述。②这对于进一步深入研究宋育仁的经济思想极具参考价值，局限之处在于未与同时代其他进步人士的经济思想进行比较。对于宋育仁重视发展商业的思想，黄宗凯、刘菊素两位学者进行了专门研究，阐析了宋育仁在其著述中对资本主义商业地位、公司治理、兴商学等的阐述以及对兴商的具体建议。③银行思想是宋育仁经济思想中的重要组成部分，宋育仁梦想以创办银行来抵御列强的金融侵略，夺回利权，进而实现富国强国。笔者不揣才疏学浅，撰文简论了宋育仁的银行思想，一方面阐述了宋育仁对银行及银行制度的认识，另一方面阐述了宋育仁创办"官银行"、"国家银行"等一系列银行主张的具体内涵。④宋育仁不仅对公司制度进行理论思考，而且还亲身从事创办公司的实践活动。笔者对其公司思想进行了初步探讨，分析了宋育仁公司思想内涵的两个方面，其一，他对公司及公司制度的认识；其二，他对"创办什么样的公司"的构想和规划。⑤

李宝金先生对宋育仁的货币论进行了专门论述。⑥李先生主

---

① 董凌锋：《维新运动期间宋育仁经济思想研究》，《兰州学刊》，2006年第5期。

② 隗瀛涛主编：《四川近代史稿》第五章之第二节"宋育仁对西方的追求"，四川人民出版社1990年版，第278~287页。

③ 黄宗凯、刘菊素：《清末维新思想家宋育仁兴商思想探析》，《商场现代化》，2008年第36期。

④ 董凌锋：《宋育仁银行思想简论》，《保定学院学报》，2015年第1期。

⑤ 董凌锋：《宋育仁公司思想初探》，《保定学院学报》，2015年第3期。

⑥ 李宝金：《宋育仁的货币论》，载于叶世昌、李宝金、钟祥财：《中国货币理论史》，厦门大学出版社2003年版，第354~360页。

要从经济学的角度对宋育仁提出的货币理论进行了一番梳理，基本上理清了宋育仁货币论的主要内容。遗憾之处在于李先生没能充分利用反映宋育仁货币思想的史料，论述的深度和广度还有待拓展。笔者在前人研究的基础上，紧紧围绕宋育仁货币思想中的重要组成部分"铸金币说"，对宋育仁的货币思想进行了专门研究，按照时间演进顺序主要阐述了宋育仁"铸金币说"的形成、发展过程，并与同时代提倡类似主张的人物进行比较，分析了宋育仁货币思想的特点与不足。①

此外，在一些货币思想史方面的书中，也零散地提到了宋育仁的某些货币主张。②张家骧先生主编的《中国货币思想史》（下，近现代卷）中，有几处就提到了宋育仁的某些货币主张。现列举如下：其一，提到宋育仁讨论了货币本位问题，认为他对本位问题了解得不够彻底；③其二，提到宋育仁上奏朝廷，要求改银行发行票，并对中外货币做了比较分析；④其三，指出"宋育仁对于中国不设银行而外国有银行并侵入中国之弊害也有指称"。⑤很显然，虽然此书中提到了一些宋育仁的货币主张，但比较零散、片面、碎片化，缺乏系统、全面、深入的论述。

---

①董凌锋：《宋育仁货币思想研究——以其"铸金币说"为核心》，《太原理工大学学报》（社会科学版），2014年第3期。

②比如，据笔者所见，在张家骧先生主编的《中国货币思想史》（下卷，近现代卷）中，就有几处提及了宋育仁的某些货币主张。参见张家骧主编：《中国货币思想史》（近现代卷），湖北人民出版社2001年版。

③张家骧主编：《中国货币思想史》（下，近现代卷），湖北人民出版社2001年版，第893页。

④张家骧主编：《中国货币思想史》（下，近现代卷），湖北人民出版社2001年版，第983~984页。

⑤张家骧主编：《中国货币思想史》（下，近现代卷），湖北人民出版社2001年版，第987页。

三、有关宋育仁其他方面的研究成果

学者们对宋育仁文学方面的造诣也有所论及。徐溥先生撰文分析了宋育仁与《庚子秋词》之间的关系。① 程彦霞对宋育仁撰写的关于唐诗的批评著作《三唐诗品》与晚清唐诗学的关系进行了专门研究，阐述了《三唐诗品》的成书背景、批评特点以及文本意义，称赞"宋育仁《三唐诗品》在晚清的出现弥足珍贵"。②

承朴先生则简略分析了"宋育仁与四川近代早期农学宣传和研究之间的关系"。③ 赵炎秋先生还简要地分析了宋育仁对英国监狱的看法。④

宋育仁作为四川和重庆的报业鼻祖，创办了《渝报》和《蜀学报》，学者们对此予以关注，并取得一些研究成果。何承朴先生较早撰文对宋育仁创办及主编的《渝报》和《蜀学报》进行了研究。⑤ 周勇先生也对《渝报》进行了专门论述。⑥ 凌兴珍先生对《蜀学报》也进行过研究。⑦ 罗毅、钟盛、李飞三位学者对《渝报》与宋育仁维新事业的关系进行了梳理研究，阐述了《渝报》创办的历史背景以及运作模式，并以《渝报》中宋育仁发表的文

---

① 徐溥：《宋育仁与庚子秋词》，《文史杂志》，1985年第1期。
② 程彦霞：《〈三唐诗品〉与晚清唐诗学》，《浙江工业大学学报》（社会科学版），2010年第3期。
③ 承朴：《四川近代早期农学的宣传和研究》，《今日种业》，1982年第5期。
④ 赵炎秋：《狄更斯与晚清中国四位外交官笔下的英国监狱——狄更斯小说中的监狱研究之三》，《中国文学研究》，2006年第4期。
⑤ 何承朴：《川西鼓吹变法维新的号角——〈蜀学报〉》，《四川大学学报》（哲学社会科学版），1982年第3期；何承朴：《四川第一家近代报刊——渝报》，《新闻与传播研究》，1983年第2期。
⑥ 周勇：《论〈渝报〉》，《社会科学研究》，1983年第6期。
⑦ 凌兴珍：《试论戊戌年四川维新派的喉舌〈蜀学报〉》，载于李大明主编：《巴蜀文学与文化研究》，商务印书馆2005年版。

章为切入点，分析了其中所蕴含的宋育仁的维新思想。①此外，在一些有关四川或重庆的地方史著作中，对《渝报》和《蜀学报》也有所论及。②

笔者撰文论述过宋育仁在维新运动期间的政治思想，阐析了维新运动期间宋育仁政治思想的内涵，即"揭露时弊，纵论时政，言行并用，呼吁变法"，并且分析了维新运动期间宋育仁政治思想形成的历史背景及其局限性。③笔者还对宋育仁的吏治以及边疆思想进行过专门探讨，对宋育仁关于整顿吏治与保卫边疆方面的思想主张予以分析阐述，论述了其吏治及边疆思想的具体内涵，并对其中所包含的现实意义予以肯定和评价。④刘菊素、黄宗凯两位学者对宋育仁的法制思想进行了专门研究，阐述了在清末变法修律的大潮中，宋育仁对法的起源、依据以及功能等方面进行的探讨，肯定了宋育仁为中国法制思想由传统走向近代所做的贡献。⑤对于宋育仁对西方议会制度的向往和追求，

---

①罗毅、钟盛、李飞：《〈渝报〉与宋育仁的维新事业》，《中华文化论坛》，2008年第8期。

②据笔者所见，对宋育仁创办的《渝报》和《蜀学报》有所论及的四川地方史著作主要有：隗瀛涛、周勇主编：《重庆开埠史》，重庆出版社1983年版，第130~132页；隗瀛涛主编：《四川近代史稿》，四川人民出版社1990年版，第312~321页；何一民主编：《变革与发展：中国内陆城市成都现代化研究》，四川大学出版社2002年版，第798~799页；周勇主编：《重庆：一个内陆城市的崛起》，重庆出版社1997年版，第151~153页；隗瀛涛主编：《近代重庆城市史》，四川大学出版社1991年版，第604~605页，第783~784页；周勇主编：《重庆通史》（第二卷，近代史卷[上]），重庆出版社2002年版，第558~565页。

③董凌锋：《维新运动期间宋育仁政治思想研究》，《太原师范学院学报》（社会科学版），2007年第1期。

④董凌锋：《宋育仁的吏治思想简论》，《宁夏师范学院学报》（哲学社会科学版），2014年第3期；董凌锋：《宋育仁的边疆思想》，《宁夏社会科学》，2014年第2期。

⑤刘菊素、黄宗凯：《宋育仁的法制思想》，《四川理工学院学报》（社会科学版），2007年第5期。

刘菊素写专文进行了探讨，她分三个方面进行论述，即"西方议会传入中国的历程"、"宋育仁对西方议会的考察"、"宋育仁的中国议院梦"。①民国初年，宋育仁曾上书总统袁世凯，建议袁世凯取法《春秋》"王鲁亲周"之义，效仿周公之礼，陈阳在其硕士论文中专门对此事件进行了详细的分析，并且以宋育仁为个案分析了民国初年清遗民政治诉求的思想语境。②还有学者从宋育仁曾担任外交官的角度切入，对宋育仁的外交思想进行了研究，分析了宋育仁出使期间对外交关系的认识以及他提出的一些处理近代外交关系的准则。③孙山从教育目的、教育内容、学校教育制度等方面，探讨了宋育仁的教育思想，重点分析了宋育仁教育思想的构成。④《泰西各国采风记》记载了宋育仁出使西方时的所见所闻所想，其中也蕴含着宋育仁的维新思想，龙晦专门撰文分析了宋育仁与《泰西各国采风记》的关系，阐述了宋育仁出国期间对西方议会、财政、税收、货币、交通、报纸、监狱、语言文字、宗教等情况的介绍。⑤

宋育仁国学底蕴深厚，有学者专门对此展开研究。彭华专门撰文考察了宋育仁与近代蜀学的关系，指出宋育仁是蜀学发展第三次高潮的典型代表之一。⑥台湾学者程克雅探讨了晚清四川经学家对《三礼》学的研究，其中选取的研究对象中就有宋

---

① 刘菊素：《宋育仁对西方议会制度的追求》，《历史档案》，2008年第3期。
② 陈阳：《共和时代的复古与建国——以宋育仁为个案看清遗民政治诉求的思想语境》，2014年四川大学硕士学位论文。转引自王东杰、陈阳编：《中国近代思想家文库·宋育仁卷》"导言"，中国人民大学出版社2015年版，第9页。
③ 刘菊素：《宋育仁的外交思想》，《中华文化论坛》，2009年第3期。
④ 孙山：《宋育仁教育思想研究》，《教育评论》，2009年第6期。
⑤ 龙晦：《宋育仁与其〈泰西各国采风记〉》，载于西华大学蜀学研究中心、四川省文史研究馆蜀学研究中心主办：《蜀学》（第五辑），巴蜀书社2010年版。
⑥ 彭华：《宋育仁与近代蜀学略论》，《历史教学问题》，2011年第2期。

育仁，分析了宋育仁对《三礼》学的诠解。①

宋育仁善于交际，喜欢结交各界名流。钟永新从学术交往的角度研究了宋育仁在出使西方期间同英国著名学者麦克斯·穆勒之间交往这段东西文化交流中的佳话。②李晓宇则撰文记述了辛亥革命前后（1910—1914年）宋育仁在北京与西方人的交往，如他在北京世界教育会对中外人士的演讲以及与安德烈·铎尔孟的学术交往，反映了宋育仁的国际影响力。③李树民专门考察了宋育仁与同为近代"蜀学"著名学者及巴蜀社会名流的赵熙之间的交游，阐述了二人交游的史实，比较了二人之间的异同。④

宋育仁晚年致力于修志工作，有学者对此予以关注。彭邦明探讨了宋育仁与其晚年时主持修纂的民国《重修四川通志稿》，分析了《重修四川通志稿》的编纂背景和价值，对宋育仁及主要编纂者进行了简述。⑤还有学者针对宋育仁存世的著作集《问琴阁丛书五种》，从文献学的角度对其版本进行了专门研究。⑥

---

① 程克雅：《晚清四川经学家的〈三礼〉学研究——以宋育仁、吴之英、张慎仪为中心》，载于舒大刚主编：《儒藏论坛》（第二辑），四川大学出版社2007年版。

② 钟永新：《麦克斯·穆勒与宋育仁的学术交往录》，《宜宾学院学报》，2011年第10期。

③ 李晓宇：《岂有文章惊海外：辛亥革命前后宋育仁与西方人的交往》，《党政研究》，2014年第1期。

④ 李树民：《宋育仁与赵熙交游考略》，《盐业史研究》，2014年第1期。

⑤ 彭邦明：《宋育仁与民国〈重修四川通志稿〉》，《四川图书馆学报》，2012年第1期。

⑥ 唐新梅：《四川大学图书馆藏〈问琴阁丛书五种〉版本初探》，《四川图书馆学报》，2011年第3期。

四、提及宋育仁或对其略作简论的论著①

除了上述对宋育仁及其思想言行进行专门论述的论著外，还有一些论著中也提到了宋育仁，或对其有简要论述及评价，在这方面，王尔敏先生的论著不得不提。在王尔敏先生的重要著作《晚清政治思想史论》中，王尔敏先生认为，宋育仁对西学的看法是："认为西学得中国古意。"②他还认为，宋育仁的"《庸书》序不仅对中西学术视之等量，而且还视同一源"；③王尔敏先生还提到了宋育仁的复古改制言论；④王尔敏先生还认为："宋育仁以为《春秋》公法、理论与规模俱备，实较西方公法尽善。"⑤他也注意到：宋育仁还主张"会推制"的公举议员方式；⑥此外，王尔敏先生在他的其他一些重要论著中也提及了宋育仁。⑦并

---

①本书之所以专列小节来介绍"提及宋育仁或对其略作简论"的论著，原因在于：前三小节中介绍有关宋育仁的研究成果，均为专门把宋育仁作为论述对象的文章和著作，而本小节所介绍的内容并不是专门研究宋育仁的论著，而是一些提及宋育仁或对其略作简论的论文及著作。

②王尔敏：《清季维新人物的托古改制论》，载于王尔敏：《晚清政治思想史论》，广西师范大学出版社2005年版，第27页。

③王尔敏：《清季知识分子的中体西用论》，载于王尔敏：《晚清政治思想史论》，广西师范大学出版社2005年版，第55页。

④王尔敏：《张之洞与晚清中西调和之思想》，载于王尔敏：《晚清政治思想史论》，广西师范大学出版社2005年版，第64页。

⑤王尔敏：《晚清外交思想的形成》，载于王尔敏：《晚清政治思想史论》，广西师范大学出版社2005年版，第170页。

⑥王尔敏：《晚清士大夫对于近代民主政治的认识》，载于王尔敏：《晚清政治思想史论》，广西师范大学出版社2005年版，第213页。

⑦王尔敏：《十九世纪中国士大夫对中西关系之理解及衍生之新观念》（其中简要阐述了宋育仁对议会制度的看法）、《商战观念与重商思想》（其中论及了宋育仁重视工商的主张），载于王尔敏：《中国近代思想史论》，社会科学文献出版社2003年版；王尔敏：《十九世纪中国国际观念之演变》（其中提到了宋育仁对公法的看法）、《中国近代之工商致富论与商贸体制之西化》（其中提及宋育仁对于中国海关陋规的批判），载于王尔敏：《中国近代思想史论续集》，社会科学文献出版社2005年版。

且，王尔敏先生在其《近代经世小儒》一书中撰文专门探讨了宋育仁早期出使西方担任外交官的经历以及其关于追求富强的建议和策略，称宋育仁为"近代经世小儒"，同时被收入此书的还有王尔敏先生论述近代史上颇有影响的姚莹、梁廷枏、王韬、郑观应、薛福成、文廷式、盛宣怀、张謇等人的文章，足见宋育仁引起了王尔敏先生的高度重视。①王尔敏先生论著中数次对宋育仁的提及以及对宋育仁思想或者观点的简略论述及评价，对研究者而言极具启发和借鉴意义，起到了抛砖引玉的作用。就笔者所接触到的资料而言，王尔敏先生应是港台地区最早在论著中论及宋育仁的学者。

此外，在有关中国近代思想学术史方面的论著中，有的论著中也提到了宋育仁，并对其稍作论述。葛兆光先生指出，宋育仁提倡西学中源，主张向西方学习，并对西方影响的扩大表现出忧虑之情；②熊月之先生则认为，宋育仁宣传了西方立宪制度"公平合理"的优点，并持"立宪强国论"，倡民权而反对民主，反对平等思想；③朱维铮先生也对宋育仁的生平做过简要介绍，并明确指出宋育仁持"西学中源"说；④李泽厚先生也指出，宋育仁对议会制度持肯定赞扬的态度。⑤

据笔者所见，在一些中国近代通史著作和维新运动史及甲午战争史的著作中，也提到了宋育仁。代表性著作有陈旭麓先生撰

---

① 王尔敏：《宋育仁之旅英探索新知及其富强建策》，载于王尔敏：《近代经世小儒》，广西师范大学出版社2008年版，第239~264页。

② 葛兆光：《中国思想史》(第二卷)，复旦大学出版社2000年版，第349页、第593页、第683页、第689页。

③ 熊月之：《中国近代民主思想史》，上海社会科学出版社2002年版，第14页、第119页、第122页、第124页、第153页、第320页。

④ 朱维铮：《使臣的实录与非实录——晚清六种使西记述》，载于朱维铮：《求索真文明——晚清学术史论》，上海古籍出版社1996年版，第152~155页。

⑤ 李泽厚：《中国近代思想史论》，天津社会科学出版社2003年版，第48页、第49页。

写的《近代中国八十年》、苑书义先生的《中国近代史新编》、中国社会科学院近代史研究所编的《中国近代史稿》、汤志钧先生的《戊戌变法史》等著作。① 在早期编著的中国近代通史类著作中提及宋育仁的极为罕见,据笔者所见,只有郭沫若先生主编的《中国史稿》中提到了宋育仁,并评价其为"早期的资产阶级改良主义思想家"。② 令人感到喜悦的是,在由张海鹏先生主编

---

① 提及宋育仁的中国近代通史及戊戌变法史、甲午战争史方面的部分代表性著述有:陈旭麓的《近代中国八十年》(其中称宋育仁为"早期维新派代表人物"),上海人民出版社1983年版,第279页;中国社会科学院近代史研究所编:《中国近代史稿》(第二册)(其中把宋育仁称之为"早期改良派",并对其改良思想做了轮廓式的介绍),人民出版社1984年版,第313页、第314页、第318～319页、第325页;苑书义:《中国近代史新编》(中册)(其中称宋育仁为"早期维新派人士"),人民出版社1986年版,第173页;汤志钧:《戊戌变法史》(其中提到了宋育仁创办的《渝报》和《蜀学报》以及蜀学会),人民出版社1984年版,第208页、第244页、第245页;王栻:《维新运动》(其中第一章有几处提到宋育仁,称他为"早期维新派人士以及背离传统思想的士大夫",并对其改良思想略作论述),上海人民出版社1986年版,第46页、第47页、第58页、第59页、第93页、第94页;王宪明、张勇、蔡乐苏:《戊戌变法史述论稿》(称宋育仁为"早期维新派"),清华大学出版社2001年版,第58页;关捷、唐功春、郭富纯、刘恩格总主编:《中日甲午战争全史》(第六卷,人物篇)(其中简要论述了宋育仁在驻伦敦期间积极筹划招募洋兵、向洋人借款的过程),吉林人民出版社2005年版,第408页、第409页。

② 在由郭沫若先生主编的《中国史稿》(第四册)(人民出版社1962年版)中,有三处提到了宋育仁,这三处出现在书中第二章第五节中名为"发展中的改良主义思想"的小节中,介绍了宋育仁名著《时务论》的写成年代以及他对于洋务派及洋务企业的看法,虽然此书中对宋育仁的论述笔墨极少,且其内容的准确性也有待商榷,但这体现了此书主编郭沫若先生对于这位在历史上失语多年的四川老乡宋育仁的初步关注。据笔者所见,《中国史稿》(第四册)是大陆出版的历史专著中最早提及宋育仁并对其予以简论的著作,意义不同寻常。书中对宋育仁的阐述具体包括:其一,在介绍早期改良主义思想家的代表作时,把宋育仁的《时务论》与马建忠的《适可斋记言记行》、王韬的《弢园文录外编》、郑观应的《盛世危言》、薛福成的《筹洋刍议》等名著列举在一起,明确写道"1887年,宋育仁著《时务论》"[出自:《中国史稿》(第四册),第107页]。其二,书中在阐述早期改良思想的内容之"主张实行君主立宪制度"时,专门阐述了宋育仁对洋务派的批评,即"宋育仁说洋务派想要'盗威福以柄以愚天下',所以只谈洋务不谈君主立宪"[出自:《中国史稿》(第四册),第108页]。其三,书中认为,"早期改良主义者和洋务派的界限还不很分明,很多人只批评了洋务派的做法,却没有从根本上否定洋务活动。宋育仁等还认为有些企业应该继续实行官督商办"[出自:《中国史稿》(第四册),第109页]。

的《中国近代通史》中，也有几处提到了宋育仁，认为宋育仁是早期维新士人群体中的"熟悉西方政情的出使官员"；①简要论述了宋育仁虽赞扬议会制度，却反对自由、平等的观点；②简略阐述了宋育仁创办"蜀学会"的情况；③论述了宋育仁与他人联合发起成立"帝国宪政实进会"的情况。④《中国近代通史》中这几处对宋育仁的论述及评价将有助于提高宋育仁在近代史上的地位，促进学者们对其了解与关注。此外，国外学者的论著中有的也提到了宋育仁，最值得一提的是，《剑桥中国晚清史》中在论及晚清早期维新思想家时，提到了宋育仁，认为"宋育仁是19世纪90年代初最著名的有志于改革的中国学者"。⑤

此外，陈沫吾在《论蜀中"五老七贤"的意义》中提到了晚年位列成都"五老七贤"的宋育仁。⑥青年学者张凯在其《清季民初"蜀学"之流变》一文中，专门写有一节名为"'维新'与'复古'"，其中讨论了维新运动期间"蜀学"的特点，对宋育仁以创办报刊、学会以及译介西书等进步之举对"蜀学"发展所做的贡献予以肯定。⑦

---

① 虞和平、谢放：《早期现代化的尝试（1865—1895）》，中国社会科学院近代史研究所编，张海鹏主编：《中国近代通史》（第三卷），凤凰出版传媒集团、江苏人民出版社2007年版，第345页。

② 虞和平、谢放：《早期现代化的尝试（1865—1895）》，中国社会科学院近代史研究所编，张海鹏主编：《中国近代通史》（第三卷），凤凰出版传媒集团、江苏人民出版社2007年版，第385页。

③ 马勇：《从戊戌维新到义和团（1895—1900）》，中国社会科学院近代史研究所编，张海鹏主编：《中国近代通史》（第四卷），凤凰出版传媒集团、江苏人民出版社2006年版，第160～161页。

④ 张海鹏、李细珠：《新政、立宪与辛亥革命（1901—1912）》，中国社会科学院近代史研究所编，张海鹏主编：《中国近代通史》（第五卷），凤凰出版传媒集团、江苏人民出版社2006年版，第332页。

⑤ [美]费正清、刘广京编：《剑桥中国晚清史》（下），中国社会科学出版社1985年版，第328～329页。

⑥ 陈沫吾：《论蜀中"五老七贤"的意义》，《文史杂志》，2012年第3期。

⑦ 张凯：《清季民初"蜀学"之流变》，《近代史研究》，2012年第5期。

关于宋育仁的已有成果，除了上述几方面针对宋育仁本身的研究成果之外，也有学者对宋育仁的部分著述进行了搜集与整理，王东杰、陈阳编的《中国近代思想家文库·宋育仁卷》就是这样一部关于宋育仁部分著述的史料集，书中辑录了宋育仁从1897年至1926年间撰写的部分代表性著述，如《时务论》《泰西各国采风记》《复古即维新论》以及他在《国学月刊》上发表的部分文章，此书对于研究宋育仁提供了较为便利的文献参考。①

综上所述，学术界已有宋育仁的研究成果为进一步展开对宋育仁的深入研究奠定了基础。但是，已有研究成果与宋育仁这位近代史上言行不凡、著作等身、一生颇具传奇色彩的人物极不相称。笔者不揣才疏学浅，将已有宋育仁的研究成果（笔者主要指关于宋育仁的学术性研究成果）的部分不足之处归纳如下，旨在前人研究成果的基础上，继续促进宋育仁研究领域的深化。

（一）以对史料的挖掘、运用而言，已有成果对宋育仁史料挖掘和利用不够

已有关于宋育仁的研究成果中运用最多的史料为宋育仁最为知名的《时务论》和《泰西各国采风记》两书，对宋育仁其他

---

① 详见王东杰、陈阳编：《中国近代思想家文库·宋育仁卷》，中国人民大学出版社2015年版。收入此文库的近代人物除宋育仁外，绝大多数在近代史上声名显赫，他们有的为位高权重的封疆大吏、朝中重臣，有的为学识渊博、学贯中西的大学者，有的为奋不顾身、舍生忘死的革命者等，他们均为活跃在1840年至1949年之间的思想人物，长期受到学术界和文化界的重视，关于他们的研究成果也极为丰富，被收入此文库的近代人物有：林则徐、龚自珍、魏源、冯桂芬、曾国藩、左宗棠、张之洞、郑观应、严复、辜鸿铭、康有为、孙中山、梁启超、胡汉民、李大钊、郭沫若、萧公权等。宋育仁能以"中国近代思想家"的名义与近代史上声明显赫的人物一同被列入此套丛书中，足见宋育仁及其著述的价值引起了学术界和出版界的重视。笔者也十分重视对宋育仁著述的搜集、整理工作，目前由笔者主编的《宋育仁文集》中辑录了能找到的宋育仁著述，内容丰富，篇幅较大，目前正在编辑过程中，按出版计划2016年将由中国国家图书馆出版社出版。

的著述利用甚少，多数与宋育仁研究相关的史料还没有被研究者充分挖掘利用，即使对于《时务论》和《采风记》这两部书的内容，已有研究成果中也并未充分利用。

（二）就已有研究成果的内容而言，主要集中在对宋育仁生平事迹的评述以及对其早期维新思想的论述两个方面，其中尚待认真考证和有待深入研究的薄弱项目甚多

已有研究成果中对宋育仁的生卒年代、宋育仁父母去世的时间以及宋育仁的字号、其归国时间、《时务论》的写成时间、宋育仁的派别属性问题（是维新派还是早期维新派）等诸多基本问题说法不一，而已有成果中对他在戊戌变法之后的具体活动情况以及著述情况的论述更如同雾里看花，难见清晰之论。实际上，澄清这些问题对于深入研究宋育仁十分必要。

（三）已有研究成果中对宋育仁及其维新思想的论述多数属于就宋育仁个人而论，就事论事，缺乏与同时代以及近代中国史上其他进步人物之间的比较研究

此外，已有宋育仁研究成果中还未有以"宋育仁维新思想研究"为题目的论著，而且已有研究成果中在论述宋育仁思想时主要集中在论述戊戌政变之前的宋育仁，而对于戊戌政变之后至辛亥革命之前宋育仁的情况包括其维新思想的状况，学术界则少有人做专门研究；至于对宋育仁在辛亥革命之后的思想言行，在已有相关论述中均以"辛亥革命后不问世事"而一笔带过，学术界对辛亥革命后的宋育仁研究甚少。

（四）已有研究成果中缺乏对宋育仁历史地位的合理评价

据笔者所见，多数提及或者专门论述宋育仁的论著中都把宋育仁称为"早期维新派"（或者"早期改良派"），也有部分论著称其为"维新派"。用"维新派"或者"早期维新派"来称呼宋育仁，显然只能描述宋育仁的一种身份而已，对于拥有多重身份、扮演过多种角色的宋育仁而言，上述称呼明显不足以准确反映出他丰富多彩的人生。此外，已有研究成果中缺少对宋育仁维新思想形成与发展之背景及原因的详细分析，对宋育仁维新思想的特点缺乏深刻、系统的分析。

第三节 创新之处与研究方法

本节主要对本书的创新之处和运用的研究方法予以简要阐述。

一、创新之处

总体而言，本书中笔者在对宋育仁维新思想进行研究时，并非就人论人，就事论事，而是将宋育仁的人生经历、著述言论、交友活动、维新思想等放在整个中国近代史的时代大背景下进行考察，并尽可能将宋育仁的维新思想与所处的历史环境相联系，围绕近代中西文化交融碰撞与中国近代化问题，深入探讨宋育仁维新思想的主要内容、[①]其维新思想产生与发展的背景与原因、其维新思想的特点（包括局限性）等问题，力图对宋育仁的维新思想进行比较系统、深入的研究。同时，在研究过程中，笔者重视宋育仁与近代中国政治舞台上的各个派别如洋务派、顽固派、早期维新派、戊戌维新派、清末立宪派等不同派别人士的联系与区别，并通过与近代中国其他维新思想家及其余进步人士进行多

---

① 限于笔者精力有限，本书中并未对宋育仁维新思想内涵的各个方面一一展开论述，而主要对宋育仁维新思想体系中所占比重最大的主体部分——政治思想与经济思想展开研究。

方位、多维度的比较研究，总结出宋育仁维新思想的特点，并对其在中国近代维新运动史、近代思想史及中国近代史上的地位予以评价。此外，本书在以下几个具体问题上有所创新。

（一）大量一手史料的利用

书中运用了大量的史料，尤其是对作为第一手资料的宋育仁著述给予笔者能力范围内的最大限度的挖掘利用，不少史料为前人所未充分运用以及未曾利用过，这是本书在运用史料方面的创新之处。

（二）对宋育仁生平经历、著作言论、交游群体的考察

宋育仁生平经历丰富复杂，已有研究成果中对其未能有清晰、准确、全面的阐述，本书开篇首先按照时间顺序理清了宋育仁一生的主要经历，为随后论述宋育仁的维新思想奠定了坚实的理论基础；宋育仁著述丰硕，经史子集、西学中学无所不包，可谓著作等身，已有研究成果中对其或言之不详，或言之不确，笔者通过查阅大量史料及进行大量细致的考证工作，在书中首次以表格的形式将宋育仁的著述情况清晰地列举出来；宋育仁一生交游广泛，善于交际，既有年少求学时的同学、老师，也有关系要好的同乡，还有思想进步的维新派人物，此外，他与一些思想开明的达官显贵也多有交往，即便在晚年他返回四川之后，同当时在四川政界、学界乃至在全国都声名显赫的人物均有来往。探讨宋育仁同他们之间的关系，不仅能够更好地把握宋育仁的交往情况，从他人的角度来审视宋育仁，而且对于深入研究宋育仁的维新思想也有所帮助，同时也有助于深化对于晚清民国史的认识。

（三）对宋育仁维新思想的专门研究

这是本书的主体部分。多数已有研究成果中把宋育仁作为早期维新派的代表人物进行研究，而对于其在维新运动以及清末

新政期间及之后的维新思想则探讨不足。而且，已有研究成果中对宋育仁维新思想的研究主要为就人论人，就事论事，缺乏与同时代及近代史上其他进步人物的思想进行比较研究。从时段上来讲，本书中对宋育仁维新思想的研究侧重于从其维新思想的产生直至辛亥革命之际其维新思想不断发展的历程；从内容方面讲，本书在研究宋育仁维新思想时，为了做到集中笔墨，有的放矢，故而主要侧重于研究宋育仁在政治与经济方面的维新思想，简论他的教育与军事思想，而并非面面俱到，全面开花，在对宋育仁及其维新思想进行论述时，注重与其他历史人物的比较，以体现宋育仁及其维新思想的优点与局限性，并对宋育仁维新思想形成与发展的历史背景以及渊源、维新思想的特点及局限性做了探讨与归纳。

（四）对一些具体历史细节问题的考辨

书中对宋育仁的生卒年代、《时务论》的写成年代、宋育仁的归国年代及其字号情况等学术界言之不清或有所争议的史实进行了认真细致的考证。

（五）对宋育仁以及宋育仁维新思想的评价与定位

本书通过对宋育仁维新思想的内容、特点以及维新思想形成渊源等问题的研究，结合与同时代其他进步人物及其思想的比较，总结出宋育仁维新思想的进步与不足之处，并将其放在维新运动史、中国近代思想史、中国近代史的大背景中，力求对其有客观、公正的评价，并尝试对宋育仁及其维新思想在近代史上的地位予以定位。

二、研究方法

（一）运用微观与宏观结合、点面结合、以点带面的研究方法

从纵横两方面去理解宋育仁所处的时代，围绕"宋育仁维新思想"这个研究中心，来深刻分析其维新思想的内涵、维新思想形成与发展的背景、维新思想的特点（包括对其维新思想局限性的分析），并结合与同时代及中国近代史上的其他进步人士进行比较研究。

（二）在史料的运用上，最大限度地挖掘和利用一手资料

书中在笔者能力范围内最大限度地运用了能够反映宋育仁思想主张的第一手文献，对宋育仁自己写的著述予以尽可能多的利用，以便在进行论证时做到言之有力，论之有理。

（三）运用细致严密的考证方法

书中对已有研究成果中说法不一的相关基本史实进行认真考证，得出令人信服的结论。

（四）集中笔墨，用好有限的篇幅

笔者在研究宋育仁维新思想时，并非对宋育仁的维新思想展开面面俱到式的全面研究，而是选取在宋育仁维新思想体系中所占比例最大且最为重要的政治、经济方面的维新思想作为本书的主要研究对象。

第一章 宋育仁生平与著述

由于宋育仁属于未引起学术界高度重视的历史人物，要对其进行研究，首先应该对其一生的总体情况有所了解，故笔者拟从两方面对宋育仁的相关情况予以阐述，即生平主要经历与著述情况，旨在使读者朋友们对宋育仁有初步、整体的认识，同时也为接下来论述其维新思想做好铺垫。

第一节　生平主要经历

宋育仁（1858—1931年），①字芸子，又字芸岩，②号道复、

---

①关于宋育仁的生卒年代，学术界已有成果中说法不一。据笔者所见，主要有三种说法，即："1857—1931年"说；"1858—1931年"说；"1858—1932年"说。笔者查阅多种资料，找到了最具有说服力的证据是：在宋育仁1931年12月5日去世后，宋育仁的子女宋维彝等撰写了《宋芸子先生行状》，主要记述其父宋育仁先生一生的主要经历和成就（此书现存中国国家图书馆古籍馆），上书宋育仁的出生日期为"前清咸丰戊午年十一月二十三日"，对应的公历日期应该是1858年12月27日。因此，宋育仁的生卒年代正确的时间段应为"公历1858年12月27日至公历1931年12月5日"。

②有关宋育仁字的说法，笔者所见资料中并不一致。关于其字的说法主要有：芸子、芸崖、芸岩、讲易（"讲易"此字的说法出自：1.周家珍编著：《20世纪中华人物名字号辞典》，法律出版社2000年版，第711页；2.乔晓军：《清代翰林传略》，陕西旅游出版社2002年版，第416页）、子晟（宋育仁的此字出自：朱彭寿编著，朱鳌、宋苓珠整理：《清代人物大事纪年》，北京图书馆出版社2005年版，第1610页）、芸之（此种说法出处与"子晟"的出处相同）。据笔者所见，"芸子"、"芸岩"为已有宋育仁成果中提及宋育仁的字时出现频率最高的两个词，而且在《宋芸子先生行状》中也认为宋育仁的字为"芸子"、"芸岩"，故笔者认为宋育仁最常用的字中肯定包括"芸子"、"芸岩"，宋育仁其余的字则为其不常所用，其准确性有待于日后进一步考证。

复庵，别号问琴、问琴阁主、鸥夷逸客，①斋号问琴阁，私谥文康，四川省自贡市富顺县大岩函人（即今四川省自贡市沿滩区仙市镇大岩村人），光绪己卯科举人（1879年），光绪丙戌科进士（1886年），后任翰林院庶吉士，国史馆协修会典馆纂修，翰林院检讨，光绪辛卯科乡试副主考（1891年），驻英、法、意、比四国二等参赞官，四川矿务、商务监督，江南南菁学堂总教习，湖北土药税务总局督办，江西抚院总文案，江西铜圆局总办，北洋造币总厂总参议，直隶督院总文案，五部顾问（即学部、民政部、度支部、邮传部、礼部），国史馆代馆长，重修《四川通志》局总裁，四川国学院院长，《国学月刊》主编等职。②

通过上述宋育仁一生所担任过的职务和所扮演的角色，我们可以感受到其丰富而不平凡的人生经历，其一生涉足教育、外交、经济、学术、文化等若干领域，其所生活的年代正值晚清民国这一中国历史上"数千年未有之大变局"之时期，救亡图存是这一历史时期的主要任务。和同时代其他爱国人士一样，宋育仁满腔热忱加入到近代中国寻求救国真理的先进人物群体中，成为晚清维新派的代表人士之一，同时他扮演了多种角色，多半生都在不断探索富国强民之策。下面以时间为序来勾勒宋育仁一生的主要经历。

---

①据笔者所见，关于宋育仁号或者别号的说法主要有：问琴、问琴阁主、道复、复庵、鸥夷逸客（宋育仁"鸥夷逸客"此号出自周家珍编著：《20世纪中华人物名字号辞典》，法律出版社2000年版，第711页）。此外，宋育仁除了有这些号和别号之外，还使用过一些笔名，比如：问琴阁、道复甫（这些笔名为他在《国学月刊》中发表文章所使用过的名字）。笔者经考证后认为，宋育仁的号为道复、复庵，别号为问琴、问琴阁主、鸥夷逸客。

②宋维彝等：《宋芸子先生行状》，北平石老娘胡同傅沅林先生捐，中国国家图书馆分馆藏，1931年印。

一、从醉心科举到维新思想初步形成

宋育仁生于1858年，这一年距《南京条约》签订已经过去了16年，距太平天国起义爆发也有7年，这一年国内外形势极为严峻，整个国家处在内忧外患之中，南方的太平军虽然经历了"天京事变"的重创，但与清政府之间激烈的争夺战一直没有停止，东南半壁江山一片战火；而在北方，以英、法为主的西方列强在两年前挑起的第二次鸦片战争愈演愈烈，最终在英国、法国、俄国和美国的威逼下，清政府被迫签订《中英天津条约》《中法天津条约》《中美天津条约》《中俄天津条约》，国家主权遭到进一步严重侵犯。

宋育仁出生于四川富顺县大岩凼，其伯父宋时湛、父亲宋时儒都为当地名儒，其家族建有学馆，宋育仁可谓生长在有着良好教育条件的士大夫家族，自幼就受到良好的启蒙教育。宋育仁六岁时，其父以从六品布政使司理问衔升迁为知县，远赴浙江省镇海县（今浙江省宁波市镇海区）担任镇海县县丞，宋育仁和家中亲人随行。"六岁随先王父慰农公宦浙江，就传受书。"[1]在父亲的严厉督导下，宋育仁自幼就受到严格的以儒学为核心内容的传统文化教育，他天资聪慧，勤奋好学，"就传受书，过目辄能成诵，又好学成性，不俟父师督责，故以髫龀之年已能解贯经史大意，博闻强记，成学弗如。当时有神童之称"。[2]不幸的是，宋育仁还未成年，父母却先后去世，在他8岁时（即1865年8月25日），其母高氏病故，13岁时（即1870年），其父病故在镇海县

---

[1] 宋维彝等：《宋芸子先生行状》，北平石老娘胡同傅沅林先生捐，中国国家图书馆分馆藏，1931年印。

[2] 宋维彝等：《宋芸子先生行状》，北平石老娘胡同傅沅林先生捐，中国国家图书馆分馆藏，1931年印。

县丞任上，遗宋育仁及其姊、弟、妹共六人。①因宋育仁与姐令修、弟辅仁等兄弟姊妹"皆未离童稚，滞留异乡不能归葬"，②故1871年其二伯母陈氏遣人远赴镇海，将宋育仁父母的灵柩以及宋育仁兄弟姊妹六人接回四川富顺老家。同年，年仅14岁的宋育仁追随时任四川汉州训导的伯父宋时湛继续他的求学生涯，就读于汉州（今四川广汉市），由于宋育仁从小就养成良好的学习习惯，终日手不释卷，再加上他天资聪慧且记忆力惊人，故虽未成年却已学识胜过常人。

1874年（同治十三年）7月，宋育仁年仅17岁，他初应童子试，便以优异的成绩脱颖而出，高中秀才。这一年，退居四川故里的工部侍郎薛焕联络四川官绅共15人倡议创办尊经书院，四川总督吴棠和四川学政张之洞会商后，采纳了他们的意见，决定当年在成都修建尊经书院。1875年，尊经书院建成，书院从四川各州县的高才生中选拔学生，首批学生从四川各州县生员中选拔了100名精英入读书院。1876年，宋育仁以其卓越的才华得到张之洞的赏识而被选入尊经书院，并且深受尊经书院老师的赏识，

---

① 在笔者所见的资料中，均认为宋育仁母亲的病逝时间为1865年；而对于宋育仁父亲的去世时间，已有资料中说法并不统一。一种说法认为，宋育仁11岁丧父；还有一种说法认为，宋育仁13岁的时候丧父。据《宋芸子先生行状》所记载："先王卒于官府，君年始十二。"（见宋维彝等：《宋芸子先生行状》，北平石老娘胡同傅沅林先生捐，1931年印。）这是宋育仁去世后，由宋育仁的后人写的记载宋育仁生平的权威资料，另外，学术著作《宋育仁思想评传》中也认为："1870年，（宋育仁）父亲死于浙江镇海任所。"（参见黄宗凯等：《宋育仁思想评传》，西南交通大学出版社2007年版，第4页。）另《中国近代思想家文库·宋育仁卷》中的"宋育仁年谱简编"也记载道："同治九年（1870年），辛未，十四岁，父宋时儒殁于镇海县县丞任上。"（参见王东杰、陈阳编：《中国近代思想家文库·宋育仁卷》，中国人民大学出版社2015年版，第441页。）因此，宋育仁父亲的去世时间应为1870年，即宋育仁13周岁之时。

② 宋维彝等：《宋芸子先生行状》，北平石老娘胡同傅沅林先生捐，中国国家图书馆分馆藏，1931年印。

"提调钱徐山见而惊曰：'宋玉再生蜀矣！'王闿运来主尊经，尤见推重，因博通六艺，遍览词林"。①1878年，继张之洞后担任四川学政的谭宗浚考察尊经书院时，对宋育仁的超凡才华印象极为深刻，称赞他"短宋词笔工雕搜，华熳五色垂旌游"。②与宋育仁同年入选尊经书院的还有在近代史上赫赫有名的人物廖平（今文经学家）、杨锐（"戊戌六君子"之一）、吴之英等，宋育仁与廖平、杨锐、吴之英一度并称为"尊经四杰"。此时的宋育仁既得以凭借高才生的身份入选尊经书院这座新办的四川省最高学府，又已高中秀才，获得科举功名，可谓人生得意，双喜临门。

尊经书院不同于一般的仅以科举应试为目的的书院，它并不以科举为唯一目的，而更注重培养学生的真才实学，以培养蜀中通经致用人才为己任，书院建成后很快成为四川学术文化的中心，人才荟萃，学生思想活跃，大多关心时政。尊经书院独特的风格为维新思想在四川的产生和传播创造了条件。在这一新式书院中，宋育仁读书尤为刻苦、用心，但并非仅埋头故纸堆，一方面，他博览经史子集等著作，既奠定了坚实的国学根基，也为日后夺得科举功名而默默积蓄力量；另一方面，宋育仁涉猎了一些宣传维新思想的书籍以及西学著作，不自觉地接受了新学洗礼，他的思想视野也得到了较大的拓宽。此外，宋育仁与老师经学大师王闿运和同学廖平、杨锐等的思想碰撞等均促进了他维新思想的产生。1879年（光绪五年），宋育仁时年22岁，他参加乡试，顺利中得当年己卯科举人，实现了在科举道路上的又一次成功飞

---

① 萧月高：《宋芸子先生传》，载于汪兆镛纂录：《碑传集三编》卷三五，《儒林》四，明文书局1985年版，第235页。

② 谭宗浚：《尊经书院十六少年歌并序》，载于谭宗浚：《荔村堂诗钞》卷八，收于《续修四库全书》编纂委员会编：《续修四库全书》第1564册，上海古籍出版社2002年版。

跃。同年，宋育仁迎娶同乡富顺县自流井进士陈仲信之妹陈氏为妻，此时的他既中举人，又娶妻室，可谓事业爱情双丰收。

1880年，23岁的宋育仁初次远赴京城参加会试，和前两次参加科举考试不同的是，此次应试，宋育仁未中，初次尝到了名落孙山的滋味。1881年，宋育仁的伯母陈氏病故，为报答伯母养育之恩，宋育仁决定回乡丁忧守制，三年内不应科考。由于在尊经书院就读期间，宋育仁"才名已播远迩"，①因此，在其回乡守制后的第三年——1883年，四川资州知州高培谷即亲赴富顺聘请宋育仁担任四川颇有名气的资州艺风书院的主讲，宋育仁深受感动，欣然应允。在艺风书院期间，宋育仁的讲学效果极佳，"课程一放，士林始知时文、帖括外尚有经学词章，莫不欢喜，赞欢欣然从风"。宋育仁当时虽年仅20多岁，但"老师、宿学、十年以上长者，亦投贽称弟子"。②在艺风书院主讲的三年期间（即1883年至1886年），宋育仁撰成《周礼十种》《说文部首笺正》，其中属于《周礼十种》之一的《周官图谱》一书，为他后来提出的"复古改制"主张描绘出了初步蓝图。③这些著作的诞生，使宋育仁开始受到士林推重，声誉日高。

宋育仁凭借其主讲艺风书院以及著书立说的不凡经历，才名远播，声名鹊起，得到朝中重臣户部尚书兼帝师翁同龢和工部尚书兼礼部尚书潘祖荫的赏识。1886年（光绪十二年），在他们的鼓励和支持下，年近而立之年的宋育仁再次进京参加会试，这

---

① 宋维彝等：《宋芸子先生行状》，北平石老娘胡同傅沅林先生捐，中国国家图书馆分馆藏，1931年印。

② 宋维彝等：《宋芸子先生行状》，北平石老娘胡同傅沅林先生捐，中国国家图书馆分馆藏，1931年印。

③ 在撰写本书的过程中，笔者想了多种办法寻找体现宋育仁早期维新思想以及为其托古改制思想绘制蓝图的《周官图谱》一书，遗憾的是，最终却没有找到这部著作。

次幸运之神再度降临，他高中进士，中得光绪十二年丙戌科三甲第46名进士，实现了在科举道路上又一次质的飞跃，时年29岁。清廷随即授其翰林院庶吉士。中进士无疑乃宋育仁人生中的重大转折，这使得他得以从经济落后、信息闭塞的四川来到京城，置身于国家的政治、文化、教育中心，供职于高级文人学者荟萃的翰林院，宋育仁所处的外部环境发生了翻天覆地的变化，这种变化必然会对他的内心产生巨大深刻、令其震惊的影响。中进士、点翰林，这使得宋育仁有机会得以与京师各级官员接触，极大地开阔了他的视野，尤其是通过与具有维新思想的官员陈炽、黄遵宪等人交往，不仅使宋育仁感觉到与他们志同道合，而且极大地丰富了他的思想，维新变革意识逐渐在他的思想深处萌芽。1889年，宋育仁升任翰林院检讨。同年，光绪帝举行"加冠"、"大婚"、"亲政"三大礼，宋育仁专门为之创作《三大礼赋》共两万余言，以表达其忠君之心，朝中官员对此赋评价极高，誉之为"雅管风琴"。同年宋育仁又作《湘游赋》。两赋的创作，让宋育仁在京城士林中文名大增，更有人惊叹曰："其文有清二百余年，得未曾有。"[①]但宋育仁自许以"经术致用"，不愿仅以文章知名。时黄河决堤于郑州，宋育仁以"治河议"上奏朝廷，但未被采纳。

1891年，宋育仁受命赴广西担任乡试副主考官，"编修刘玉珂为广西乡试正考官，检讨宋育仁为副考官"；[②]广西之行使宋育仁对内地贫瘠落后的状况有了直观、丰富的感性认识，同时由于列强侵略导致的边境水陆门户洞开的状况使他内心深受触动，宋育仁的改革之心因之愈发迫切，他深刻地认识到中国维新改革亟不可待。同年，宋育仁奋发图强，写成了以批判时弊、宣传

[①] 车吉心主编：《民国轶事》（第一卷），泰山出版社2004年版，第403页。
[②]《德宗景皇帝实录》（四），卷之二百九十七，光绪十七年（1891年）五月，中华书局1987年版，第937页。

西学、倡导维新为主要内容的重要著作《时务论》，①此书中宋育仁明确提出了中国非维新变法不可且维新亟不可待的观点，并从政治、经济、军事、教育等方面阐明了进行维新改良的具体主张。《时务论》写成标志着宋育仁维新思想已经初步形成了。19世纪90年代初，列强对中国的侵略程度进一步加深，中国的边疆形势日益恶化，宋育仁对中国边疆危机格外关注。1893年，宋育仁专门写下《守御论》一文，阐述了严峻的边疆形势以及对如何保卫边疆抵制侵略的深入思考，提出了"大治军旅以重边防"等一系列保卫边疆、捍卫主权的策略，体现出他对现实问题的高度关注，其爱国之心昭然可见。②宋育仁关注现实的爱国之心和卓尔不凡的才华得到了朝廷大员的赏识，兵部尚书孙毓汶对宋育仁的才识尤为欣赏，1893年，他以宋育仁才华卓越为由举荐他担任清政府驻英、法、意、比四国公使参赞。

综上所述，1894年之前的宋育仁走的是一条不寻常的道路，

---

① 关于体现宋育仁早期维新思想的重要代表著作《时务论》的写成时间，学术界的说法并不一致。据笔者所见，主要有几种说法：其一，认为《时务论》写成于甲午战争之前，具体来说有1887年、1891年、1889年三种不同的说法；其二，认为《时务论》的写成时间在甲午战争之后。笔者查阅多方资料，经过认真核对、查证，最终确定《时务论》的写成时间应该为1891年。支撑笔者最终得出此结论的最有力的证据即一手史料是：笔者发现在中国国家图书馆收藏着宋育仁的另一本重要著作《泰西各国采风记》［共五卷，另附《时务论》一卷，《纪程感事诗》一卷，光绪二十一年刻本（1895年）］中，其中作为《泰西各国采风记》附卷的《时务论》尾页处明确标明"此书撰成于光绪十七年"，即1891年。

② 在《守御论》中，宋育仁对中国所面临的自鸦片战争以来日益恶化的边疆危机做了全面、细致、理性的阐述，并对侵略中国的列强对中国边疆所造成的危害程度之异同进行了深刻的比较与剖析。同时，他还对症下药，针对边疆危机的严峻性，提出了保卫边疆、制敌御侮的详细策略。此外，针对如何增强清政府的军事力量，提高抵抗列强侵略的有效性，宋育仁也进行了深入思考。关于宋育仁边疆思想以及他关于振兴国家军事主张的具体内涵，请参阅本书第二章第一节"反侵略思想"，本处不再赘述。

一方面，他在科举道路上春风得意，从秀才到进士几乎步步顺畅，17岁中秀才，22岁中举人，29岁中进士，实现了多少文人几乎终其一生都在不断攀登、难以实现的梦想；另一方面，他在勤奋读书之余，开始积极关注现实，思考救国强国之策，并著书立说，阐明其对时弊的看法及应对之策，初步建构起其维新思想体系。

二、从出使西方到积极参与维新运动

1894年，在兵部尚书孙毓汶的举荐下，宋育仁以驻英、法、意、比四国公使参赞的身份，随公使龚照瑗出使英、法、意、比四国，常驻伦敦，时年37岁。①首次走出国门的宋育仁，大开眼界，得以有机会目睹和亲身体验西方近代文明。他对踏出国门的机会非常珍惜，在强烈好奇心和身为外交官的责任意识的驱动下，他着重考察了西方（主要以英国为主）政治、教育、宗教、礼俗、公法方面的情况，并结合自己的感想心得，撰成《泰西各国采风记》一书，②宋育仁维新思想的内涵因之得以进一步丰富和扩充。

出使期间，宋育仁除撰写成记述西方文明及其维新主张的

---

①实际上，由于1895年清政府专设出使法国大臣，而驻意大利、比利时的使职只是兼领，所以说，"驻英、法、意、比四国大臣"主要负责的是对英国的外交事务，故常驻伦敦。宋育仁作为驻英、法、意、比四国公使参赞，实际级别为二等参赞官，是仅次于公使的二把手。身为使团公使的龚照瑗并没有和参赞宋育仁及使团其余成员一起出使欧洲，而是迟走一步，因此，在龚照瑗来到英国之前，率先到达英国伦敦的宋育仁除了代替龚照瑗管理清政府驻伦敦使馆和处理外交事务外，还有一些用来考察西方社会运行状况（包括西方政治、经济、教育、外交、宗教等制度）的自主支配时间。

②《泰西各国采风记》一书分为五卷，从五个方面介绍了西方尤其是以英国为代表的资本主义国家的制度，即："政术、教门、学校、礼俗、公法。"关于此书的其余情况，请参阅第一章第二节"著述概况"中的相关阐述。

笔记《泰西各国采风记》之外，还广泛进行社交活动，结交社会各界名流，与英国政界、学界、新闻界等知名及高层人士均有来往，如驻英期间，宋育仁与当时英国著名政治家麦格、英国著名学者麦克斯·穆勒、英国汉学家理雅各、日本知名政治家望月小太郎、日本名记者下田歌子等均有来往。尤其值得一提的是，宋育仁在伦敦期间专门拜访了英国著名学者、牛津大学博士麦克斯·穆勒，二人相见甚欢，共同讨论了文字学方面的修订各国通行字典之事，宋育仁提议发明通行文字，认为若以通行文字翻译各国书籍，学者们见其文便知其意，如此则可遍读各国之书，结交天下之士，麦克斯·穆勒对宋育仁的观点表示赞同。宋育仁还受麦克斯·穆勒之邀参观其重要学术活动场所东方学会及参加麦克斯·穆勒的其他学术活动。在麦克斯·穆勒的影响下，宋育仁归国后对文字学进行了深入研究，并取得了很高的造诣。他与麦克斯·穆勒的交往谱写了东西文化交流史上的一段佳话。①此外，宋育仁还经常出入英国议院、学校和工商界，这对他了解西方（主要是英国）以及提高自身西学素养来说，无疑提供了良好的机会。这次难得的出国机会使宋育仁得以近距离观察西方的政治、经济、宗教、教育、法律等运作状况，使得他对西方文明产生了感性直观的认识。面对西方文明，宋育仁不自觉地将中西截然不同的现实状况进行比较，国内的落后与西方的发达两种相差

---

①麦克斯·穆勒为英国近代著名学者，在语言学、宗教学等多领域有精深研究。宋育仁与他相识时，他已70多岁，宋育仁年仅37岁，二人多次会面，主要就文字学方面的问题展开讨论，成为忘年交。在麦克斯·穆勒的影响下，宋育仁发奋研究文字学，写下了功力深厚的文字学著作（参见本书第一章第二节"著述概况"中相关内容），宋育仁的《与英国麻博士议修各国通行字典说例》《同文解字序》《说文部首笺正序》等著作中记载了他与麦克斯·穆勒的交往细节以及所受影响等。钟永新先生专门写文章探讨了宋育仁与麦克斯·穆勒的学术交往情况，并对此堪称中西文化交流史上的佳话予以高度评价（参阅钟永新：《麦克斯·穆勒与宋育仁的学术交往录》，《宜宾学院学报》，2011年第10期）。

悬殊的境况一方面无时不在刺激着他的内心，伤害着他的自尊，但这也在无形中增强了他学习西方、维新变法的决心。因此，从这个角度来讲，出使西方的这一非凡经历促进了宋育仁维新思想的进一步深化。①

特别值得一提的是，在宋育仁出使期间，正值中日甲午战争爆发之际，他虽然身处异国他乡，却心系祖国，密切注视国内战事的进展，还与翁同龢、张之洞、孙毓汶、刘坤一等朝内外重臣通过书信往来了解战事进展，与他们交流自己对于战争的看法，表现出极其强烈的爱国热忱。②战争初起时，宋育仁即上书朝廷，指出："目前困倭之谋，异日防俄之计。"③1894年10月，清军在平壤之战和黄海海战中先后失利，这对宋育仁产生了极大的刺激。其时，正好公使龚照瑗回国述职，由宋育仁代行公使之职。闻清军在陆上和海上战场均接连惨败，宋育仁救国心切，心生从海外奇袭日本本土之计，意在给日本以出其不意的打击，将其视线从中国本土拉回日本国内，寄希望以奇袭日本本土之计而起到曲线救国之效。宋育仁遂与使馆参议杨宜治、翻译官王丰镐等密谋，并密电与他有师生之情的南洋大臣张之洞，拟借洋款，购买英国原卖与智利和阿根廷的快船等舰艇（包括兵舰5艘、鱼雷快艇10艘，其他辅助舰艇若干艘），在澳大利亚招募水兵2000

---

①关于宋育仁出使西方期间考察西方社会以及结交社会名流、撰写《采风记》等方面的具体情况，本书第四章第三节"出使西方经历的推进"中有详细阐述，故本处仅简述之。

②宋育仁在伦敦期间，与朝内外重臣翁同龢、张之洞、孙毓汶、刘坤一等有书信往来，通过他们及时了解国内战争势态的进展，并向他们表达对于抵抗侵犯日军的具体战略。在宋育仁萌生了借款购舰、奇袭日本的想法后，他还密电恩师张之洞，征求张之洞的意见，期望得到来自恩师的帮助与支持，后在《马关条约》签订后，张之洞还专门致电宋育仁，告知其"和议已定"。有关宋育仁在伦敦期间与张之洞等大臣的往来具体情况，请参阅本书第四章第三节"出使西方经历的推进"中的相关论述。

③宋育仁：《借筹记》，线装单行本，1895年版，第1页。

人，组成水师一旅，伪装成澳大利亚商团，以保护商队为名，自英国属国澳大利亚出发，经菲律宾北上突袭日本长崎。为了早日实现奇袭日本本土、逼日军回师救援的救国之策，宋育仁积极奔走联络，与美国退役海军少将夹甫士、前智利海军将领麦福尔、英国水师候补军官哈格雷、英国候补议员安杰华、英国康迪克特银行经理格林密尔等商定：先从英国康迪克特银行借船款200万英镑、战款100万英镑，并计划买定兵船与快艇共10艘、运输船2艘，招募水兵一旅，由前北洋水师总教习、副提督英国人琅威里率领，于是，"炮舰毕集，整装待发"，但很快，清政府战败，并签订了丧权辱国的《马关条约》，这使宋育仁企图通过借洋款、购洋舰、募洋兵"奇袭长崎"的计划彻底落空，宋育仁禁不住"抚膺私泣，望洋而叹"。①可恨的是，公使龚照瑗返回伦敦后得知了宋育仁的计划，立即电告清廷，清廷随即下旨将宋育仁撤职，并召其回国，宋育仁不得不离开英国，踏上归国的征途。1895年8月，宋育仁在回国途中，内心极度悲愤和低落，愤懑之余，他写成《借筹记》一书，详细记述了此次伦敦谋划行动的始末，书中对龚照瑗告密的小人行径多有怨言。宋育仁计划奇袭日本长崎的想法，颇具传奇色彩，现在看来未免有点不切实际，但值得肯定的是，此举体现出宋育仁强烈的爱国情感和超乎常人的勇气。②

宋育仁在英国筹划的"奇袭长崎"之谋虽未成功，但他所著的《借筹记》一书很快便在京城士林中流传开来，宋育仁因此而名声大振，在国内维新派中的知名度也得到极大提高。1895年

---

① 宋育仁：《借筹记》，线装单行本，1895年版，第1页。
② 宋育仁企图借款购舰、奇袭日本的计划虽在当时没有成功，但后世对其此举评价极高，伍奕、多一木在《宋育仁：隐没的传奇》一书中对宋育仁予以高度评价，称其为"清代历史上唯一筹划袭击日本并付诸实施的中国人"。关于宋育仁伦敦密谋袭击日本之详情，请参阅本书第四章第三节"出使西方经历的推进"，此处不详述。

宋育仁回国之后，随即受聘为北京强学会都讲，主讲"中国自强之学"，期间宋育仁大力宣传其"复古改制"主张，呼吁变法自强。第二年（1896年），宋育仁向朝廷上了名为《翰林院代奏呈请理财折》的奏折，旨在献理财之计，"上理财四事，其纲为开矿禁，制金币，设银行，行币案"，[①]系统地阐述其经济方面的维新思想，不幸未被朝廷采纳。

1896年，国子监祭酒张百熙上奏朝廷，保荐宋育仁回四川办理商务、矿务，朝廷接受其保荐，光绪帝下旨曰："检讨宋育仁，究心外洋工商之学，熟悉川省情形，着即前往四川。鹿传霖俟该员到后，将矿务、商务，与之逐一讲求，宋育仁应如何任用之处，奏明请旨。"[②]清廷任命宋育仁为四川矿务商务总局监督，办理四川商务、矿务事宜。1896年农历三月，宋育仁回到四川赴任，由于四川省矿务已事先由官办，于是他设商务局于重庆，以"保地产，占码头，抵制洋货，挽回利权"为宗旨，以"不招洋股，不借洋款，不动官款；官商分厂，各公司自主，商务局不过问"为原则，大力支持民族资本工商业的发展。宋育仁主持兴办了许多实业公司，先后在重庆、成都、泸州、嘉定、江北等地，开办了洋车、洋烛、煤油、煤矿、玻璃、白蜡、卷烟、药材、青麻、锑沙等公司，并在北京、上海、南洋、嘉定等经济发达地区设立办事处。宋育仁还着手创设了由重庆、上海商人合办的"川省火油公司"。宋育仁担任四川矿务商务总局监督期间，实施了一系列积极支持兴办和发展民族工商业的主张与政策，为巴蜀地区较为封闭落后的经济状况带进了一股新的风气，在他的推动下，30多家公司在巴蜀大地上兴办起来，巴蜀地区几

[①] 萧月高：《宋芸子先生传》，载于汪兆镛纂录：《碑传集三编》卷三五，《儒林》四，明文书局1985年版，第235页。

[②] 《德宗景皇帝实录》（六），卷三百八十七，光绪二十二年三月（1896年4月），中华书局1987年版，第60页。

乎为零的民族工商业得以起步和发展。宋育仁因此扮演了"巴蜀地区近代民族工商业开创者"的角色,功不可没。

　　1897年,国内维新运动进行得如火如荼,维新派掀起办报刊、创学会的热潮,宋育仁积极响应。当年11月,他与友人于重庆创办《渝报》,此为四川近代史上的第一张报纸,也是第一张具有维新改良倾向的刊物,宋育仁因此而成为四川报业鼻祖。①《渝报》在办刊宗旨和形式上效法当时享誉全国的《时务报》,以宣扬维新变法、鼓吹救亡图存为特色,宣传通经致用、维新变法,大力介绍国内外政治、经济、科技等发展形势,尤其是《渝报》上宣传介绍了西方资本主义国家的政治制度,提出"兴民权"的主张,提倡进行经济、教育等方面的改革,对发展商业高度重视,大力呼吁振兴民族商业,呼吁提高商人的社会地位等。宋育仁除担任《渝报》总理外,还积极撰文宣传其复古改制、维

---

①《渝报》是重庆以及四川最早出现的报纸,旬刊,颇有维新色彩,样式仿照《时务报》,内容包括:上谕恭录、奏折录用、译文择要、各省近闻、本省近闻、外国近闻、渝城物价表以及宋育仁等人发表的宣传维新变法的文章、洋人写的一些论及时务或者有实用价值的文章。《渝报》1897年10月27日在重庆白象街15号出版了创刊号,为民营报纸,办报经费主要来自各方捐赠和卖报收入,对捐助者免费赠阅《渝报》。宋育仁任《渝报》总理,主持报馆一切事务,杨道南为协理,潘清荫为正主笔,梅际郧为副主笔,下设翻译、校对、司账、排字等工作人员。报馆不设专职记者,在四川省内各州县和全国大多数地区都设有联络处,联络处人员负责本地的采访和报纸销售,另外《渝报》面向社会征稿,也转载《时务报》《湘报》等其他报刊的文章。《渝报》到1898年4月因宋育仁赴成都主持尊经书院而停刊,共办15期。《渝报》虽然创办时间不足一年,但其影响却极大。成都早期知名报人傅樵村在1903年的文章中写道:"在前十年,并无人看过报。到丁酉年(1897年),富顺宋芸子先生在重庆办商务开《渝报》,四川人才知道商务二字,成都人才知道报的样子。"(转引自伍奕、多一木:《宋育仁:隐没的传奇》,四川文艺出版社、成都时代出版社2013年版,第105页)。

新变法的主张。①在宋育仁的主持下，《渝报》所进行的维新变法宣传开启了四川近代史上的第一次思想解放潮流，让地处内陆的巴蜀人民不再闭目塞听，给一批先进青年以启迪和教育。

1898年是宋育仁的幸运之年。年初，清廷下诏改革科举制度，专门设立"经济特科"，命令由三品以上的京内外官员推荐"洞达中外时务"、"通晓实学"的人才入京应试。四川地方官员推荐经济特科人才4人、出使外洋人才5人，宋育仁均名列被推荐的两类人才之中。除四川官员对宋育仁的才华大为赏识外，湖北巡抚谭继洵亦推荐他为出使外洋人才。

1898年4月，宋育仁受聘为母校尊经书院的山长，他随即回到了阔别十余年的成都赴母校任职。在主持尊经书院期间，宋育仁以"发扬圣道，讲求实学"作为书院的办学宗旨，在书院课程的设置上划分为伦理、政事、格致三大类课程，大力传播西方自然科学及政治学说，积极宣扬维新变法思想。宋育仁主持下的尊经书院，实行了与之前有所区别的独特的教育方针和教学内容，极大地开阔了学生们的视野，使四川长久以来信息闭塞、文化科技落后的境况得以改善，"一时人文蔚起，蜀学勃兴"。②在宋育仁主持下的尊经书院的影响下，四川各地创办了不少新式学校。③

---

①宋育仁在《渝报》上发表了大量宣传维新变法的文章，他发表的文章名称及对应的《渝报》册数为：《学报序例》（第1册）、《复古即所以维新论》（第1册）、《原学校》（连载于第2册、第6册、第8册、第9册）、《时务论》（此书早于1891年写成，在《渝报》第3册、第4册、第5册、第7册、第10册、第12册、第14册连载）、《宋检讨育仁债式议》（第5册）、《翰林院代奏宋检讨呈请理财折》（第9册）、《四川商务局招设公司章程十五条》（第11册）、《守御论》（第13册）、《车里界议》（附图）（第15册）。

②转引自黄宗凯、刘菊素等：《宋育仁思想评传》，西南交通大学出版社2007年版，第10页。

③当时四川各地创办的新式学校主要有：崇实学堂（蓬溪）、中西学堂（成都）、新亚书院（荣县）、紫金精舍（广安）、广安官立学堂（广安）、遂宁学堂（遂宁）、算学馆（成都）、西文学堂（江津）、川东洋务学堂（重庆）、中西学堂（容县）、经济学堂（遂宁）、经济学舍（彭县）、算学堂（江津）、中西学堂（重庆）。

1898年5月，宋育仁响应老同学杨锐以及川籍京官骆成骧等在京城创办蜀学会之举，与好友潘祖荫、邓镕、廖平等四川维新派人士在成都发起成立了同名团体——蜀学会，这是四川第一个有着明确政治倾向的维新团体，该会的宗旨为"以通经致用为主，以扶圣教而济时艰"，在成都设立总会，各府、州、县设立分会。①成立蜀学会后，宋育仁又创办了《蜀学报》，作为蜀学会的会刊。《蜀学报》大力传播西学，积极宣传维新变法，一时风行四川，成为成都近代史上的第一份报纸。②随后，宋育仁主持编印了《蜀学丛书》，主要内容为大力介绍西方政治制度、经济政策、教育制度等，同时兼有议论时政、要求维新变革之内容。此外，他还主持翻印了《天演论》《原富》《法意》等书，旨在介绍和传播西学，并亲自为《法意》作注，写成《法意钞案》一书。百日维新期间，宋育仁虽远在成都，但密切关注维新运动的发展，与京城的维新派积极分子、尊经书院昔日同窗好友杨锐频繁书信往来，以及时了解京城维新变法运动的最新势态。

　　戊戌政变发生后，慈禧太后下令逮捕维新派及部分倾向维新的官员，作为四川蜀学会领导人和《蜀学报》创办者的宋育仁也

---

①蜀学会最主要的活动形式为讲演集会，宋育仁与同窗吴之英、廖平担任了讲演的绝对主力。讲演主要内容以儒学为本，同时兼及西方政治社会学说、西方自然科学技术等。蜀学会还十分重视向其他新式学堂学习，以收取长补短之效，如与成都的中西学堂合作，如会员有对西学、算术等方面的问题不懂，可向中西学堂求助。

②《蜀学报》1898年5月5日（农历闰三月十五）创刊于成都，由蜀学会主办，办报宗旨是"昌明蜀学，开通邻省"，报馆设在尊经书院，宋育仁任总理（即报社社长），杨道南为协理，聘吴之英为主笔，廖平为总纂。《蜀学报》的体例与《渝报》基本相同，也是一份宣扬维新变法、介绍西学的报纸，宋育仁宣扬维新变法的名著《时务论》在该报上继续连载。《蜀学报》的发行渠道与《渝报》相同，栏目设置和《渝报》也基本相同，与《渝报》不同的是，《蜀学报》除了宣传维新变法外，还刊登了不少与民众生活息息相关的文章。《蜀学报》创刊之初为半月刊，到第四期改为旬刊。

难逃牵连，险些被捕，他的"四川商务、矿务监督"之职遂被清廷罢免，川省"一切新政悉罢行，商务矣坐废"。①宋育仁辞职后，请将已经办理的煤油、煤矿等关系国计民生的重要工业仍归川商公司专门办理。在河南巡抚刘树棠、湖北巡抚谭继洵、礼部右侍郎唐景崇等封疆大吏及京官的竭力保奏下，宋育仁才免遭株连，逃过一劫，回京赋闲。

总之，从1894年宋育仁以外交官的身份出使西方，到1898年百日维新期间，宋育仁有机会近距离观察西方社会，考察西方文明，在传播西学的同时，其维新思想的内涵也得以进一步扩展与丰富；甲午战争期间，身处异域的他依然心系祖国，以超人的胆略和勇气谋划了"奇袭日本长崎"，虽最终未能实施，但足可谓惊天地、泣鬼神；维新运动期间，宋育仁积极参与其中，身先士卒，言行并用，通过办实业、创报刊、建学会、掌书院等多种方式，大力传播西学，宣扬其维新思想，不仅坐而言，而且起而行，从思想和实践两个层面都积极加入到了维新运动这场思想解放潮流中来，不愧为一名集维新思想家和实践家于一身的杰出的维新志士。

三、从京城赋闲到从事经济、文教工作

戊戌政变后，宋育仁从四川返还到京城，被罢官革职，赋闲待命。1900年7月，管学大臣兼京师大学堂总教习许景澄、太常寺卿袁昶因主张镇压义和团反对对外宣战而惨遭清政府杀害。许景澄与宋育仁有师生之情，袁昶为宋育仁的朋友，师友遇害，使宋育仁深受打击，恐自己亦受株连，加之其供职单位翰林院已被烧毁，加之八国联军进逼北京，京师告急，情急之

---

① 宋维彝等：《宋芸子先生行状》，北平石老娘胡同傅沅林先生捐，中国国家图书馆分馆藏，1931年印。

下，宋育仁奔向京郊西山以求避难。在西山避难期间，宋育仁与同来此的词学名家王佑遐、朱古微、刘伯崇等人有感于首都沦陷、神州破碎的惨状，爱国之心油然而生，他们一唱一和，共作词307阕，后辑为一书名曰《庚子秋词》。①

得知慈禧太后和光绪帝两宫西巡至西安，宋育仁亦追随至此。在西安，遭受了八国联军入侵、首都沦陷重创的清朝最高统治者终于决定进行变法，并发布"变法"上谕，下诏求言。欣闻清廷欲变法行新政，宋育仁乘机上奏朝廷，阐述其变法主张，要求改革教务和财政，"复陈两书，一为理教务，一为理财政，又拟币制四纲曰：定金位，齐银币，制铜币，行纸币，虽奉旨诏议，而终格不行"。②不幸的是，宋育仁的奏折虽奉旨交议，但其奏折中的维新主张最终未被清廷采纳。宋育仁深感郁闷不得志，适值此时，湖广总督张之洞上奏清廷，奏请宋育仁去湖北，并保荐宋育仁为"湖北补用道"，清廷答应了张之洞的奏请，宋育仁遂以道员身份离京赴鄂。

抵鄂后，张之洞将宋育仁调往宜昌，委以重任，任命宋育仁为湖北土药税局督办，驻宜昌，主管湖北全省土药事务。当时湖北官员均以此差为美差也，得此差者，兼升官发财，而宋育仁不仅自己廉洁奉公、洁身自好，而且还大力严惩中饱私囊之下属官员，同时改革税法，旨在令后继者难以从中贪污舞弊，"处脂不润，及卸事一无所蓄"。③晚清吏治腐败，官场贪污成风，宋育仁廉洁奉公的清官

---

① 在1900年7月份惨遭清政府处决的京官许景澄乃宋育仁1879年参加四川乡试时的主考官，因此宋育仁与他有师生之情。在《庚子秋词》中，宋育仁写的词有39首。避难西山期间，宋育仁一方面与同来此避难的词学大家唱和作词以表达对艰难国势之感忧；另一方面他对京城的局势十分关注，在京城沦陷两宫离京后，宋育仁始终托人打探两宫的去向，终于在农历九月份得知两宫平安到达西安。

② 宋维彝等：《宋芸子先生行状》，北平石老娘胡同傅沅林先生捐，中国国家图书馆分馆藏，1931年印。

③ 宋维彝等：《宋芸子先生行状》，北平石老娘胡同傅沅林先生捐，中国国家图书馆分馆藏，1931年印。

作风，触动了湖北官场中一大群官吏的直接经济利益，引发了他们的嫉妒与仇恨，他们遂屡次向湖广总督张之洞进献谗言，参奏宋育仁，导致宋育仁在湖北官场的处境日益危险。不过张之洞并不为属下的谗言所迷惑，他对学生宋育仁深信不疑，继续任用。1902年底，张之洞调任两江总督。张之洞的离去让反对者们无所畏惧，他们肆无忌惮地攻击宋育仁，宋育仁不胜其烦，恰好1903年朝廷开经济特科，在工部侍郎唐景崇、礼部侍郎张亨嘉的举荐下，宋育仁离开湖北赴京应考。

考试中宋育仁成绩优异，名列前茅，但开榜后有朝中大臣弹劾宋育仁为康有为、梁启超同党，因此，朝廷并没有重用他。经历了此次应考经历的宋育仁对仕途已心灰意冷。①此时，令他感到欣慰的是，时任江苏学政的唐景崇对宋育仁之才十分赏识，专门聘请正处于极度失意中的宋育仁担任江南南菁学堂总教习，"及特科罢，旋受聘为江南南菁学堂总教习"。②1904年，清政府宣布实行新学制后，宋育仁兼任该学堂监督。同年，宋育仁到达上海，受聘为工部尚书、会办商约大臣吕海寰的幕僚。清政府派五大臣出国考察政治，在上海设立编译所，令宋育仁负责其事。③当时正值吕海寰与美国人精琦商议改革币制事宜，邀请宋育仁参与商议。④精琦主张由美国帮助中国管理财政，

---

① 1903年清廷举行的经济特科考试中，与宋育仁命运相同的还有梁士诒、杨度等人，他们也都取得了不错的成绩，但是最终他们与宋育仁一样，都遭到了清廷朝中官员的弹劾，均没有受到朝廷重用。此次原本为选拔人才的考试最终却以违背初衷而宣告结束，不但未能选拔到出类拔萃的人才，而且令参加应试者乃至整个士林寒心，清政府因此而失去了不少士人之心。

② 宋维彝等：《宋芸子先生行状》，北平石老娘胡同傅沅林先生捐，中国国家图书馆分馆藏，1931年印。

③ 宋育仁虽任江南南菁学堂总教习，但他令其高足助教，自己则常驻上海，因为从1904年始，宋育仁进入工部尚书、会办商约大臣吕海寰的幕府，故朝廷得以委任他负责上海编译所事宜。

④ 精琦为前美国驻菲律宾调查专员，耶鲁大学教授，号称"金融专家"，时任清政府财政顾问。

宋育仁坚决反对此做法，力主"自主币制，不容外人置喙"，①并上书朝廷，驳斥精琦的"理财主张"多达70余条，最终，精琦方案在一片反对声中被"暂行停议"，未予实行。此事后，宋育仁精于财政的名声迅速传播开来，当时在上海的会办电政大臣吴重熹非常赏识宋育仁经济方面的才华，等他调任江西巡抚后，随即聘请宋育仁掌管江西全省财政，兼任江西铜圆厂总办，"旋被江西巡抚吴重熹调赴南昌，委以综文案，专掌本省财政，兼理铜圆厂，稽出入蕴弊；事毕，即委以总办厂务"，卸职后宋育仁分红2500余两，他分文未留，将其全部捐修滕王阁，"此后遨游公卿诸侯，间无所适主"。②

1908年，宋育仁受聘入直隶总督杨士骧幕中，同时兼任北洋造币厂总参议一职。之后，清政府进行官制改革，一些新的部门一一成立，各部门先后争抢着聘用以擅长新学而闻名于时的宋育仁。学部任命其为一等咨议；礼部先任命其为记名丞参，后礼部礼学馆开馆时聘宋育仁为总纂，令他主编《皇室典范》，到1911年"裁礼部，设典礼院"时，宋育仁改任为直学士；民政部任命宋育仁为图志馆总纂；度支部任命其为顾问；邮传部任命其为二等顾问。于是，宋育仁"带职五部，名重一时，方期引经术以图治，兴新法以利民"。③此外，在川汉铁路公司拟改为商办之前，川籍京官发起成立四川铁路议会，宋育仁被公推为议长，负责公司董事局成立之前监督川汉铁路的筹备事宜。1910年，京师大学堂聘任宋育仁为经科教习。

---

① 宋维彝等：《宋芸子先生行状》，北平石老娘胡同傅沅林先生捐，中国国家图书馆分馆藏，1931年印。

② 宋维彝等：《宋芸子先生行状》，北平石老娘胡同傅沅林先生捐，中国国家图书馆分馆藏，1931年印。

③ 萧月高：《宋芸子先生传》，载于汪兆镛纂录：《碑传集三编》卷三五，《儒林》四，明文书局1985年版，第236页。

20世纪初,革命浪潮日益高涨,革命与立宪之间的斗争愈演愈烈。一方面,宋育仁依然坚持其维新主张,并积极参与组建立宪政党,1911年,他与学部代理大臣劳乃宣等人发起成立帝国宪政实进会,①坚持君主立宪主张,支持立宪运动;另一方面,宋育仁反对进行革命,四川保路运动的爆发,令他十分惊恐,遂联合其他官员一起上书清廷,要求政府增兵加饷,迅速镇压,奏折中称:"川鄂变乱关系全局,应请筹兵饷。蜀乱速平,则各省之乱萌易戢,于全局治乱关系非浅。"②朝廷批准了他们的请求:"由度支部筹拨饷银一百万两,已饬其迅速赴川矣!"③革命最终推翻了清政府的统治,清废帝溥仪被迫退位,宋育仁的君主立宪梦想化为泡影,他立即携家眷离京遁至茅

---

①帝国宪政实进会由劳乃宣、宋育仁、喻长霖、马士杰、于邦华、陈树楷、陶葆廉等人发起,以陈宝琛为会长,于邦华、姚锡光为副会长。帝国宪政实进会规定政纲共十条:一、尊重君主立宪政体,使上下情意贯注,保持宪政之精神;二、发展地方自治能力,俾人民事业增进,巩固宪政之基础;三、体察现状,筹政治社会之改良;四、详核实业,图法律制度之完善;五、讲求经济,谋财政前途之稳定;六、振兴实业,图人民生计之发达;七、注重国民教育,以收普及之实效;八、提倡移民之事业,以达拓殖之目的;九、研究外交政策,以固国际交涉之权力;十、筹划军事次第,期成完全健足之武备。帝国宪政实进会"本帝国主义,以谋宪政实力进行",设立总会于京师,设分会于各府、厅、州县。此会会员近200人,遍及20个省份及八旗人士,是一个全国性的政党。该会以"资政院钦选议员居多数",就其领导层而言,"发起人主要是官僚系统",并接受皇族载泽不少资金的资助,因此,时人称之为"吏党",即官僚党。正因为该党与官方关系密切,因而其在政治上较为稳健,"其性质属保守党"[转引自张海鹏、李细珠:《新政、立宪与辛亥革命(1901—1912)》,中国社会科学院近代史研究所编,张海鹏主编:《中国近代通史》(第五卷),凤凰出版传媒集团、江苏人民出版社2007年版,第332~333页]。

②宋育仁等:《宋育仁等为川鄂变乱关系全局请筹兵饷等情呈一件》,载于黎青主编:《清代秘密社会结社档案辑印》(光绪十七年十月二十九日至宣统三年十二月),北京言实出版社2001年版,第3863页。

③《德宗景皇帝实录》(九)(附《宣统政纪》),卷六十二,宣统三年(1911年)九月上,中华书局1987年版,第1145页。

山，"垦山开荒，以为生计"。①

总之，戊戌政变后至辛亥革命时期的宋育仁仍然坚持其维新主张，既著书立说，积极宣扬其维新变法主张和对时局的看法，也亲身从事了若干经济、教育、文化、学术方面的工作，可谓知行并用，理论与实践并举，为挽救民族危亡，寻求富国之策而尽心竭力，不过其思想深处根深蒂固的"尊经崇古"观念及自幼饱受儒学熏陶的教育背景，是促使他成为民国初年保皇论者的重要原因。

四、从支持"保皇"到致力文教工作

中华民国成立后，国家实行民主共和制度，但是民国初年的宋育仁对民主共和制度并不赞成，依然希望保留皇帝（而非支持实行君主专制制度），实行君主立宪制度，此时他的政治主张与戊戌政变后逃亡海外时的康有为创办的保皇党的主张极为相似，其内心深处的皇帝情结仍然极为浓厚。虽然中华民国已经建立，民主共和制度作为新生事物也已经运行起来，皇帝已成为历史，但一有风吹草动，宋育仁内心希望皇帝再现（而非复辟君主专制制度）、实行君主立宪制度的欲望便活跃起来。1913年，"二次革命"爆发，南京被北洋军攻破，战火不断蔓延，宋育仁藏身的茅山也未能幸免于难，家产全部毁于战火，宋育仁举家投入张勋

---

① 宋维彝等：《宋芸子先生行状》，北平石老娘胡同傅沅林先生捐，中国国家图书馆分馆藏，1931年印。茅山位于江苏南京附近，为道教名山，现称为茅麓。1912年4月，宋育仁辞掉身上的所有官职，离开京城，举家搬到茅山，开垦田地，当起了农夫，试图过古代隐士般的隐居生活。宋育仁之所以离京后首选茅山，在于他任职江南南菁学堂总教习及学堂监督时，曾多次去茅山考察，发现茅山东麓的土壤和气候适合种茶叶，于是购置此处田地，还专门注册成立了江苏茅麓树艺公司，以经营茶叶和树木为主（参见伍奕、多一木：《宋育仁：隐没的传奇》，四川文艺出版社、成都时代出版社2013年版，第170~171页）。

幕府，"癸丑，张忠武镇徐州，阴有兴复之志，往投之参幕，下与谋议，以时会未至，举事为艰，遂作罢"。①

1914年，宋育仁应其就读尊经书院时的恩师、时任国史馆馆长王闿运之邀，入京修史，刚进京，他被委任为国史馆协修，后被聘为纂修，后一度代行国史馆馆长之职，主持馆务。除修史外，宋育仁站在清朝遗老的立场上，"至京则端衣说周公反政事"。②当时，清朝遗老劳乃宣在京公开宣讲，主张复辟帝制之说，并将其所著《共和正解》《续共和正解》《君主民主平议》等宣传复辟帝制的文章装订成册，广泛散布于京师内外。劳乃宣文章的大意为，将民国的民主共和政体比附为周召共和，以此暗示袁世凯效仿周公、召公，还政于清。宋育仁阅览劳文后，给袁世凯上书，阐述了自己的意见，他认为劳氏对于"共和"二字本义的阐释是正确的，但不现实，"徒欲就名词以改政体，为事实上所决不能行，不如就政体以改名词"，以使"名实相副，然后上下相安，新旧之意见合同而化"，并建议袁世凯效仿《春秋》"王鲁亲周"之义，"援《春秋》托王称公之义，定名大总统独称公，则其下卿、大夫、士有所统系；援《春秋》共奖王室之义，酌易待以外国君主之礼，为待以上国共主之礼，朝会有时"。在宋育仁看来，他不仅没有附和及赞同劳乃宣的主张，而且他的建议比劳乃宣的主张可行得多，照他的建议实施则一方面保全了清朝王室的崇高地位，另一方面又不会有损于大总统袁世凯的实际权力，可谓两全其美。但是，宋育仁的建议还是为自己招来了"主张变更国体，还政清室"的嫌疑，袁世凯对他关于政体的上书并未另眼相看，而是把他与劳乃宣视作同类，认为二人

---

①宋维彝等：《宋芸子先生行状》，北平石老娘胡同傅沅林先生捐，中国国家图书馆分馆藏，1931年印。

②萧月高：《宋芸子先生传》，载于汪兆镛纂录：《碑传集三编》卷三五，《儒林》四，明文书局1985年版，第236页。

均鼓吹"复辟"。①11月17日，宋育仁被步军统领衙门传讯、拘禁，京师警察厅亦往宋育仁住处搜查。调查后，在袁世凯的授意下，内务部以其"年老荒悖，精神瞀乱"为由，未惩处宋育仁，令人遣送其回四川富顺原籍。②"袁大怒，将其关入步军统领衙门，初欲杀之，以立威。继以书生无凭藉，不足为患，乃递遣回籍安置。"③从袁世凯手下逃过此劫后，宋育仁于1914年11月底从京城出发，踏上了去往老家四川富顺的归程。1915年1月15日，宋育仁从重庆起程返回成都，即以当代箕子自居，宣称不再问政事。

宋育仁希望复辟或者保留的是皇帝，他大力拥护由爱新觉罗氏君临天下，在皇帝的支持下，实行君主立宪制度，坚决反对君主专制制度与旁氏人称帝，这与民国初年康有为等保皇党人的保皇宗旨极其相似。1915年，袁世凯意欲称帝，处心积虑制造民间支持其称帝的舆论假象，指使其部下发动各地官绅主动请愿支持

---

①宋育仁：《宋育仁之原呈》，载于《国民官报》（成都），1915年1月10日第2版。转引自王东杰、陈阳编：《中国近代思想家文库·宋育仁卷》"导言"，中国人民大学出版社2015年版；黄宗凯、刘菊素、孙山、罗毅：《宋育仁思想评传》，西南交通大学出版社2007年版，第13页。

②袁世凯虽然发布申令，严厉斥责了劳乃宣、宋育仁等清朝遗民的复辟意图，但他却接受了宋育仁主动提出的辞职归乡的请求，并没有严惩宋育仁，反而认为宋育仁"久仕前清，以廉吏故，特为清苦"，并且在宋育仁离京前特赐其1000两白银当作差旅费，还特意下令沿途官员和护送人员，对宋育仁一定要给予特殊优待，切不可疏忽怠慢。袁世凯何以在权力炽热时没有对宋育仁严加惩处，反而对其高抬贵手？笔者认为，宋育仁之所以能在此事中化险为夷，既与他多年来在士林中积累起来的名声和人气有关，也与此时他作为清朝遗老的身份有关，袁世凯本人也是清朝旧臣，沉浮宦海多年的他一定明白，如对宋育仁重罚，等于同与其为代表的清朝遗老群体作对，会得罪很多当时在民国政府中任职或者在野的清朝旧臣们，新成立的民国政府脱胎于清政府，很难完全与从旧政权中过来的人划清界限。因此，袁世凯对宋育仁的处置方式实际上笼络了清朝遗老们的心，也造成了一种他"宽容"、"仁厚"的假象。

③宋维彝等：《宋芸子先生行状》，北平石老娘胡同傅沅林先生捐，中国国家图书馆分馆藏，1931年印。

袁世凯称帝，美其名曰"劝进"，以示称帝乃受命于天，顺从民意之举。四川将军陈宧乃袁世凯之心腹干将，他奉袁世凯之命，欲利用宋育仁的声望，令其领衔四川官绅，举行"劝进"，宋育仁坚决反对袁世凯称帝，痛斥袁世凯为王莽，他以佯狂拒绝劝进，虽遭到陈宧的数次威胁，但他并没有屈服于强权，因此，他遭到陈宧的威胁。"屡被胁迫，终不应，再招杀身之祸，乃逃之蒙山以避之。"①直到1916年春，袁世凯复辟帝制失败，年近花甲的宋育仁才得以复还成都。

1916年，廖平任四川国学院院长，邀请宋育仁担任国学院主讲；次年廖平辞职后，宋育仁被聘为四川国学院院长，兼教授高等师范学校。随后，1920年四川国学会成立后，宋育仁受聘为会长，就任后，他经常在成都公开宣讲国学。1921年，四川省为编撰《四川通志》，专门成立四川通志局，宋育仁因其盛名和卓越才华被聘为四川通志局总纂，负责主修《四川通志》，同时其故乡富顺县建修志馆，聘请他主持编修《富顺县志》。②1922年，宋育仁与四川国学会同仁共同创办《国学月刊》杂志，并在

---

① 宋维彝等：《宋芸子先生行状》，北平石老娘胡同傅沅林先生捐，中国国家图书馆分馆藏，1931年印。

② 四川通志局由时任四川省长杨庶堪、督军熊克武牵头成立，聘请宋育仁、骆成骧等四川知名文人拟修纂通志，后因省长杨庶堪去职，通志局遭解散，《四川通志》的编写也一度拖延了下来。

其中发表了大量文章。①1923年，中华民国国史馆以修史为名，致信各省名士名儒征集其所在地的乡土文献，宋育仁收信后积极响应，专门在成都少城公园设立文献征集处，搜罗巴蜀文献。1924年，重修四川通志局成立，宋育仁又被聘为总纂，主持《四川通志》的修纂工作，同时兼修《富顺县志》。②从此，宋育仁将主要精力都放在了两志的编撰上。1931年，由宋育仁主持修纂的《四川通志》完成初稿，同时由他兼修的《富顺县志》刻印完

---

①《国学月刊》是宋育仁与四川国学会同仁于1922年至1924年间创办的一份刊物。此杂志宗旨在于：宣扬国学，评论时事。办刊四大特色："（1）于学说则发前人所经道；（2）于时论则道国人所未及知；（3）艺文谈苑均取其国家掌故有关；（4）书牍选言必择其于人群心理有裨。"《国学月刊》第1期至第23期每期内容分为"学说、时论、选言、专门、掌故、谈苑、艺林、书牍"几个栏目。此刊有狭义和广义两种内涵。狭义的《国学月刊》共23期，指宋育仁及四川国学会创办的以《国学月刊》命名的从1922年农历十月创刊至1924年停刊的杂志，为月刊；广义的《国学月刊》共包括27期，其中第1期至第23期为每月定期出版的《国学月刊》，第24期至第27期改名为《国学特刊》，此特刊"取消杂志性质，专为发皇内圣外王之道，以见国学之博大精深"，《国学特刊》共出四种，其第一、二、三、四种分别对应《国学月刊》的第24期、第25期、第26期、第27期。至于《国学月刊》为何从第24期改名为《国学特刊》，笔者发现在《国学特刊》第三种（即《国学月刊》第26期）封面上刊登有"国学特刊四种出版广告"，其具体内容为："本社宣讲国学二十有余期，颇承外省学人称许。然近世议者多，目为迂谈，不知沧海横流，众生颠倒，国教将亡，人才破产，皆由于士竞巧谈，不解迂谈之故。兹为保存国教，维持黄帝子孙之人格，以免国人尽投降于白强、赤俄学说之下为奴，故编定特刊四种，取消杂志性质，专为发皇内圣外王之道，以见国学之博大精深不仅于衣食住生存竞争、军国民主义。凡我黄帝尧舜之子孙，有抱负不凡自命为聪明睿智英雄豪杰者，不可不读。"广告的结尾署名为"国学会《国学月刊》社（特启）"。广告的内容对于我们理解《国学月刊》更名为《国学特刊》的缘由或有所启发。笔者认同广义的《国学月刊》内涵。《国学月刊》主要刊登国学类文章，在《国学月刊》上，宋育仁发表了大量文章及著作，具体篇目及出处请参见本书第一章第二节之"表二《国学月刊》中的宋育仁著述"。

②1921年宋育仁受聘为四川通志局总纂后，由于四川省长杨庶堪去职，《四川通志》的编纂一度中断，四川通志局也随之解散了，直到1924年重修四川通志局才得以建立，《四川通志》的编纂又重新开始。

毕。不幸的是，在主持修完两志后，宋育仁于同年病逝于成都，终年74岁。去世后，其弟子以"文康"私谥之。

总之，民国初年的宋育仁虽是积极的保皇论者，在政治主张方面的确逆历史潮流而行，但他从来也没有失去对时局的热切关注和与外界的联系，一直身怀一颗赤诚的爱国之心，不断地在为民请命、抨击时弊，严厉声讨民国年间的黑暗形势和流毒社会的种种不正之风，其斗士风范依然如故。①此外，他在学术、教育、文化方面成就颇丰，硕果累累。学术方面，宋育仁晚年主治经学、小学，尤邃礼学，撰述了大量相关著述；②教育方面，他任教四川国学院，培养了不少国学人才，桃李满天下，"诲人不倦，后生问学，无弗答者"；③文化方面，他于1922年与四川国学会同仁主办《国学月刊》杂志，并在此刊上发表了大量著述；此外，晚年宋育仁主持修纂了《四川通志》和《富顺县志》两志，其中《富顺县志》被誉为"宋志"，其质量甚至超过了久负盛名的清代段玉裁修纂的《富顺县志》。

---

① 据笔者所见资料而言，多数资料中都认为宋育仁在民国期间退隐成都，除了在学术文化方面有所成就外，对政事不闻不问，过着一种隐士般的生活。实际上，这种说法完全是对晚年宋育仁先生的误读，笔者并不赞同，理由如后：宋育仁在1922年至1924年期间主编的杂志《国学月刊》中就发表了大量文章，其中不少为针对时局有感而发；还有他有感于民国法制败坏、全国四分五裂、无平等自由而言的局面，写下了言辞犀利、犹如战斗檄文般的《代国民请愿书》（此书为1923年单行本），此书中宋育仁以代民请愿的口吻，对民国政局中的黑暗局面予以严厉斥责，并希望统治者能够整顿弊政，扭转乾坤，以驱除黑暗，体现了宋育仁强烈的民族责任感和作为一个知识分子的良知，读之令人肃然起敬。因此说，民国年间的宋育仁，虽然主要从事学术、文化、教育方面的工作，但他从来没有放弃对时局、政局的关注和对国家与民族命运的担忧，不失为一名具有强烈爱国热忱的爱国者。虽然说宋育仁的救国之策和民国年间此起彼伏、轰轰烈烈的革命运动相比，似乎显得温和一些，但这并不能掩盖他晚年一直关注时政的事实。

② 参见第一章第二节对宋育仁著述情况的介绍。

③ 宋维彝等：《宋芸子先生行状》，北平石老娘胡同傅沅林先生捐，中国国家图书馆分馆藏，1931年印。

第二节 著述概况

宋育仁治学范围极广，遍及政治、经济、文化、文学、教育、经史等多个领域，可谓学贯中西，博通古今；且其一生笔耕不辍，勤于著述，以致著作等身，其著述包罗万象，门类庞杂，涵盖经学、小学、诗词、时论、史学等诸多门类。[①]著述往往是著者思想及内心精神世界之体现，理清宋育仁的著述情况，有助于夯实和拓宽宋育仁维新思想研究的文献基础，对于进一步研究不无裨益。

一、所有著述概况

宋育仁一生的著述极为丰富，可惜的是并未全部流传于后世，散佚者颇多。在已有关于宋育仁的学术性及通俗性成果中，对宋育仁著述情况的说法并不统一，笔者以已有资料为线索，对其中所提及的宋育仁著述进行整理归纳、比较鉴别、甄别查证后，将宋育仁的著述分类列表如下：

[①] 宋育仁的著述无论从数量还是从门类来说，都多得令人汗颜。依照笔者的归纳总结，宋育仁的著述从门类来分，主要分为经学、学说、新学、书牍、小学、时论、经济、史志、杂谈、游记等类别。可惜的是，据笔者尽力查证、搜寻得知：宋育仁的著述除部分存世之外，散佚的也不少，这无疑是中国文化学术界的一笔重大损失。

表一　宋育仁部分著述①

著述类别	著述名称
经学类	《诗经讲义》《诗国风讲义》《诗国风义今释》《诗经毛传今释》《诗经纲要大义》《尚书礼记分编目录》《说孝经》《孝经讲义》《孝经正义》《孝经衍义》《道德经上经讲义》《尔雅今释》《校正续刊易名尔雅今释》《古今指明辨惑篇》《古今指明辨惑篇正续》《研究经籍古书方法》《经术专门政治学讲义》《中庸讲义》《周礼十种》《周礼三十表》《周礼略例》《周官古经举例》《六经实义》《宋氏四礼》《仪礼冠婚释义》《礼书稿五十卷》《礼运确解》《易长编四十目叙例》《群经大义》《春秋经世微》《大学修身章说例》《管子弟子职说例》《论语学而里仁说例》《〈礼记·曲礼〉(上下)内则说例》《国语敬姜论劳逸说例》《诸经说例》（包括《大学说例》《孟子说例》等）
小学类	《同文略例》《同文解字释例上下举证》《同文解字》《同文解字释例》《说文部首笺正》《说文部首订读》《说文解字部首》《夏小正古文法今释》《夏小正通贯中》《说文讲义》《与英国麻博士议修各国通行字典说例》《乐律举隅》《乐律审定官商声字谱》
时论类	《时务论》《时务论外编》《泰西各国采风记》《借筹记》《法意钞案》《宋芸子政法讲义》《筹备宪政议案》《宪法沿革挈要》《会议银价说帖》《代国民鸣愿书》《经术公理学》《经世财政学》《政法研究学》《名学释例》《文法教科书新释》《世界教育会讲义》《中国民法礼法关系论》

---

①此表中列举的为宋育仁的部分著述，主要以可以单独成册的著作为主，制作此表的主要根据有：其一，在1922年至1924年主编的《国学月刊》第3期封底上专门列举了宋育仁的著述作为广告，此刊为宋育仁主编，介绍主编宋育仁的著作，应具有较强的权威性；其二，笔者在中国国家图书馆、中国人民大学图书馆、北京大学图书馆、清华大学图书馆等国内知名图书馆中查到及见到的宋育仁著述；其三，已有相关宋育仁资料（主要为研究宋育仁的著作或者文章）中的记述。

续表

著述类别	著述名称
时论类	《中国地理政治学》《礼律根本解决学》《蜀学会讲义》《南菁学堂讲义》《正本学社讲学类钞序》《正本学社讲学类钞》《甲午以来国变记》《使西行纪》《骖鸾行纪》《陈政汇稿》《守御论》《车里界议》《庸书·序》《皇朝蓄艾文编·序》《复古即维新论》《学报序例》《原学校》《四川财政录·序》《讲学汇钞序例》《中外制币源流考议》（附《江西铜圆厂记略》）、《上长沙张公牍》《再上长沙张公牍》
诗文类	《三大礼赋》《庚子秋词》《宋评封神演义》《宋评明夷待访录》《问琴阁词》《问琴阁骈文集》《问琴阁古文存》《问琴阁诗集》《摘刊诗录》《问琴阁诗余》《问琴阁诗指》《摘诗诗录》《摘刊词录》《摘刊文录》《江南古今文》《楚辞笺》《问琴阁文录》《问琴阁诗录》《哀怨集》（附《城南词》一卷）、《三唐诗品》《感旧集》《后感旧集》《纪程感事诗》《飞来佛像颂》《青城诗》《游青城常道观经轩辕台至朝阳洞望诸峰》《游宿青城题赠常道观》《游灵岩》《和周木崖次湘绮先生秋日参议院偶感原韵》《答杨挺之刑部见赠长歌》《征招（题山腴先生翻书图）》
史志类	《论史学方志》《四川通志例言》《重修四川通志目录》《重修四川通志稿后案》

宋育仁的著述除上表所列举的之外，还有大量发表于《国学月刊》以及《戊午周报》上的文字，内容涉及学说、时论、专门、书信、文学等多个类别，参见后面两表。

表二 《国学月刊》中的宋育仁著述[①]

文章类别	篇名及出处
学说类	《学战概括论》《古篆沿革隶古写经序》（第1期）、《古篆沿革隶古写经序（续前）》《君子、小人界说》《君子、小人界说与经术政治直接关系》（第2期）、《君子小人界说与经术政治直接关系》《中国政治原则引论》（第3期）、《论中国学源》（第4期）、《概论孔子以前学术缘起》《正论孔学之统系》（第5期）、《正论孔学之统系（续）》《推论孔子以后学术之流别》（第6期）、《礼运大同小康确解》《礼运第九》（第7期）、《〈孟子·王霸〉章斠解》《名学释例》《续释名学》（第8期）、《君子小人决义》（第9期）、《古今指迷辨惑篇结论》（第10期）、《周礼孝经演讲义后序》《孝经正义钩命诀》（第11期）、《辨学》（第12期）、《辨学（续前）》（第13期）、《明夷后访录（孝经义发微）》《辩言》（第14期）、《费氏易（释出处）》（第15期）、《圣人之言（成都青年会演讲）》《成言乎艮解》（第16期）、《成言乎艮解（续前）》《周易筮法举隅书后》（第17期）、《国学尊经辨惑》《〈诗·国风〉子夏传说论救国》（第18期）、

[①] 此表中列举的主要为宋育仁与四川国学会同仁1922年至1924年期间主编《国学月刊》时，宋育仁发于《国学月刊》第1期至第27期的著述，主要以文章为主，也有一些著作的连载。表格中文章后括号中标明的"第几期"的字样意为该文或该著作出自《国学月刊》第几期。制作此表的依据主要是：《国学月刊》第1期至第27期之目录及正文内容。据笔者所见，有的著述中称《国学月刊》共创办了23期，笔者认为这是对《国学月刊》狭义内涵的界定；笔者认同广义的《国学月刊》内涵，即《国学月刊》共27期，包括以《国学月刊》名称出版的23期以及以《国学特刊》名义出版的4期。因为《国学特刊》虽在名称和形式上与《国学月刊》有所区别，但二者之间有着不可割舍的紧密联系，二者均为宋育仁及其四川国学会同仁创办，二者均以刊登国学内容、传播和弘扬国学为宗旨，尤其值得注意的是：在《国学特刊》的封面上明确写着代月刊某某期，如《国学特刊》第二种的封面上就明确写着"代月刊第二十五期"。因此，《国学月刊》改名为《国学特刊》只是名称上的改变，其办刊精神与宗旨一脉相承。

续表

文章类别	篇名及出处
学说类	《孔教真理》《稽古篇上（概括中西史学）》《稽古篇下（概括中外政见）》（第19期）、《释文化（论中国古今一教三教文化源流）》《论史学（统释文史校雠源流得失并致康梁）》《尚书发微》（第20期）、《学源上（兑命学而）》《宪法沿革挈要》《尚书发微（续前）》《真古文尚书发微》（第21期）、《古今一大公案》《达诂（上下篇）》《夏时传》（第22期）、《续讲学篇（分别六艺九流》《春秋大义（上下篇）》《续讲文学》《讲学与授徒课文之异》《读黄石斋书感言》《宋评朱费隐周秦诸子叙录》（第23期）、《国教宣言》《原学》《再宣国教》（第24期）、《礼乐萌芽》［包括《乡饮射礼节今释》《乐律举隅》《祀典（上下）》《庙礼与释典之异》《请复夏正书》］（第25期）、《王道真宰（上卷）》（包括《三教源渊第一》《人道主义第二》《社会心理第三》《世出世法第四》《七趣神话第五》《宗教真理第六》《内圣外王第七》《祖龙翻案第八》《世界转变第九》《封建政纲第十》）（第26期）、《政治学》（包括《经学专门政治讲义序》《国学会演讲经术政治学》）、《易经预言》（第27期）
时论类	《致北京总统府国务院保定会议曹吴巡阅使意见书》（第1期）、《国是原理论》（第2期）、《国是原理论》《致总统意见质问书》（第3期）、《附讲名词法理绪言十则》（第4期）、《国学会致北京总统府国务院保定议会书》《箴旧砭时》（第5期）、《箴旧砭时续》（第6期）、《四川国学会讲学月刊临时增刊序》《箴旧砭时结论》《论国家性质》《致四川制宪处概略意见书》（第7期）、《必也正名新义》（第9期）、《必也正名新义（续前）》《宣告不能承认国会议员理由书》《代国民电政府》（第10期）、《声讨民国国民判国之宣言》（第11期）、《复旅京川同乡告济日灾电》

续表

文章类别	篇名及出处
时论类	《遍告国人书发起地方自治宣言书书后》《国家学决论》（第12期）、《商榷书（附自序）》《讲论孟谈国是寄何晓生书》（第13期）、《存伦篇补义平议》《倡兴普及教育暨改良学制方法》（第14期）、《国是揭言》（第15期）、《更化篇议学制》《甲子春学会演讲社致词》《共和钩沉平议示子书》《建国宪法讨论通告国人书》（第16期）、《商榷书》《民国国民叛国一篇书后》《国学学制改进联合会宣言书》《改良学制议》《国学研究社讲习专门学科》（第17期）、《广乡于国谈》《论世变》《里昂见闻杂记感言》《四川国学会举行乡饮乡射广告》（第18期）、《国是学校根本解决论》《商榷书（第三）》《熄杨墨（斯世怪骇感言）》（第19期）、《致省长、督理厘正铜币书》（第20期）、《致孔教总会论规复夏正书》《癸亥川兵事起国学会暨三会会议拟告国民并请仲裁书》《国民请愿喤引》（第21期）、《国教宣言致国民会议》《读吾五族人民痛言讨论书》（第22期）
专门类	《函授社史学讲义》（第1期）、《函授社史学讲义续前》（第2期）、《同文解字序》《同文解字释例（上）》（第4期）、《同文解字释例（下）》（第5期）、《说史四纲（转载国学社史学讲义）》《同文解字释例下续》（第6期）、《周礼地域虦蒙》（第7期）、《易经卦名隶古定释诂》（第8期）、《周易经别卦名隶古定解诂序》《周易上经卦名隶古定解诂》（第9期）、《周易下经卦名隶古定解诂》（第10期）、《四川地方自治筹备会宣言书》《说文质疑广诂叙》（第11期）、《续文史校雠匡谬正俗》（第15期）、《说文部首笺正序》（第23期）

续表

文章类别	篇名及出处
书牍类	《问琴阁复川军总司令部函》《问琴阁复政务厅函》（第1期）、《问琴阁复宁云函》（第4期）、《问琴阁复陈泽需督办函》《问琴阁复陈洪范师长函》（第7期）、《丙辰致徐鞠人书》（第11期）、《廖宋同致章太炎书——转载国民公报》《与叶秉诚谈学制书》（第17期）、《问琴阁复朱阊章函》《问琴阁复宫女士函》（第23期）
艺林类	《观澜社诗》（第1期）、《益部两汉经师表序》《益部先贤士女人物表序》《宋君西女子哀词》（第6期）、《文史校雠匡谬正俗（附国学文选例）》（第12期）、《宋君西女子遗文序》（第14期）、《后感旧诗》《前感旧诗》《赵云龙赠君传并序》（第16期）、《兼葭感旧图题诗》之一、《咏怀古迹尔疋台一首答观澜同社》（第18期）、《辛亥自劾疏》《道古》（第19期）、《清瑾太妃挽歌辞》之一（第22期）
谈丛类	《代人民呼吁》（第9期）、《广谈丛说例》《仿宋格言》（第13期）、《仿宋格言》《续宋人格言呻吟语》（第15期）、《驳梁启超清初五大经师说》《评胡适国学季刊宣言书》《评梁启超国学入门书要目及其读法》（第16期）、《评胡适国学季刊宣言书》《评梁启超国学入门书要目及其读法续前》（第17期）、《劝世文》《笔余闲话》《请参禅悦》（第18期）、《浅近教科说》《评梁启超国学入门书要目及其读法续前》（第19期）、《答颜伯秦赠翰礼问》《复谢子厚问学程书》《答何雨辰问李澄波以侄为姊嗣称贞女否》（第22期）、《谈丛括论》《评蒋竹庄讲佛学大意》（第23期）

表三 《戊午周报》中的宋育仁著述[①]

著述类别	著述名称	出处
墓志铭类	李母孙太宜人诔	第6期
	前布政使衔贵州贵东兵备道罗使君祠庙碑	第6期
	清授资政大夫署广西按察使太平思顺道何公墓碑	第15期
	清封奉政大夫范海卿先生墓志铭	第20期
	前征礼学馆顾问官灌县训导吴征君墓表	第33期
	文学处士严君墓志	第38期
杂文类	孙贞女李宜人传赞(并序)	第5期
	诰封宜人陈母李太宜人颂	第25期
	名山吴伯竭仪礼训故礼事图诗文集序	第27期
文学类	长短经是非篇 过洛阳闻道旁语有思往事 七夕长安驿见月	第51期
新学类	政法研究学(未完)	第12期
	政法研究学(续)	第13~17期

二、部分能见著述及代表作评析[②]

第一小节中笔者用三个表格列举出了宋育仁一生中所写的绝大多数著述，遗憾的是，宋育仁的著述并未全部流传下来，大多

---

①《戊午周报》为民国年间出版的一种刊物，宋育仁在其中发表了部分著述，既有文学类的诗文，也有一些墓志铭和碑文之类的文章，还有其新学著作《政法研究学》也发表其中。

②该标题中的"能见"一词，主要指笔者在撰写本书过程中查到过及亲眼见过的宋育仁著述。

数已散佚，其存世著述与其一生著述相比，数量相差甚远。[①]这对于深入研究宋育仁来说，无疑是一笔重大损失。即使是宋育仁的存世之作，存放亦颇为分散，散藏于各地图书馆及各高校图书馆，搜寻查阅极为不易。现将笔者在写作本书过程中已经查阅过的部分宋育仁著述列表如下：[②]

表四　笔者所找到的宋育仁部分著述[③]

类别	名称	成书或出版年代	出版或印刷机构	出处或版本类型
时论类	《时务论》	光绪十七年（1891年）初稿写成	袖海山房	《时务论》也被收在《皇朝蓄艾文编》《皇朝经世文三编》中
	《守御论》	光绪十九年（1893年）写成	上海官书局	《皇朝蓄艾文编》之卷六
	《泰西各国采风记》	光绪二十一年（1895年）刻本		《皇朝经世文三编》
	《借筹记》	光绪二十一年（1895年）写成	不详	单行本

[①]尽管笔者在编制此三张表格以列举宋育仁著述过程中，几乎竭尽自己最大的努力，尽力查阅并利用了能找到的一切资料，但宋育仁一生著述确实纷繁庞杂，而且缺少关于其著述详细情况的权威有力的史料，因此，想要列举宋育仁的全部著述极为困难，笔者在本章第二节第一小节列的三个表格中列举的宋育仁的著述难免会有所遗漏，故而，准确地说，此三表中列举出来的是宋育仁的绝大多数著述。

[②]为不占用过多篇幅，对于不仅有一种版本或者被收藏于多种文集的宋育仁著述，笔者只列举其中一种版本的情况，其余情况将在后面部分说明。

[③]笔者所能找到的宋育仁著述，除了"表四"中列举的这些外，还应该包括在上一小节即"表二《国学月刊》中的宋育仁著述"中所列举的内容，此小节不再重复列举。

续表

类别	名称	成书或出版年代	出版或印刷机构	出处或版本类型
时论类	《车里界议》	不详	不详	《皇朝蓄艾文编》之卷五十七
	《庸书》序	光绪二十二年（1896年）写成	中华书局	《陈炽集》第1~3页
	《皇朝蓄艾文编》序言	光绪二十九年（1903年）版	上海官书局	《皇朝蓄艾文编》《皇朝经世文五编》
	《经术公理学》	光绪三十年（1904年）版	上海同文书社	单行本
	《代国民鸣愿书》（八则）	民国十二年（1923年）		石印本
专门类	《经世财政学》	光绪三十一年（1905年）	上海同文书社	单行铅印本
	《宋芸子先生政法讲义》	写于1906年至1911年之间		单行铅印本
	《会议银价说帖》	光绪三十三年（1907年）	京报馆印	单行铅印本
	《四川财政录》序言	民国十五年（1926年）		线装书
文学类	《纪程感事诗》	光绪二十一年（1895年）刻本		线装书
	《哀怨集》附《城南词》一卷	宣统二年（1910年）版	羊鸣山房校印	线装书
	《问琴阁文录》	民国元年（1912年）版		线装书
	《问琴阁诗录》	民国元年（1912年）版		

续表

类别	名称	成书或出版年代	出版或印刷机构	出处或版本类型
文学类	《三唐诗品》	民国二年十二月印（1913年）		
	《感事两首》	1997年版	巴蜀书社	《中法中日战争诗文选译》
	"宋育仁诗"七十六首	2005年版	四川出版集团巴蜀书社	《近代巴蜀诗钞》（上）
	"宋育仁的部分诗"	1998年版	江苏古籍出版社	《清诗纪事》（第十九册，光绪、宣统朝）
经学类	《周官古经举例》			线装本
	《研究经籍古书方法》		探源公司代印	
	《宋氏四礼》	民国二十二年（1933年）版	北京天华馆印	
小学类	《与英国麻博士议修各国通行字典说例》	写于1894—1895年出使期间，出版于1903年。	上海官书局	《皇朝蓄艾文编》卷七十之"学术二"，第5382~5391页
	《说文讲义》	民国元年（1912年）版		线装书
	《同文解字》	民国四年（1915年）		线装书
	《乐律举隅》			线装书

"表二"和"表四"中所列举的内容，为笔者在本书写作过程中亲自查阅过的宋育仁著述，这与宋育仁一生中创作

的全部著述的数量相比相差甚远。在笔者亲眼所见的宋育仁著述中，有几本宋育仁的著作与本书的写作关系极为密切，而且这些著作既是宋育仁的代表作，同时也是研究宋育仁维新思想的重要文本，故而对其进行专门介绍，以便为后面的论述奠定基础。

《时务论》，写成于1891年，即光绪十七年，是一部代表宋育仁早期维新思想的重要著作，此书写成之年，宋育仁才34岁。此书于1895年被进呈光绪帝，并在维新运动期间，在四川知名的维新刊物《渝报》和《蜀学报》上连载。在《时务论》中，宋育仁不仅表达了对现实的强烈批判，猛烈抨击了国内腐败吏治等黑暗现象，严厉谴责了列强的侵略行径，而且系统地提出了维新变法的具体主张，涉及政治、经济、军事、文化、法律、教育等诸多方面，同时在书中宋育仁还对西方社会的相关情况如政治、经济、教育、军事、宗教等情况做了介绍，并不时地比附中西，杂糅古今，体现出浓厚的"西学中源观"。此外，《时务论》中始终贯穿着一种"复古改制"思想，即认为"外国之富强之故，乃隐合于圣人经术之用"。[①]故宋育仁据此认为，今日维新的最好办法是"莫如因敌国已睹之效，以明经术之效"。[②]为了证明他的观点正确、合理，宋育仁从十三个方面论证了西艺、西学以及西政在中国古代均已有之，并从十四个方面论述了如何进行"复古改制"，如何实现维新变法。《时务论》无疑为体现宋育仁维新思想的最重要著作之一，蕴含了他寄希望以维新实现富国强国的良苦用心。此书自问世以来，就备受阅者推崇，如《皇朝蓄艾文编》的编者于宝轩对此书的评价曰："以西法证古制，本本

[①] 宋育仁：《时务论》，载于于宝轩主编：《皇朝蓄艾文编》卷二·通论二，上海官书局1903年版，第21页。

[②] 宋育仁：《时务论》，载于于宝轩主编：《皇朝蓄艾文编》卷二·通论二，上海官书局1903年版，第27页。

源源，寻得确据，对症发药，痛下针砭。字里行间，无限苦心孤诣，阅者幸勿以安石复古议之。"①此外，此书还被多种以收集自强维新言论闻名的丛书或者文集所收入，足见其在当时的影响力以及受后世重视程度确实不凡。②

另外一本体现宋育仁维新思想以及他对中西文明看法兼其西学素养的代表作为《泰西各国采风记》。③此书是宋育仁在甲午战争时期出使英国任外交官时所撰，体裁为随感性的笔记，分为"政术、学校、礼俗、教门、公法"五卷，书中，宋育仁记载了他出使西方主要是在英国伦敦期间的所见所闻所思所想，在介绍西方文明的同时，他还不断地进行中西古今相关情况之比附，并提出一些要求维新改良、变革现状的主张。

《经世财政学》和《经术公理学》是另外两本体现宋育仁维新思想的重要著作。两书均写成于20世纪初年。《经世财政学》是一本专门论述经济问题的著作，分为"本农食""权工商""明士学""立平准""制泉币""正权量"六卷，此外，书中附录部分还收录有宋育仁自1895年回国后至1905年期间上奏

---

①宋育仁：《时务论》，载于于宝轩主编：《皇朝蓄艾文编》卷二·通论二，上海官书局1903年版，第48页。

②笔者经查阅史料得知，宋育仁的名著《时务论》的版本主要有如下几种：1.袖海山房石印本。此版本《时务论》为线装单行本，光绪乙未年冬月（1896年）袖海山房石印，此书藏于中国国家图书馆分馆古籍阅览室，书的封面写着"原本古经而能周知各国之治本，本此才奇，此文亦奇"。2.文瑞楼石印本。此版本的《时务论》属《自强学斋治平十议》丛书之一，光绪丁酉年夏（1897年）文瑞楼石印。3.光绪二十一年刻本（1895年）。此版本的《时务论》与《泰西各国采风记》五卷、《纪程感事诗》一卷合刊在一起。4.《小方壶舆地丛书》中也收录了《时务论》。

③据笔者所见，《泰西各国采风记》有几种不同的版本，主要有：1.《泰西各国采风记》，载于钱锺书主编，朱维铮执行主编：《中国近代学术名著丛书》之一《郭嵩焘等使西纪六种》，三联书店1998年版；2.《泰西各国采风记》（五卷，附《时务论》一卷、《纪程感事诗》一卷），光绪二十一年（1895年）刻本；3.《皇朝蓄艾文编》《小方壶舆地丛钞》两大丛书中收录的《泰西各国采风记》。

清廷的有关理财、币制、公司、银行等涉及经济方面的不少奏折，故该书为研究宋育仁经济思想所依赖的最重要的史料之一。

《经术公理学》虽然从书名上看似为经学著作，但其内容主旨实为倡导维新变法，书中主要阐述了宋育仁在经济、教育方面呼吁维新变法的具体主张。此书与宋育仁之前所写的论及时务及维新变法的著作相比，具有更为浓厚的尊经复古味道，而且此书中对经学重要性的强调也超过了之前的著作，这表明20世纪初年，宋育仁宣扬"复古改制"的意识与之前倡导"复古改制"既一脉相承，又在程度上进一步深化。

综上所述，本章主要从宋育仁的生平主要经历、著述概况两个方面，对宋育仁做了阐述式的解读，旨在让读者从两个不同角度对宋育仁这一被近代史所忽略的历史人物有概括性、轮廓性、整体性的认识，为本书后面论述宋育仁的维新思想做好铺垫。

第二章 宋育仁维新思想之政治思想

近代中国突飙猛进，变动剧烈，是顺应历史潮流，还是阻挡历史车轮，成为摆在每个爱国人士面前所不得不回答的问题。作为近代维新派代表人物之一的梁启超经常处于"不惜以今日之我，难昔日之我"的前进状态，不断地变化以追随时代前进的步伐。相比那些墨守成规、循规蹈矩、坚决反对维新变革的顽固派人士，敢于抨击时弊、主张变法维新的维新派人士无疑是寻求救国之路的先进人物群体。作为维新派的宋育仁虽非叱咤风云的历史人物，但也是站在时代进步潮流前头的先进人物之一。在变动剧烈的近代中国，宋育仁紧紧追随时代潮流，他胸怀爱国之心和报国之志，适时提出自己的维新主张，成为早期维新派的代表人物之一；而且，他还亲身经历了维新派在近代中国发展的三个阶段，扮演了三种角色，即早期维新派、戊戌维新派、清末立宪派。因此，深入研究宋育仁的维新思想，除了能深化对宋育仁本人的研究之外，还有助于加深对近代中国维新派以及维新运动史以及维新思想史的认识程度。本章作为全书主体部分的开端，主要对宋育仁维新思想中的重要组成部分——政治思想进行研究。

第一节 反侵略思想

近代以降，西方列强入侵中国，他们依靠不平等条约的庇护，自恃拥有强大的武力和先进的文化，在中国常以征服者自居，令国人对其颇为痛恨。不少爱国进步人士勇于反对西方列强的侵略，宋育仁便为其中一人。他身怀强烈的爱国之心，对列强侵华现象进行了深入思考，不仅一针见血地揭露出列强无耻卑鄙的侵略行径，而且着眼于列强对华侵略尤其是对中国边疆地区侵略的角度，站在维护国家安全的高度，结合中国的实情，对症下药，提出御敌之策。

一、痛斥列强　侵我中华

（一）甲午战争之前

19世纪70年代以来，列强加紧了侵略中国的步伐，中国边疆地区受列强侵略尤甚，属国危急与边疆危机一再告急，日本、美国侵犯台湾（1874年），英国、俄国侵略西藏（1889年），法国掠夺越南（1885年），日本侵略朝鲜，导致中国所面临的周边形势日益严峻。面对周边形势危急，外患日益恶化的局面，宋育仁深刻地指出："今先亡琉球，旋失缅甸、印度；近者法国夺我越南，英人进规西藏，朝鲜叛而外附，俄坐收帕米尔地。千里藩属，侵削殆尽。我欲无事，彼屡生衅，不可以为安。"①宋育仁进而疾呼："四境日消，藩属殆尽，而敌国强邻，实逼处此，此必不能幸相安于无事。"②虽然宋育仁的一番话语体现出受儒学熏陶的士人内心所具有的宗藩观念，但宋育仁对严峻外患局势的阐述符合事实，切中要害，其关心时局、反对侵略的爱国情怀亦从中昭然可见。

宋育仁除了揭露列强对中国边疆地区及周边属国的侵略行径外，还对列强在世界范围内侵略弱国的方式做了介绍："西人之蚕食人国，必始于通商，辅之以传教，变其风俗，继以改易治国

---

①宋育仁：《时务论》，载于于宝轩主编：《皇朝蓄艾文编》卷二·通论二，上海官书局1903年版，第289页。

②宋育仁：《守御论》，载于于宝轩主编：《皇朝蓄艾文编》卷六·通论六，上海官书局1903年版，第574页。

章程，胁之以兵，令其必从，尽夺其国主之权，但令衣租食税，终于废其国，收其地而后已。传教与通商，或先或后，而商之所至，兵与偕来，以保商为名，接续设官，以移其国柄。埃及、柔佛、息力、爪哇、石郎力、越南、印度、缅甸之已事，晓然可睹矣！"①很显然，宋育仁看到了"通商、传教、武力"乃西方列强侵略弱小国家所依赖的三种重要手段，他还阐述了三者之间的关系，深刻揭露了列强以强欺弱的野蛮侵略行径。在弱肉强食的殖民时代，宋育仁的这种分析符合历史真实，体现出他对列强侵略表象以及本质的理性认识。他还以埃及、爪哇等沦为殖民地的国家为例，分析了这些国家由于被侵略而导致的危害，宋育仁的一番苦心言论看似客观描述侵略现象，实则旨在告诫最高统治者，应吸取世界上遭受列强侵略的国家尤其是沦为殖民地的国家之教训，高度重视列强侵略造成的严重危害。

　　19世纪下半叶，列强在世界范围内掀起了瓜分弱国的狂潮，他们围绕被瓜分国家的政治、经济、军事等利益展开激烈争夺，斗得不可开交，中国不幸成为他们瓜分的对象。宋育仁清醒地认识到了当时中国所处的极其凶险的外部环境，因此，他对险恶的时局进行了认真思考，不仅深刻揭露了列强卑鄙的侵略行径，而且认识到了世界范围内列强之间的关系，从战略角度有针对性地分析了列强对于中国造成的威胁，认识到列强相互之间也有矛盾冲突，他认为："今环海内外，通商之国多，而能长驾远驭，与宇宙争衡，为我之敌国外患者，大势在俄与英法而已；德与美足以争衡诸国，而不为我之外患；近惟日本足为我之外患，而不足与宇内争衡。俄地大而本固，英开风气之先，擅富强之势，然本国僻处西偏，不足争衡宇内，乃长驾远驭，经营而取印度，既得

---

①宋育仁：《守御论》，载于于宝轩主编：《皇朝蓄艾文编》卷六·通论六，上海官书局1903年版，第575页。

印度，其势足以抗法。法为德败，国已衰，乃务精商业以敛财，厚财力以养兵，借兵力以争强，其氛甚张，而不足以持久，三国固相疑之势。"①可见，在宋育仁眼中，俄、英、法三国对中国的威胁最大，其次是日本，然后才是德国和美国。他还通过分析列强各自的情况以及它们之间的矛盾冲突，得出"英、法、德三国成相疑之势"的结论。的确，在侵略弱国的问题上，列强之间由于利益分配的不均衡，时有矛盾冲突发生，但是，由于它们的侵略本性相同，实质上对中国造成的威胁是很难用大小予以衡量的，他们都扮演着侵略者的角色。

宋育仁反对列强侵略的爱国思想与早期维新派其他人士的反侵略思想颇为相似，他们都具有强烈的反对外国侵略、希望中国独立富强的爱国思想。比如，早期维新派人士多谴责列强强迫清政府签订的不平等条约以及由此带来的有损中国利权的不平等规定，如领事裁判权、片面最惠国待遇等。郑观应就认为领事裁判权严重损害了中国主权，"此尤事之大不平也"。②此外，早期维新派还抨击了外国传教士对华的文化侵略。

（二）甲午战争之后

到甲午战争之后，民族危机更趋恶化，列强对华侵略的程度日趋加深。鉴于此，宋育仁指出洋货横流、教堂遍立将会造成的严重后果。"今四夷凭陵，中国衰弱，四海交驰，中国孤立，通商遍内地，则利源为所夺，传教遍各省，则教本为所摇。"③虽然宋育仁仅从通商和传教两个方面来阐述由于列强侵

---

①宋育仁：《守御论》，载于于宝轩主编：《皇朝蓄艾文编》卷六·通论六，上海官书局1903年版，第571页。

②郑观应：《盛世危言·交涉上》，载于夏东元编，郑观应著：《郑观应集》上册，上海人民出版社1982年版，第425页。

③宋育仁：《时务论·序言》，载于宋育仁：《时务论》，袖海山房石印，光绪乙未冬月（1896年），线装本。

略加深造成的危害性，不免具有片面性，但这体现出他对列强侵略所造成的严重后果的极度担忧之心。和宋育仁相比，康有为、梁启超等维新派人士对甲午后中国时局的感受和认识更为深刻。他们心怀强烈的爱国热忱，以不同寻常的政治敏感，最早觉察到列强侵略加深造成的严重后果，并且尖锐地提到了亡国问题，"社稷之危未有若今日"，甚至到了"救火追火，犹虑不及"的地步。①时代和社会，都向国人提出了中国出路在何方的紧迫问题，是重蹈印度、越南、缅甸沦为殖民地的覆辙，还是卧薪尝胆，立志自强？危亡时局呼吁变法之亟。尤其是经甲午败北之役后，中国多数知识分子对时局的看法发生了转折性的变化。梁启超用比较的笔法客观地记录了这一事实：1895年时，他"与士大夫痛陈中国危亡，朝不及夕"，而"信者十一，疑者十九"；到1898年春，"中国士大夫忧瓜分，惧为奴之言忆不绝耳"。②可见，正是由于甲午战争后列强侵略的急剧加深和民族危机的骤然恶化，才使得不少有识之士不得不发自内心深信时局危急，救亡在亟。

二、保卫边疆　应对侵略

边疆危机是近代中国所面临的棘手问题之一。鸦片战争后，中国边疆危机日趋严重，列强以不平等条约为庇护，依仗强权和武力，不断加紧对中国边疆地区的鲸吞蚕食，仅第二次鸦片战争中俄国侵占中国边疆的领土就多达100多万平方公里；自19世纪七八十年代以来，中国边境危机更趋严重，英国、法国窥伺中国

---

①康有为：《上清帝第四书》，载于中国史学会编：《戊戌变法》（二），中国史学会主编：《中国近代史资料丛刊》之一，神州国光社1953年版，第180页。

②梁启超：《演说保国会开会大意》，载于中国史学会编：《戊戌变法》（四），中国史学会主编：《中国近代史资料丛刊》，神州国光社1953年版，第141页。

西南和西北边疆，日本、美国侵犯台湾，俄国垂涎西北、东北边疆等。

面对列强环视、四面受敌的极其险恶的边疆形势，宋育仁表现出强烈的爱国之情和忧国之心，他对晚清以来日益严重的边疆危机做了深刻、理性的分析，这充分体现了他对边疆危机危害性的高度认识。针对列强对中国边疆造成的日益严峻的形势，宋育仁提出了解决边疆危机的御敌之策。

（一） 痛陈边疆危机　怒斥列强侵略

1.藩属丧失　边疆危急

到19世纪90年代尤其是甲午战争后，随着列强对中国侵略的深化，中国边患日趋严重，传统宗藩体制濒临解体，中国周边属国多数已沦为列强的殖民地，藩属原本为中国之屏藩，唇亡齿寒，藩属出现危局，则中国边疆地区也面临前所未有的危机。宋育仁环顾中国周边险象丛生、列强步步紧逼的危急形势，不禁大声疾呼："四夷之事甚急矣！东失库页岛、海参崴，南失越南、缅甸、暹罗，北失安集延布鲁特，及于准部，西则英据印度，窥藏日急，俄逼我北境。"[1]他对藩属丧失的深切忧虑与高度关注，从其对危急边情客观、准确、感人的描述中昭然可见。

宋育仁对列强侵占中国藩属及边疆地区的险象予以深刻的揭露，一针见血地指出其本质。他认为，从表面上看，列强之间在侵略中国藩属的问题上矛盾重重，而且藩属的丧失并非是中国国土的丧失，似乎与中国无甚关系，但实际上，在华列强之间的争斗都威胁到中国的边疆安全。宋育仁以其敏锐的眼光看清了列强争夺中国藩属的实质，故一针见血地指出："俄与英争在印度，实争在回疆、西藏，争在西藏者，实争在四川、云南；英与法相

---

[1]宋育仁：《守御论》，载于于宝轩主编：《皇朝蓄艾文编》卷六·通论六，上海官书局1903年版，第573页。

持在越南、缅甸，而争在暹罗，相持缅越，而争在暹罗者，实争在云南、粤西。俄与日争朝鲜，争在朝鲜者，实争在东三省，而日本之有台湾，实争在福建广东，请言其急患。西藏壤错川滇，为西南之屏障；云南五金之薮，四川地产富饶，西人觊觎已久。如西人铁路修成，则四川、云南、东三省危矣！"①从中看出，宋育仁清醒地认识到，列强侵略中国藩属及周边国家的最终目的是争夺中国边疆地区。

宋育仁对由于中国藩属丧失所造成的危机的论述有理有据，符合现实，颇有远见，而且切中要害，振聋发聩，引人深思，其爱国之情，尽显其中。的确，自鸦片战争以来，列强通过侵占中国周边藩属，并以此为跳板，一步步渗透到中国边疆地区，最终达到侵占中国边疆领土的目的。如英国通过先侵占缅甸而后窥视云南、西藏，法国则通过侵占越南而后渗透到广西、云南，日本通过先侵略朝鲜而后逐步吞并中国东北地区等。

2. 边患日紧　痛陈危害

宋育仁对晚清以来日益严峻的边疆危机做了深刻阐述，分析了边疆危机造成的危害，揭露了列强侵略中国边疆地区的实质。1893年，他写成以论及边疆形势和防务为主要内容的《守御论》；1895年，他回国之后又有所修改，其中详细分析了中国边疆危机的严峻形势，并一针见血地指出：中国最大的帝国外患是蚕食我国从东北到西南漫长边界的俄、英、法三国，而美、德、日次之。同时，他也深刻认识到，列强制造边疆危机的最终目的在于灭亡中国。

对严峻的西南边疆危机，宋育仁予以格外关注。他以西藏、云南为例分析了日益危急的西南边疆危机。以他对西藏战略地位

---

①宋育仁：《守御论》，载于于宝轩主编：《皇朝蓄艾文编》卷六·通论六，上海官书局1903年版，第574页。

重视之分析为例。晚清以来，西藏几乎成为来华列强争相争夺的一块肥肉，争夺西藏的势力中尤以英、俄为主，西藏危机甚为严重。宋育仁高度重视西藏的重要性，他认为："天下大势在印度，印度形胜在西藏。俄有西藏，则英之印度不能守，天下大势则归俄，而英不能与之争；英得西藏，则俄不能难，天下大势则归英；而俄包举我东北，局势甚宽，犹足与之相抗。两国交营，而法劫其角，腹背受敌，而西藏岌岌乎殆矣！西藏撤屏，而滇、蜀、粤西，逼处此者，殆而已矣！"①"今英与俄且交争西藏，羽翼已成，而我初未尝为之备，图穷而匕首现，此不可以待之时矣！"②而且"俄窥藏西，法掎藏东南，而英之谋藏者殆矣"。③在宋育仁看来，谁占有西藏谁就能控制天下大势，当然他所说的"天下"是极其有限的空间概念，并非全世界，其意在强调西藏战略位置之重要性。西藏成为列强众矢之的，形势极为严峻，因此，宋育仁疾呼："西藏岌岌乎殆矣！"他进一步认为，如果西藏被列强占领，则滇、蜀、粤西也难以保全；如果西藏危机能够解除，那么清政府就可以以西藏为基地，重新夺回失去的藩属国。"为我今日筹上策，则必经西藏以窥印度，则争在廓尔喀，争帕米尔以固西藏，则守在叶尔羌，争暹罗以复越南，存缅甸以塞滇粤。其事似动三方，扰全局，挑战强敌，犯重难，其经始只在西藏一隅。"④宋育仁的主张饱含强烈的爱国之情，但很显然，以清政府当时的军事实力不具备与西方列强分庭抗敌

---

① 宋育仁：《守御论》，载于于宝轩主编：《皇朝蓄艾文编》卷六·通论六，上海官书局1903年版，第572页。

② 宋育仁：《守御论》，载于于宝轩主编：《皇朝蓄艾文编》卷六·通论六，上海官书局1903年版，第575页。

③ 宋育仁：《守御论》，载于于宝轩主编：《皇朝蓄艾文编》卷六·通论六，上海官书局1903年版，第572页。

④ 宋育仁：《守御论》，载于于宝轩主编：《皇朝蓄艾文编》卷六·通论六，上海官书局1903年版，第572页。

除关注西藏危机外，宋育仁对处于西南边疆另一省云南的情况也颇为关注。实际上，自19世纪70年代以来，云南就成为英国垂涎的目标，英国借口"马嘉理事件"要挟清政府，《中法新约》签订后，法国势力也随之侵入云南。光绪二十年（1894年），英国与中国签订不平等条约《中英滇缅界约》，云南危机进一步加深。之后，中英两国因云南一块名为"车里"的土地而发生争执，宋育仁以小见大、一针见血地看透了英国的险恶用心，为此他专门写下《车里界议》，揭露了英国企图吞并云南领土的邪恶阴谋，同时也揭露了英国占领缅甸的实质。"英收缅甸固以护印度，窥西藏，而尤志在通云南。故不惜代缅入贡，以款于我。"①对于云南边境的车里地区，宋育仁坚决主张不能放弃，"车里必不可弃"。②体现出他竭力捍卫国家领土、坚决不向侵略者屈服的爱国之心。

　　宋育仁对边疆危机的高度关注既体现了他赤诚的爱国心，也反映了他思想深处强烈的忧患意识，这种忧患意识既是他对古代知识分子忧国忧民优秀传统的继承，也是对近代以来国衰民贫状况的真实反映。可以说，晚清以来日益严峻的边疆危机是宋育仁维新思想产生的重要推动力之一，也是他积极寻求救国之路，参与维新实践，探讨强国富民之策，撰写维新著作与宣传西方文明的原动力之一。如宋育仁在其维新名作《时务论》的首尾部分中，就对19世纪七八十年代以来的严峻边疆危机做了深刻描述，以此来唤醒统治者重视边疆安危，同时也从以变法来捍卫边疆安全的角度强调维新变法的紧迫性与必要性。

---

①宋育仁：《车里界议》，载于于宝轩主编：《皇朝蓄艾文编》卷五十七·交涉四，上海官书局1903年版，第4447页。

②宋育仁：《车里界议》，载于于宝轩主编：《皇朝蓄艾文编》卷五十七·交涉四，上海官书局1903年版，第4448页。

（二）保卫边疆安全　提出御敌之策

1.密切联系　加强管理

鉴于边疆安危对维护国家主权之重要性，宋育仁提出通过密切中央与边疆之间的关系来捍卫边疆领土的安全。以西藏为例，宋育仁提出了保卫西藏的具体办法，"宜遣贞臣信士，厚结藏番，说以开矿之利，从英俄之害，与之立约，为之开矿，尽除旧日驻藏官吏之苛饶，益兵保护，英通商之不利于藏，藏之所知也，徒以我不足恃以图存，乃暗结俄以自救"。[①]可见，宋育仁想让清政府出面来密切与西藏及藏民之间的关系，同时建议朝廷严厉惩处清政府驻藏的不法官员，进一步加强西藏防务，增强藏民的安全感与对中央政府的归属感，使西藏民众不再因感到清廷的保护不安全而寻求列强保护。宋育仁提出的密切中央与西藏关系的想法旨在避免列强与西藏地方势力勾结，进而对边疆以及国家领土主权构成威胁，他的这一系列见解，体现了他对西藏战略地位的高度重视。宋育仁对西藏危机局面的阐述与自19世纪60年代以来英国对西藏侵略日益加深的状况相符合，通过《藏印条约》（1891年签订）与《藏印续约》（1893年签订），英国打开了西藏的大门。宋育仁对西藏危机的阐述体现了他对边疆局势动态的密切注视，也体现了他对解决边疆危机之道的深入思考与深切忧虑。

2.主动出击　全国防御

宋育仁除了强调西南边疆危机的严峻性之外，也十分重视西北边疆危机的不利局面，并提出御敌保边之策，在他看来，为了保卫边疆，捍卫领土完整，就必须"大举治兵"，积极备战，主动出击，变消极防御为积极主动应对，这样才能从根本上

[①]宋育仁：《守御论》，载于于宝轩主编：《皇朝蓄艾文编》卷六·通论六，上海官书局1903年版，第573页。

改变被动挨打的局面，他指出："夫战不必用，而兵不可忘，今日谋固圉，必大举治兵。为英俄所必争，而接轸我新疆，实西北之屏障。宜设防葱岭以西。缅越既沦于英法，暹罗介于其间，英法交窥西藏，则争在暹罗。宜置两国不问，专遣使驻扎暹罗保护华商，而修云南之甲，遥胁暹罗以兵，藉以隐备英人由缅窥滇之路，益守青海修战守之备，为保藏根本，而实隐据帕米尔以附印度之背，遥劫暹罗以掣印度之肘，其势足以相持，若犹欲幸安于无事而不为备乎？"①

很显然，从上述宋育仁关于应对西北边疆危机的论述中，我们可以看得出，他想通过采取加强战备、主动出击的战略，提前做好防御列强侵略的准备工作，未雨绸缪。他甚至依据"唇亡齿寒"的道理，提出在邻国暹罗（今泰国）派遣使节，以保护华商的利益和防备对我国边疆觊觎的西方列强，从而当列强入侵我国边疆领土时，在与列强的对抗中，中国能处于有备无患的有利形势。宋育仁提出的应对边疆危机的主张，体现出他强烈的爱国主义情怀和忧患意识，但晚清薄弱的军事力量和四面受敌的严峻形势，使宋育仁积极备战、主动出击抵御列强的构想难以实现。

此外，宋育仁还提出了一种近乎全国御敌的防御体系。"为今日之策，应大治军旅以重边防。东则守在吉林、奉天，立新营，督团练，因开垦为屯田，以备进兵，规复朝鲜之路，为持久困倭之计；西则以开矿代屯田，益兵西藏、青海，而增重镇于四川西南以为西藏后应；南与云南之甲，助为声援；内令四川全省举办团练以备更代征调，南则按云南之甲，以胁暹罗，而阴制缅甸、越、英法交窥之路。且令广西移营于边，以资望守。其海口重立海军，则南北洋须联合一气，而归重旅顺、威海卫、烟台，

---

① 宋育仁：《守御论》，载于于宝轩主编：《皇朝蓄艾文编》卷六·通论六，上海官书局1903年版，第573页。

三为犄角，以护天津，无恐京师。其东西之间，外蒙古以北，自黑龙江至天山葱岭以西，则令各将军、都统、参赞大臣，连军实，相连为守卫，而治兵新疆以为后应，此兼无事于战，但慎为之防"。①从中可见，宋育仁所规划的御敌体系几乎是一种集中东西南北兵力、联合陆路海上军力的全国性防御体系，同时号召各边境地区将官同仇敌忾，同心协力，协调作战，共同御敌，各武装力量要相互紧密配合，取长补短，联合作战。但是，实际上，晚清军队往往各自为战，区域性特征较为明显，缺乏统一的强有力的中央集权性质的指挥调度，因此，很难做到像宋育仁所说的各支部队的有效联合或者紧密配合，至于要实现多支部队的统一调度、协力作战谈何容易！

审视晚清以来日益严峻的边疆危机，宋育仁深刻地认识到兵力对于维护一国主权之重要性，他理性地分析了兵力与公法、和约之间的关系。"夫兵力者，保护公法与和约之具也。兵力不足以保护和约，公法必不行；兵力足以行，公法和约则可以恃，诸国相顾而不敢轻发。"②此番言论表明，宋育仁认识到，在弱肉强食、崇尚武力的国际环境中，拥有强大的军事力量才是保证按公法、和约办事的先决条件，才是列强不敢轻举妄动发动侵略的前提。他甚至想象着有朝一日待中国军事力量强大后，可以修改丧权辱国的不平等条约。"正告四邻：以中国义兵不争土地，亦不受欺凌！取和约之不合公法者，而修改之，仍与之为讲信修睦，然后从容自修其内政。"③

---

①宋育仁：《守御论》，载于于宝轩主编：《皇朝蓄艾文编》卷六·通论六，上海官书局1903年版，第576页。

②宋育仁：《守御论》，载于于宝轩主编：《皇朝蓄艾文编》卷六·通论六，上海官书局1903年版，第576页。

③宋育仁：《守御论》，载于于宝轩主编：《皇朝蓄艾文编》卷六·通论六，上海官书局1903年版，第576页。

总之，宋育仁对列强侵占中国边疆领土的卑劣行径进行了猛烈抨击和斥责，坚决主张捍卫国家领土完整。他对日益严峻的边疆危机进行了深入的思考，提出了保卫边疆的具体措施，企图以此来唤醒统治者对边疆危机的重视，甚至幻想着有朝一日能打败犯我边疆的列强，实现边疆的安定稳固。虽然宋育仁对边疆危机的思考受传统宗藩体制的影响颇深，提出的御敌之策有一些不切合实际，在国力虚弱、四面受敌的晚清中国难以实现，但不可否认，他对边疆危机与民族命运的高度关注，体现了他内心深处强烈的爱国精神和忧患意识。晚清不少思想家和爱国人士，如王韬、薛福成、郑观应、康有为、梁启超、谭嗣同、严复、孙中山等，均具有强烈的保卫边疆思想。宋育仁无疑也是这些进步人士中的一员。

三、师夷长技　改革军事

宋育仁的反侵略思想内涵丰富，他不仅深刻地揭露了列强卑鄙的侵略行径，对日益深重的边疆危机进行了深入思考，提出了保卫边疆、抵御侵略的若干具体措施，而且还针对列强的侵略，对当时国家的军事情况进行了反省审视，提出发展军工、师夷长技的主张，旨在增强国家军事力量，以积极应对列强侵略。

（一）发展军工　改进武器

西方列强的入侵激发了国人对于军事力量重要性的重视，近代不乏有识之士提出通过增强国家的军事力量来抵制列强的侵略。可见，近代要求增强军事实力的进步主张以反对西方侵略、维护国家主权为宗旨。魏源、林则徐便是近代最早主张学习西方军事技术的杰出代表。不过，在洋务运动之前，师夷长技的主张基本上停留在舆论呼吁层面，并未引起最高统治者的重视。只有在洋务运动中，洋务派才把发展军事工业作为洋务运功的重要项目之一。近代以来，随着一系列对外战争及对外交涉的失败，民族危机日趋严重，抵御列强、强国御辱成为越来越多有识之士的共同梦想，发展军事工业作为增强国防力量的重要手段，成为有识之士之共识，宋育仁就是有识之士中的一员。

武器虽然不是决定战争胜负的关键性因素，但也是战争中十分重要的因素。宋育仁也认识到了这一点，他看到了在战争中采用先进武器所具有的优势，指出西方发达国家拥有先进的武装设备以及不少国家均仿造西方制造坚船利炮的事实，并客观承认中国在武器装备方面确实技不如人，应该向西方学习，广兴枪炮，增强武器力量。"今中国为一域，四海开通，万里而趋战者攻利猛，攻猛者守利坚，故铁船火器炮台之长技起于海外，而诸国皆效仿之，势不能遏止。昔中国之圣人，未尝自制杀人之器也。蚩尤造五兵，圣人不能禁，乃因而用之。外洋造火器，既不能禁，即当因而用之。开国时八旗、绿营皆为劲旅，骑兵练习骑射，将领由是先拔取。武科取士，亦以步箭为宗。既兴枪炮，则弓矢不为利兵。"[①]宋育仁主张师法西洋的观点，沿袭了林则徐、魏源"师夷长技"的主张，实际上，自林则徐、魏源以来，不少进步人士也提出过类似观点，近代中国在对外战争中的屡战屡败，使得一些具有爱国思想的有识之士自觉地把关注的目光投向了军事领域，为制敌御辱，他们对增强国家军事力量颇为重视，其中发展军事工业就成为他们所提倡的增强国家军事力量的重要手段之一。宋育仁也认识到了发展军事工业对于增强国防力量、抵御西方列强的重要性，于是，他提出发展军事工业以增强国家军事力量的主张，并提出了发展军事工业的具体举措。

鉴于认识到发展军事工业对于维护国防安全具有重大意义，宋育仁强调，对于军事企业，应专办特办，应由政府派专门官员

[①] 宋育仁：《时务论》，载于于宝轩主编：《皇朝蓄艾文编》卷二·通论二，上海官书局1903年版，第35页。

监督军工厂的生产，联合原有分散的枪炮厂，以扩大其规模，尤其对于武器制造的过程务必要严格把关，以确保其质量。"兵器为工之大宗，宜改武备院工作厂隶于工部，设专官监督，以重其务，官督而工作。南北洋旧有枪炮火药作厂，宜合相联为一，自铁自消，精铁良钢，入于枪炮厂，次者入于五金作，而别之察验署于京师，选明制造之员典其事。凡铁钢枪炮药弹之式皆解署察验比较，定其良劣等差，核其价值，采买外国者亦如之。"[①]可见，宋育仁对于制造武器的各个环节均高度重视，从选取原料、生产制造、验收出厂各个环节抓起，严格把关，环环紧扣，而且他主张主管官员必须要有高度的责任心，确保生产出来的武器质量过硬。宋育仁对发展军事工业高度重视的思想源自他对自鸦片战争以来，尤其是中法战争以来中国在对外战争中屡次失败的深刻反思，同时这也是对不断严重的民族危机的回应。

在维新运动期间，康有为也主张发展军事工业，甚至建议政府允许民间筹资设厂来制造枪炮，反映了维新派急于兴办军事工业以御敌卫国的强烈愿望。与洋务派相比，宋育仁等维新派人士对于发展军事工业的呼吁仅停留在口头层面，而洋务派则以解决迫在眉睫的内忧外患为宗旨，将其重视军工发展的主张付诸实践，创办了大量军事企业，使中国大地上涌现出第一批由国家创办的使用机器进行生产的企业，这些军事企业虽然有不足之处，但是在促进国防近代化与支援反侵略战争中起到了重要作用。由此可见，主持创办军事企业的洋务派不仅是呼吁发展军事工业的理论家，而且还是身体力行的实践家。

[①] 宋育仁：《时务论》，载于于宝轩主编：《皇朝蓄艾文编》卷二·通论二，上海官书局1903年版，第28页。

（二）变通武科　改革兵制

出于反对列强侵略的宗旨，宋育仁在1891年所撰成的《时务论》中对军事问题予以专论。在《时务论》中，宋育仁为了说明其"复古改制"观点的必要性和迫切性，专门阐述了外国因善于学习古代中国而取得富强之效的现实，其中还以外国的军事情况为例进行了论说。他注意到了西方国家不仅武器先进，而且高度重视修护战守之备，力求战胜对方。"外国之强在利器，水以铁船为主，陆以炮台为主。枪炮之利，则水陆共之，其修守战之备，竭力将求，不惜劳资，务求制胜，其效十一也。"[1]此外，他还介绍了西方发达国家兵制的情况。"各国兵制不同，英用募补额；德法凡丁壮皆充伍，区为四等；俄国名目尤多。其效十二也。"[2]

在介绍西方军事状况之后，宋育仁提出对清政府军事体制进行变革的主张，即"变武科、修兵制、治公徒"。首先他重申了由林则徐、魏源开创，洋务派承袭的"师夷长技"观点的合理性，既肯定了西方武器的先进性，又主张要对其学而用之。"铁船火器枪台之长技起于海外，而诸国效之，势不可遏止，既不能禁，当因而用之。"[3]他回顾了清朝开国之初选拔武将的情况，同时结合当时所面临的现实，认为自清初长久以来选拔军事人才的武科已失去价值，亟待废除，并提出了一套选拔新型军事人才的方案，即：变通武科学习西方，设立军事学堂以培养军事人才。宋育仁倡导不以弓箭、骑射为选拔优秀军事人才的主要考

---

[1]宋育仁：《时务论》，载于于宝轩主编：《皇朝蓄艾文编》卷二·通论二，上海官书局1903年版，第24页。

[2]宋育仁：《时务论》，载于于宝轩主编：《皇朝蓄艾文编》卷二·通论二，上海官书局1903年版，第24～25页。

[3]宋育仁：《时务论》，载于于宝轩主编：《皇朝蓄艾文编》卷二·通论二，上海官书局1903年版，第35页。

核内容，选拔军事人才要以掌握新式武器为主，唯有此才能与中国当时面对的严峻的战争形势相适应。"开国时八旗、绿营皆为劲旅，旗兵承习骑射，将领由是先拔取，武科进士，亦以步箭为宗。既兴枪炮，则弓矢不为利兵。且军兴以来，将皆出于行伍，武科实无所用。谓宜停止此科，用其人于编伍。今外国若德法举国人皆入学，其为兵官者，别立学堂，课业而升，以考课为拔补次第。宜就京师及各省设大小学，令武生武举入各省小学，以饷为廪，由督抚考成拔以贡于大学，侍卫、武进入京师大学，由兵部考成，课最而授营职。令习知舆图、海事、兵轮驾驶、火器炮台、施运制造之法，以收实用。"①

从宋育仁上述一番言论可以看出，宋育仁呼吁停止武科，主张通过创办各级军事学堂来培养不同等级的军事人才，并且规划在军事学堂中开设近代军事技术课程。他关于改革军事的构想，与洋务派官员抨击武举之弊端、倡导兴办军事学堂的主张极为相似，颇具进步意义。此外，宋育仁还主张对兵制进行改革，建议效仿西方四等兵制。"兵制立而自强矣。外国之名目甚多，然其实亦战兵、备战兵、巡兵、守兵四等。宜仿西洋四等兵制，变通旧营而为之制。"②这体现出他对兵制重要性的高度重视。另外，宋育仁还提出"治公徒"的军事改革主张。针对各衙门公徒、散役众多，危害极大的现状，宋育仁指出："今大小衙门公徒已多，而事乃不治。"③为消除此危害，宋育仁提出应对之策，即让公徒平时各司其事，有事时则与巡兵合作巡逻，或与工

---

①宋育仁：《时务论》，载于于宝轩主编：《皇朝蓄艾文编》卷二·通论二，上海官书局1903年版，第35页。

②宋育仁：《时务论》，载于于宝轩主编：《皇朝蓄艾文编》卷二·通论二，上海官书局1903年版，第35页。

③宋育仁：《时务论》，载于于宝轩主编：《皇朝蓄艾文编》卷二·通论二，上海官书局1903年版，第36页。

兵合作救灾、筑城等。"今议以差役、驿夫二者为主，而杂色人目坿焉，平时各治所司，有事则驿卒与巡兵共同巡警而通守政。公徒尽为兵，既除差役、驿夫之积弊，且与勇营工兵相习，连为一气，遇有江河堤防急功，筑城睿渠诸力政，俱可酌宜调发，相助僝功。"①

宋育仁对日益恶化的边疆危机高度关注，1893年他专门撰写《守御论》一文，阐述了他对19世纪90年代初期中国面临的严峻边疆局势的看法（尤以西北边疆和西南边疆为主），并且提出了抵御西方列强（主要是英国与俄国）以捍卫边防的具体方案，体现了他对边疆局势的高度关注以及不屈服于西方列强的抵抗精神。②甲午战争中国惨败于日本，清政府不堪一击的军事力量成为战后时人抨击的对象之一，宋育仁也表明了他的立场，"天下之说曰：今日之病在废武兵弛，诚是也"。③可见，除了抨击清政府军事力量之薄弱、不堪一击之外，宋育仁还把"重武"作为实现国家富强的重要举措之一加以呼吁，由此可见，宋育仁对振兴军事力量的重要意义较之甲午战争之前有了更深刻的认识。

综上所述，反侵略思想体现了宋育仁对民族命运与危机时局的高度关注与深入思考，爱国之情尽显其中，反侵略思想是宋育仁维新思想体系中的重要组成部分。晚清不少思想家和爱国之士，均具有强烈的反侵略思想，从林则徐、魏源、姚莹到洪秀全、洪仁玕，从冯桂芬、左宗棠、郭嵩焘到王韬、薛福成、马建

---

①宋育仁：《时务论》，载于于宝轩主编：《皇朝蓄艾文编》卷二·通论二，上海官书局1903年版，第37页。

②笔者在本书第二章第一节第二小节中对宋育仁边疆思想的论述中，分析了《守御论》中所蕴含的关于宋育仁边疆思想的具体内涵，故此处不再赘述。

③宋育仁：《庸书·序》，载于赵树贵、曾丽雅编：《陈炽集》，中华书局1997年版，第1页。

忠、郑观应，从康有为、梁启超、谭嗣同、严复到孙中山、陈天华、邹荣、章太炎，反侵略思想都是他们思想体系中的重要组成部分，同时反侵略思想也是晚清时代留下的最重要的思想遗产之一。宋育仁也是这批具有强烈反侵略思想的思想家中的一员，他与晚清其他进步人士的反侵略思想既丰富了晚清爱国主义的内涵及其他进步思想宝库的内涵，也揭露了列强瓜分中国的阴谋，在一定程度上推动了晚清国人的思想觉醒。

第二节 吏治思想

吏治腐败是晚清政治的一大特点，虽然统治集团不断提出各种整顿吏治的方案，但是官场各种腐败现象却依然存在，甚至呈愈演愈烈之势，对清王朝的命运产生了重大影响，对晚清各个时期的重大事件如禁烟斗争、洋务运动、甲午战争、清末新政等都产生了极大的危害作用。可以说，吏治腐败是导致清朝最终走向覆亡的一个重要原因，也是延滞中国政治近代化和经济近代化进程的最大障碍之一。

"治国之要，吏治为先"，吏治清明，则国家繁荣富强；吏治腐败，则国家衰败没落。历代统治者和有识之士无不重视吏治问题。晚清有不少有识之士也对吏治问题高度关注，对腐败吏治现象予以猛烈抨击。龚自珍、魏源、林则徐、曾国藩等都对腐败吏治提出过批评。如曾国藩于咸丰元年连上奏折，从官场风气与基层吏治两个方面，对吏治腐败现象进行了猛烈抨击。早期维新派人士对不合理的官僚制度也进行过深刻揭露，他们认为，当时官僚制度的弊病主要为机构重叠、冗员太多、贪污横行、营私舞弊等。如早期维新派代表人物之一陈炽就批评了政府选官制度中所存在的种种弊端，并对贪污尤甚的治河官员的腐败进行了抨击。"不设官则河犹可治，设官则河必不可治。"①宋育仁也对吏治问题高度关注，他对晚清以来的腐败吏治进行了深入观察和理性思考，既揭露了晚清吏治腐败的状况及其表现形式，又对症下药，为解决吏治腐败问题开出了药方，提出了整顿吏治的具体举措。

一、痛斥腐败吏治

对于晚清吏治腐败的具体表现形式，宋育仁主要概括为以下几个方面，并对其形成的原因进行了深刻的分析。

（一）冗官成灾，纳贿之风盛行

宋育仁抨击了官僚队伍中由于冗官过多所带来的弊端："今中国官多而事乃不治者，名实不相副也。权归吏胥，各衙门乃为丛弊之府。有职务并繁者，有官冗而无事，并务者劳于簿书期会而不暇思事，无事者无食则相率而营私。目前之利，不肖者乐于乘乱以便其私，必且天下嚣然。"②揭露出由于冗官成灾而导致理政效率低下、吏胥专权、官员以权谋私等不正之风盛行。另外，宋育仁也深刻地揭露了众多官僚攀附权贵、行贿受贿而不理政务之歪风邪气："属僚相率，贪缘长官，奔走脂韦，苞苴行贿，以营求所谓美差优缺，而国计民生置于不问也。"③冗官与贪官往往合二为一，这势必会造成整个官场习气的严重败坏。宋育仁还对造成冗官局面的原因进行了分析，他认为："仕进之途

---

①陈炽：《庸书·停捐》，载于赵树贵、曾丽雅编：《陈炽集》，中华书局1977年版，第12页。

②宋育仁：《时务论》，载于于宝轩主编：《皇朝蓄艾文编》卷二·通论二，上海官书局1903年版，第42页。

③宋育仁：《时务论》，载于于宝轩主编：《皇朝蓄艾文编》卷二·通论二，上海官书局1903年版，第43页。

滥，试用候补之员日增，不得已推广闲局以养冗官，而贪缘奔竞倾轧之风日炽。"①可见，在宋育仁看来，仕途之滥乃造成冗官过多之重要原因。他进而疾呼："官方不澄，政何由举？仕途不清，官何由澄？"②

晚清以来，捐纳制度日益泛滥，其对吏治以及国计民生之危害性也逐渐加剧，对清末政治产生了十分严重而深刻的负面影响，导致晚清官吏素质严重下降，助长了晚清官场冗官成灾、贪污腐败之风盛行。宋育仁批判了捐纳泛滥带来的严重后果："捐纳不停，益以滥保。一省候补道员多者以百数，州县以千计，其宫室车服婚丧宾祭之用，贵贱无所限制，有财者任自为之，富者争相夸耀，而贫者勉强效尤。故常处美官而恒患不足。长官乾没不已，下僚聚敛而供，以两求其所欲，上则交侵公帑，下则巧取民财，于是金币器物地产民力，悉率以供兼并之家，而民生困瘁！"③捐纳制度的败坏，确实造成了冗官过多以及官员攀比成风、奢侈浪费、上聚下敛等严重后果，而最终受害的却是广大老百姓。

（二）损公肥私，倾吞公共财产

官吏本应为民服务，而许多贪官却将当官作为发财致富的手段，利用职权之便，损公肥私，疯狂敛财。其中陋规为清代吏治中一大顽症，屡禁不止，与清代相伴始终，而且在晚清时期更呈现出愈演愈烈之势，其名目种类日益繁多。所谓陋规就是官吏们在朝廷发放的俸禄之外，从税收和搜刮老百姓的民脂民膏

---

①宋育仁：《时务论》，载于于宝轩主编：《皇朝蓄艾文编》卷二·通论二，上海官书局1903年版，第43页。

②宋育仁：《时务论》，载于于宝轩主编：《皇朝蓄艾文编》卷二·通论二，上海官书局1903年版，第43页。

③宋育仁：《时务论》，载于于宝轩主编：《皇朝蓄艾文编》卷二·通论二，上海官书局1903年版，第43页。

中盘剥的收入。宋育仁阐述了晚清官场陋规甚多的状况，并指出其严重的危害性："内外官府，所在皆有陋规，相承既久，亦无大害，但以不均为患，故贪竞成风。"①可见，宋育仁认识到陋规广泛存在，沿袭已久，造成官员收入不均，导致贪婪之风愈演愈烈。对于造成"陋规"问题一直难以解决的原因，宋育仁也进行了深入思考。通过思考，宋育仁认为，清代俸禄制度的不合理性是造成陋规横行的重要原因之一。清代实行低俸禄制，拨给各级政府的公费银太少，而且各级官员常有幕僚等一批人靠其养活，尤其是咸丰、同治时期以后，因国家财政困难，裁销各项经费，官员的俸银更为减少。除普遍的低俸禄之外，清代官员的收入与其所处的衙门性质密切相关，位居肥水衙门之官员收入甚巨，盈余甚多，而身处清水衙门之官员则往往收入微薄，入不敷出，这种收入上的不平等成为官员贪污的重要原因之一。对于此种不合理现象，宋育仁在阐述事实的同时，严厉批评了其所造成的危害性："夫禄之与位，名实宜相因也。今或同官而差缺之优绌悬绝，有官尊而所入薄，位卑而所入丰。譬若内之六部诸司吏户、掌印、漕运、督粮、本厂、琉璃窑监督，岁入可数万金，别部堂官或不能及，诸寺京堂则仰物而嗟乎！其余司员自俸之外，各省自为治，岁分印结费不过能数百金。外吏同一州县，优缺岁入可十万，下缺乃一二千缗；道府优缺可岁入三四十万，下缺或二三千缗。故长官居缺之贫者，仰给于属僚之私馈陋规。"②

宋育仁上述对清代俸禄制度不合理现象的阐述符合事实。进而，他严厉指出由于官员职位高低与俸禄名实不副所造成的严重后果："位与禄之名实不副而官方坏，禄位与礼命之名实不副而

---

① 宋育仁：《时务论》，载于于宝轩主编：《皇朝蓄艾文编》卷二·通论二，上海官书局1903年版，第44页。

② 宋育仁：《时务论》，载于于宝轩主编：《皇朝蓄艾文编》卷二·通论二，上海官书局1903年版，第43页。

天下贫矣！"①出使西方之后，宋育仁对西方俸禄制度有了进一步了解，反观国内状况，他更意识到了改革俸禄制度的必要性和紧迫性，并指出了改革俸禄制度之后的好处："更定官俸，剔除侵渔积弊，则诸务可整顿。"②1896年，在他为陈炽《庸书》写的序言中，也对冗官与低俸现象进行了批判，一针见血地指出："今日之病，在官冗而禄薄。"鉴于这种现象，宋育仁提出应对之策，即"厘官制，议均其食事"。③

（三）官民隔阂，上下之情不通

宋育仁还对当时数量庞大的各级衙门互不相闻、贤才难举、言路不通、上下隔阂等弊病进行了揭露："各衙门官属至多，然每署惟总乌布首领值堂印稿一二人，为得与闻其政，余皆陪班进退而已。隔署即不相闻，所师且不得议，以百司分理之庶务，而取用于一二人矣。故日奔走于簿书期会，其形鞅掌，二其实康瓠，其间散者无事而嬉游，与未服官者无异。故人人视所司如寄旅，以外任为归宿。即有贤才而能其官者，虽欲自救而其道无由也。于是乎权归吏胥，各衙门乃为丛弊之府。"④他对由此而导致言路不通、上下隔阂的弊端尤为关注，认为这样持续下去只会使内忧外患的局面更加严重："上下之隔阂愈深，中外之隔阂愈力。内则民生凋弊而上不知，外则敌

---

①宋育仁：《时务论》，载于宝轩主编：《皇朝蓄艾文编》卷二·通论二，上海官书局1903年版，第43页。

②宋育仁：《泰西各国采风记》，载于钱锺书主编，朱维铮执行主编：《中国近代学术名著丛书》之一《郭嵩焘等使西纪六种》，三联书店1998年版，第365页。

③宋育仁：《庸书·序》，载于赵树贵、曾丽雅编：《陈炽集》，中华书局1997年版，第1~2页。

④宋育仁：《时务论》，载于宝轩主编：《皇朝蓄艾文编》卷二·通论二，上海官书局1903年版，第38页。

势已成而国不戒。"①宋育仁对官场弊病的抨击体现出他强烈的民族责任感与忧国忧民的爱国情怀。此外，他在对中外官制进行了一番对比后认为："外国官制，各司其事，各有其权，无尊卑管辖分际，但以位之轻重，限其权之大小。而中国仪文既繁，尊卑之分太悬绝，上习以骄蹇，下承以诡随；晋见时稀，体卑志慑，知不敢言，言不敢尽；长属之情不通，军民无论矣；彼国简易通情而事治。"②从中可以看出，通过中外官职的比较，宋育仁对外国官制权责分明、尊卑不严的特点甚为赞赏，而对中国官制等级森严、礼仪烦琐、上下隔阂等弊端则颇为不满。

此外，宋育仁还指出由于官民隔阂而造成沿袭已久的"翰、詹、科、道"参与政事制度弊端凸显："我朝定制，尝令六部、九卿、翰、詹、科、道会议。小九卿、翰、詹、科、道，皆不治吏事，而令参决吏治者。翰、詹、科、道皆取于正途，阶卑仕未久，自田间来，与民尤近，能通下情；而习久成具文，翰、詹既除编检不与，得与闻者已寡；科、道惟知弹劾而已，与其弹劾于事后，曷若敷奏于事前，取鉴于议院，可悟矣。"③他揭示了翰、詹中只有少数人得以参与政事以及科、道官员只能做事后诸葛亮的弊病，建议他们从西方议院制度中寻求借鉴。实际上，宋育仁此番见解也反映出了清代科举制度的弊端，通过科举入仕的官员多数虽然熟读"四书五经"，善于写八股文，但对于先进的科学技术以及西方政治制度知之甚少，使用这样的人才来管理国

---

① 宋育仁：《时务论·序言》，载于宋育仁：《时务论》，袖海山房石印，光绪乙未冬月（1896年），线装本。
② 宋育仁：《泰西各国采风记》，载于钱锺书主编，朱维铮执行主编：《中国近代学术名著丛书》之一《郭嵩焘等使西纪六种》，三联书店1998年版，第371页。
③ 宋育仁：《泰西各国采风记》，载于钱锺书主编，朱维铮执行主编：《中国近代学术名著丛书》之一《郭嵩焘等使西纪六种》，三联书店1998年版，第345~346页。

家、参与政事，已经严重不适应时代的需求。

正是出于对吏治腐败状况的深刻认识，宋育仁禁不住发出如此感叹："官常之所以坏，官邪之所以兴。今日上下之情不通其间，有官隔之也。官失其守，故国家之败由官邪也！"①在宋育仁眼中，官僚群体不能尽职尽责且败坏邪恶，不仅是阻隔上下之情不通的绊脚石，而且还是造成国家衰败的重要原因。在抨击国内吏治若干弊端之时，宋育仁也介绍了西方吏治的情况，认为西方吏治无陋规中饱、冗官游食之弊，唯风俗奢侈，言论中透露出称赞之意："英法诸国官制小异而大同，取民者皆入于公，无陋规中饱之事。无聚冗官而仰游食之弊。惟俗尚奢侈，其宫室服用，则诚上下无度，富人皆兼并而国重征。"②甲午战争宋育仁在出使西方期间，通过亲自考察也认为："西方无中国各局乾没、州县陋规积弊。"③中国吏治与之相比，相形见绌，百弊丛生。

二、提出整顿吏治之举

如何克服吏治腐败之弊端，如何规范各级官吏的言行，加强对他们的监督与约束，建立一支廉洁高效的官僚队伍，成为宋育仁在批判吏治弊端之后，接下来所思考的重要问题。为此，他对症下药，提出了整顿吏治的具体举措。

（一）严格对官吏的考核、监察

宋育仁首先强调要严格对各级官吏进行考核、监察。实际

---

① 宋育仁：《宋芸子先生政法讲义》，线装单行本，第23页。
② 宋育仁：《时务论》，载于于宝轩主编：《皇朝蓄艾文编》卷二·通论二，上海官书局1903年版，第43～44页。
③ 宋育仁：《泰西各国采风记》，载于钱锺书主编，朱维铮执行主编：《中国近代学术名著丛书》之一《郭嵩焘等使西纪六种》，三联书店1998年版，第351页。

上，历朝历代都非常重视对各级官吏的考核、监督，清政府也对各级官吏建立了表面看似十分严格的考核、监督制度。每三年要对全国的官吏进行一次考核，其中专门针对京官的考核称之为"京察"，根据考核的结果评定等级，等级为优秀就会得到提升，等级低下的则会受到相应的降级；对地方官的考核，称之为"大计"。除定期考核外，清代还有对各级官吏不定期严格的考核。但这些对官吏的考核、监督及对应的惩罚措施却没有在实际中得到认真执行，没有起到整肃吏治的效果。

为了强化对各级官员的考核、监督，宋育仁建议通过考试来决定是否裁撤在职官员，并建议朝廷加强对候补官员的考察，停止捐纳和保举这两种选拔官员的方式，以整顿仕进之途。的确，清代士人入仕，除科举正途之外，还有世袭、察举、捐纳、保举等多种途径可以入仕，本来这些入仕之举如运作规范，可以弥补科举制选官之不足，但在贪污成风、腐败浑浊的晚清官场，这些科举制之外的选官方式成为病民祸国之举，其中尤以捐纳制度的危害最大，捐纳成为清政府仕途泛滥的元凶，捐纳制度的泛滥也导致晚清冗官冗员徒增，贪污之风愈演愈烈。

宋育仁还认为，要整肃吏治，除了要严格整顿选官制度外，还必须要严格对各级官员进行监察，如严格限制各级官员婚丧等礼仪的规模等："既命之来仕矣，不能无故而黜退；宜令督抚严核各省局务宜罢不宜罢，不宜罢者，严核局员宜裁不宜裁。不宜裁者着为额缺，详议章程，寓辟除之意，而参以考试之法，就局务之兴除利弊，及洋务之制造、测算、图绘。令候补人员自呈所，而督抚两司参执其考。能其事者以等次分界局差，不入选者，就间局拨款疑为字习人员学院。仿照外国水师学堂章程，以考课殿最为擢补先后，无实任班次者，即令终身于此徒；有实任班次者，至期调补如故，捐纳之宜停，不待踌躇而决矣。保举之塞仕途，盘踞钩，援狗私行，贿坏官方，隳士节，为害尤巨，而不能悉罢，宜严立限制，非已任实缺。不保过班督抚之用局员。既如辟除矣，其有兼才知治体。由局员保授实任官者，亦依辟除之典；不称职者，连坐举主，永著为令。凡品官宫室车服器用婚丧宾祭，则详著于会典提要，颁发所在遵行。命官时时就职纠察，以昭轨物。"①上述宋育仁提出的通过严格考核、择优录用的手段整顿官僚队伍之举措，体现出他想以此举来极力提高官僚队伍的素质，以达到整顿吏治之效的良苦用心。

此外，针对晚清"陋规"难以解决这一顽症，宋育仁主张应加强对各级官吏的监督，通过公告的形式明确公布各级官员的俸禄，即"制禄"。"欲正官方惩多取，则莫先于计官而制禄。"他还提出让民众来监督官员滥取豪夺之举，对于巧取豪夺、鱼肉百姓的贪官污吏，尤其是侵吞陋规的官员，无论京官还是地方官，都一定要处以重罚，以儆效尤。"请定制举京外大小衙门陋规，核实而简稽。户部定章酌，去其泰甚取之病民者，刊印章程一书，永远为式。颁行各衙门诸司，各直省州县，与天下共闻知。有于令外加取于民者，民得评告，部科纠举，处以重法。官禄既定，有以处实任，无以处闲员。听之乎？仆维巧滑冗，朋比侵夺，坏政乱纪者如故，不可为也。一切罢归田。"②从中可以看得出，宋育仁对由于陋规所导致的危害性认识较为深刻，他希望通过官方制裁与民众监督相结合的方式，来克服官场中由陋规而导致的难以根除的贪婪之风。

（二）明确各级官吏权利与义务

针对当时官场上不少官员不能安分守己、恪尽职守，而只

---

①宋育仁：《时务论》，载于于宝轩主编：《皇朝蓄艾文编》卷二·通论二，上海官书局1903年版，第45页。

②宋育仁：《时务论》，载于于宝轩主编：《皇朝蓄艾文编》卷二·通论二，上海官书局1903年版，第44～第45页。

知贪图享乐的恶俗,宋育仁认为,各级官员应先履行其当官应尽的义务,然后才能享受其应有的权利,并且建议应当通过颁行法律来强制官员尽其义务。"官当以致君泽民为义务,然后得享其应有之权利。今但欲享其权利而不尽其义务。苟能正其官?当强制之以宪法范围,迫令其尽义务。只在赏罚公明,举措得当而民服。"①能从权利与义务相辅相成、互相约束的角度辩证地看问题,并强调各级官员在享受权利的同时必须要尽其"致君泽民"的义务,体现了宋育仁对于西方社会科学概念的理解吸收,更难能可贵的是其看待问题所具有的思辨色彩。

(三)"均官职"

宋育仁还认识到吏治腐败的表现之一是部分官员权力过分集中,身兼数职,大量下属的命运都操纵在高度集权的官员手中,为求自我保全,以致阿谀奉承、溜须拍马之风盛行,既导致了官场风气的败坏,又阻碍了年轻有才之士的发展。鉴于此,宋育仁提出"均官职"的主张,并且阐述了此举的优点:"均官职则人人皆有事守,贤者乐尽其职,不肖者亦不敢营私以废公明,明试以公,而人材自尽;均官职则人人不虑身家,与之自上知感朝廷之恩,廉者保其操,贪者畏于法,奔竞之途自息。"②虽然在缺乏民主气息的晚清官僚政体中,宋育仁"均官职"的这种设想难以实现,但这体现了他希望通过平衡官员权力来整顿吏治的思想,有一定的进步性。事实上,"均官职"可以划分清楚各级官员的责任与义务,有利于合理有效地激发各级官员治国理政的潜能和激情。

---

① 宋育仁:《宋芸子先生政法讲义》,线装单行本,第25页。
② 宋育仁:《时务论》,载于于宝轩主编:《皇朝蓄艾文编》卷二·通论二,上海官书局1903年版,第45页。

（四）"通下情"

宋育仁认识到西方强盛的重要原因在于其设立议院，有议院则下情无所不通。相比之下，虽然中国官民隔阂已深，"古今张弛之用不同，而其求通下情则无以异"。①要达到通下情之效，他认为，鉴于国人政治素养不高，如令民上书言事则难以达成上下沟通之目的："今假民得奏书言事，无论其语膜而言臆。即外省与京师隔越辽远矣。"②在宋育仁看来，即使当时中国设立议院，也并不能解决好官民隔阂、上下情通的问题："且如外国置上下议院，官流而民主土著，两持畛域，必护私而废公。是犹筑室而道谋也。将不求通下情乎？相蒙以诈，相遁以伪书，何以能振？"③

为解决上下隔阂之弊，达到上下通情之效，宋育仁建议，令翰、詹、科、道风闻奏事，周知民情利弊。即令翰林、詹事、六科以及各道的监察御史等官员通过亲自实地考察后，再来向皇帝奏事，充当沟通上下的角色。"宜令翰詹自正詹学士以至庶吉士，各以其耳目所知，见闻甚确者，条举某地民风好尚，货财贵贱，物产盈欠，土地所宜，参以利弊兴除，敷陈为策论，就翰詹署为陈议之所，掌院为院首，正詹副之。庭辩得失，论定上闻，毋涉于纠弹。给事中本掌纠察各部之遗失；监察御史旧职，出巡所掌诸道，故有六科十七道之名。我朝惩明之弊，少损其权，令司谏议纠正，不限所司，得以风闻奏事，官守固存，然惟事事而与闻。斯其不闻者多矣。谓宜仍专责成，给事某科者，责以备陈

---

① 宋育仁：《时务论》，载于于宝轩主编：《皇朝蓄艾文编》卷二·通论二，上海官书局1903年版，第38页。

② 宋育仁：《时务论》，载于于宝轩主编：《皇朝蓄艾文编》卷二·通论二，上海官书局1903年版，第38页。

③ 宋育仁：《时务论》，载于于宝轩主编：《皇朝蓄艾文编》卷二·通论二，上海官书局1903年版，第38页。

某部所当兴除，监察某道者，责以周闻某省现时利弊，部务则与部司所陈相钩考；外有情形，则与翰詹所陈相质证。纵有辨言以惑听，罔上以行私者，彼能结盈朝之口，联众声以响应乎？如此则上下情无不通，政之得失无靡不闻。"①可见，宋育仁寄希望于实施此策以使整个官僚队伍乃至全国上下同心，休戚与共，达到通下情之效。

此外，宋育仁还主张应将其所提出的上述整顿吏治的措施制度化，按章法办事，以抑制贪污奢侈之风，使百姓受益。"明制度则天下皆定其心志，奢者不敢僭，俭者无所求，多财不足以夸荣，而贪黩之风自止，一举而三善埒，百姓披其泽，天下称圣明，则何惮而久不为此？夫奉法行政，用此共治此民者皆官也。"②

总之，宋育仁对于晚清吏治腐败的阐析，以及他所提出的整顿吏治之策十分深刻，发人深省，体现了作为思想家的他对吏治问题的高度关注与深入思考，体现出他对民生疾苦与国家、民族命运的担忧，体现出一位进步知识分子内心深处的爱国情怀与忧患意识。与宋育仁相比，维新派其他人士也对吏治问题比较关注。以与吏治关系密切的官制改革为例。戊戌维新派人士十分重视官制改革，作为戊戌维新派的梁启超曾提出："变法之本，在育人才，人才之兴，在开学校，学校之立，在废科举，而一切要其大成，在变官制。"③康有为也高度重视官制改革，百日维新期间，他把"设立议政之官、区别官与差、以高秩优耆旧"三项

---

①宋育仁：《时务论》，载于于宝轩主编：《皇朝蓄艾文编》卷二·通论二，上海官书局1903年版，第38~39页。

②宋育仁：《时务论》，载于于宝轩主编：《皇朝蓄艾文编》卷二·通论二，上海官书局1903年版，第46页。

③梁启超：《论变法不知本源之害》，载于中国史学会编：《戊戌变法》（三），中国史学会主编：《中国近代史资料丛刊》之一，神州国光社1953年版，第21页。

重要内容作为其官制改革内容的构想。很显然，就具体的官制改革主张而言，康有为的官制改革主张比宋育仁的官制改革主张更为具体，而且把官制改革的内容第一次比较系统地提到了日程上，具有承上启下的意义，为清末官制改革做了舆论上的准备。不过，由于官制改革关系到成千上万官僚的荣华富贵和切身利益，故而遭到被改革官僚阶层的强烈反对，因此维新派策划的官制改革方案最终停留在纸面上，无法付诸实施。

第三节 变革思想

变革思想是宋育仁维新思想大厦的基石，奠定了宋育仁维新思想体系的基础，同时也是宋育仁维新思想体系中的重要组成部分之一。对顽固派因循守旧、墨守成规的保守作风以及洋务派只进行器物层面的变革实践，宋育仁进行了深刻的揭露与批判，并且他在对洋务运动进行反思的基础上，主张对现存社会体制从政治、军事、经济、教育等多方面进行维新变革，大力向西方学习，发展资本主义，进而达到富国强国的目标。

一、批评顽固派、洋务派

对时弊的批判是宋育仁变革思想产生的前提条件之一，其中就包括对顽固派、洋务派以及洋务运动的批判与反思。比如，他针对"变法"与"守成"的问题，对"拘于墟者"（即顽固派）和"习于夷者"（即洋务派）进行了批判。先后以"求强"、"求富"为旗号的洋务运动，自19世纪60年代开办以来，先后创办了不少军事工业和民用工业，开展了一系列促进国家近代化的举措，但是，现实中清政府在对外战争中却节节败退，边疆危机日益加剧，国家积贫积弱的现状依然延续，并未因洋务运动开展而发生根本性的扭转,这些客观存在的实际情况使得在甲午战争之前,一些进步人士就开始对洋务运动进行反思,批评的矛头直指洋务运动的倡导者和实施者——洋务派。戊戌维新派人士也对洋务派给予了批评,认为变法"须知本源",并得出了中国变法必须大变、全变,否则将亡国的结论。康有为甚至认为,洋务派所搞的改革是一些枝节性的改革,不可能产生好的效果,并且认为当时中国积弊已深,"非尽弃旧习,再立堂构,无以涤除旧弊,维新气象。若仅补苴罅漏,弥缝缺失,则千疮百孔,顾此失彼,连类并败,必至无功"。①可见,对于洋务派仅进行器物层面的变革,维新派十分不满。

宋育仁也表达了自己对洋务派及洋务运动的看法:"习于夷者未闻治道,欲一切易中国以洋法,不求其意,惟称其法,不师其法,惟仿其器。竭天下之心思财力以从事海防洋务,未收富强之效,徒使国兴聚敛而官私中饱,此不揣本而齐末,故欲益而反损。"②言论中揭露了洋务运动仅局限于学习西方的器物层面而未能深入学习西方文明精髓之弊端。宋育仁还指出,洋务运动中投入大量钱财,但并没有取得国富民强之效果,而那些参与筹办洋务的官员却从中贪污甚多,中饱私囊,他进而指出:"浮骛之洋务,非自强之治本。"③宋育仁对洋务派以及洋务运动的评价与维新派其他人士的看法相一致。谭嗣同甚至说:"今日之祸皆由数十年之讲洋务。"④在批评洋务派弊端之同时,宋育仁对于

---

①康有为:《上清帝第四书》,载于汤志钧主编:《康有为政论集》上册,中华书局1981年版,第152页。

②宋育仁:《时务论》,载于于宝轩主编:《皇朝蓄艾文编》卷二·通论二,上海官书局1903年版,第20页。

③宋育仁:《时务论·序言》,载于宋育仁:《时务论》,袖海山房石印,光绪乙未冬月(1896年),线装本。

④谭嗣同:《谭嗣同全集》,中华书局1981年版,第158页。

洋务派勇于克服阻力、敢于效法西方、改弦更张的精神，给予高度赞扬："习于夷者曰：'世局之变，非圣人所及知。外国之善治，又圣人所未见，古今变局相径庭，不能以圣人之言论治也。即有圣哲复起，亦必师于外国。'"①的确，从19世纪60年代初开启的洋务运动并非一帆风顺，它的开展与洋务派的积极努力密不可分，正是由于洋务派力排万难，才克服了顽固派势力的颠顶抵制和百般阻挠，开创之功不可没。

宋育仁在评价洋务派的同时，对顽固派也表明己见。他严厉批评了顽固派循规蹈矩、墨守成规的做法："拘于墟者，闭明而塞听，耳听而目论，以为一切宜报罢。不者以为天下殃，问：'何以策此时？'则乌猝嗟，诿之于无策。中国自有法度，富强或圣人所不取，未闻变于夷者也。虽有圣者，无如何哉？"②言语中揭露了顽固派人士闭目塞听、固执己见、不思进取、不求变革的态度和夜郎自大、自以为是的心理。与宋育仁相同，维新派人士也对顽固派所坚守的"祖宗之法不可变"的守旧思想进行了批判。维新运动的领袖康有为就明确指出，既然"法既积久，弊必丛生，故无百年不变之法"，那么"祖宗之法"就必须随着时代的变迁而变迁。③他对洋务派的评价要比对顽固派的评价高，宋育仁则认为："二者其谬相等，皆亡治术之本矣！"④在对洋务派和顽固派的看法上，宋育仁与维新派其他人士的看法相一

---

①宋育仁：《时务论》，载于于宝轩主编：《皇朝蓄艾文编》卷二·通论二，上海官书局1903年版，第20页。

②宋育仁：《时务论》，载于于宝轩主编：《皇朝蓄艾文编》卷二·通论二，上海官书局1903年版，第20页。

③康有为：《上清帝第六书》，载于汤志钧：《康有为政论集》上册，中华书局1981年版，第212页。

④宋育仁：《时务论》，载于于宝轩主编：《皇朝蓄艾文编》卷二·通论二，上海官书局1903年版，第20页。

致。如梁启超就指出，虽然洋务派与顽固派围绕是否进行改革这一问题发生过激烈争执，但实际上无论是顽固派的因循守旧，还是洋务派所主持的洋务运动，都不能挽救摇摇欲坠的清王朝，都难以达到富国强民的目标，要想取得实效，就必须大力扩展改革的广度与深度，从制度层面进行深入变革。

总体而言，宋育仁对顽固派、洋务派和洋务运动的评价较为客观与中肯，基本上反映了历史实际，但偏颇之处也十分明显。以他对洋务运动的看法为例，一方面，他指出了洋务运动过分重视军事工业而轻视民用工业，以及洋务派所办民用企业并未达到富强之效的不足，并揭露了洋务派官员在洋务运动中贪污腐败、中饱私囊的不正之风，并斥责洋务派所领导与参与的洋务运动学习西方的深度和广度均不够深入。在批评洋务派缺点的同时，对于洋务派勇于克服巨大阻力、倡导学习西方的精神，宋育仁则予以肯定。另一方面，他认为"洋务运动亡治术之本"，而他所认为的治术之本却是经书中所记载的古圣前贤宣扬的治国之法，这与当时中国亟须学习西方科技及制度、文化的现实情况甚不吻合。客观而论，洋务运动虽是清政府为应对内忧外患的危局，挽救岌岌可危的统治危机而发起，但其在中国近代史上的重要历史地位已为学界公认。洋务运动将鸦片战争以来林则徐、魏源等进步人士提出的"师夷长技"的口号付诸实践，真正意义上从实践层面开启了中国近代化的步伐。不足之处在于它学习西方的深度和广度不够，主要局限于器物层面，而未能深入到学习西方文明重要组成部分的政治制度，"中体西用"的指导思想最终未能使它实现预期的目标。

此外，宋育仁对不合时宜的时弊也进行了批判。甲午战争后，他批评了当时社会存在的时弊，如冗官遍地、上下不通、军事薄弱、财政匮乏等。"天下之说曰：今日之弊病在尚文文敝，诚是也；今日之病在轻艺工梏，诚是也；今日之病在薄商货滞，诚是也；今日之病在乏财国匮，诚是也；今日之病在废武兵弛，诚是也。今日之病在网络密而法律循，则议更其苛细；在官冗而禄薄，则议均其食事；在学肤而举滥，则议变其选仕；在上蔽而下壅，则议通其复逆。"[①]一番话体现出他对时势的高度关注和深入思考。

二、批判科举制度

对科举制度的批判也是宋育仁批评时弊的组成部分之一。鸦片战争前后，经世致用之风盛兴。由于传统教育体制下空疏无用的弱点日益暴露，因此，改革科举制度、加试实用内容，逐渐成为当时有识之士的普遍要求。不少进步人士揭露了科举制度的弊端，龚自珍痛斥无实无用的八股学只会造成"士不知耻，百官无能"的局面；魏源则抨击传统教育"专以无益之画饼，无用之雕虫"作践士人，指责科举制度培养出来的人都是无用之庸才："上不足致国用，外不足靖疆域；无一言益己，无一事可验诸治者。"[②]此外，一些统治集团中的当权派人士，如李鸿章、左宗棠、张之洞等也对科举制度提出质疑。早期维新派人士也对科举制度表现出强烈不满，斥责科举制度非但不能培养治国安邦的有用之才，反而毁坏人才，摧残人才，如郑观应就严厉地抨击了科举制度的弊端，认为科举制度下培养出来的人，"莫窥制作之源，循空文而高谈性理，形同废物，问以五洲形势，列国政治，诸子百家，天算、动植、形声、格致之学，皆不知所对"。[③]到维新运动期间，维新派人士亦特别强调要改革旧的教育制度。他们认为要变法维新，挽救民族危亡，就必须废除科举，兴办学

[①]宋育仁：《庸书·序》，载于赵树贵、曾丽雅编：《陈炽集》，中华书局1997年版，第1~2页。

[②]魏源：《魏源集》（上册），中华书局1976年版，第7页、第24页。

[③]夏东元编：《郑观应集》（上册），上海人民出版社1982年版，第242页。

校，抨击科举制度是统治者"牢笼天下"的愚民政策，"为中国锢蔽文明之一大根源"。维新派志士徐勤甚至说："覆中国，亡中国，必自科举愚民不学始也。"①康有为、梁启超、谭嗣同等维新运动主将也对科举制的弊端进行了严厉的抨击。

可见，近代有识之士均对科举制度的弊端提出批判，宋育仁也成为批判者中的一员。他在1891年著成的《时务论》中，就对科举制度的弊端进行了抨击。比如，他揭露了科举制度的弊端，认为这种取士制度不仅不能选拔出富国强民所需要的人才，而且还会影响人才的成长。"学术之衰久矣！自以为大卷、试帖、白折课翰詹，而幸获者多，空疏者众。国计安危，民生休戚，或茫然无知，言之而不切，则欲益而反损。"②此外，他还揭露了科举制度下教考分离、教官与考官不谋，以及选拔人才不注重平时表现而仅由一次考试决定进退的一考定终身的弊端。"大小书院、国子监、上书房、八旗官学皆教官与试官不谋，司教者不典试，典试者不司教，决进于一日之长，不显于平时所学，则学者不劝，而贤能无自而兴。"③宋育仁对以科举制度为核心的传统教育制度的批判针对性强，一针见血地指出了科举制的弊端，体现出他对当时教育状况及选官制度之忧患与关注。与宋育仁相同的是，早期维新派其他代表人物也对科举制度的弊端进行了抨击，如冯桂芬、王韬、郑观应就对科举制度进行过批判。

甲午战争期间，宋育仁以驻英二等参赞官的身份奉命出使西方，常驻伦敦，其间他专门撰文对西方的教育状况进行了阐述，

---

①徐勤：《中国除害议》，载于中国史学会编：《戊戌变法》（三），中国史学会主编：《中国近代史资料丛刊》之一，神州国光社1953年版，第131页。

②宋育仁：《时务论》，载于于宝轩主编：《皇朝蓄艾文编》卷二·通论二，上海官书局1903年版，第39页。

③宋育仁：《时务论》，载于于宝轩主编：《皇朝蓄艾文编》卷二·通论二，上海官书局1903年版，第40页。

通过比较中西教育制度，他对科举制度弊端的认识更加深入，抨击了科举制下士人沉迷于诗词帖括，而对与现实密切相关的诸如地理知识、国际环境茫然不关心的现象，并认为此乃中国学术衰落的原因之一。"士习帖括，不知七政五纬，不辨四方九州，高引圣贤，辄持臧否。士夫习为虚矫，试之以事而立穷，此亦学术衰微之故也。"①此外，宋育仁还斥责了中国学校废弛、家自为教的局面，并对由此所造成的不良后果进行了批判，指出科举制下的读书人只会钻研帖括，空发议论，导致才学空疏，徒有知识而无实用，学与用严重分离，即便进入官场，在污浊官风的影响下，最终也会沦为以捞取钱财为目的、唯利是图的贪财小人；而那些无法入仕的读书人，更是由于长期埋头读书而养成了懒散、游惰的毛病。他甚至认为，由于游惰者日渐增多而导致国家深受其害。"今中国学校废弛，家自为教，欲子弟速成，未辨四方，先求一贯。其要归以资试帖人比而已。以言文章已至陋，以之致用不更远乎？上者空谈性道，以一废百，次者猎取科官，浮沉以取世资；下者无成，欲致习他业而时已过，则游惰终身。其弊原于违邈等之戒。其极至于人才乏而学术衰，游惰多而中国困。履霜坚冰，由来者渐也。"②宋育仁进一步预见到如果上述问题发展到了极端，就会导致人才困乏、学术衰落，乃至于国家亦为之所困的窘困局面。的确，自鸦片战争之后，传统封建教育体制空疏无用的弱点日益凸显，批判科举制度弊端、要求对其进行改革、加试实用知识，成为当时有识之士的共识。

甲午战争后，宋育仁为陈炽新著《庸书》写的序言中也揭露了科举制度务虚不务实、学问肤浅以及选仕不精的弊端。"今日

---

①宋育仁：《泰西各国采风记》，载于钱锺书主编，朱维铮执行主编：《中国近代学术名著丛书》之一《郭嵩焘等使西纪六种》，三联书店1998年版，第348页。

②宋育仁：《泰西各国采风记》，载于钱锺书主编，朱维铮执行主编：《中国近代学术名著丛书》之一《郭嵩焘等使西纪六种》，三联书店1998年版，第378页。

之病在尚文文弊，诚是也；在学肤而举滥，则议变其选仕"，①同时，他也指出，当下人才缺乏的原因正在于学校不振，"天下哼哼相哗以无人才，曾不知人才之乏由于学衰"。②"士学空疏，但谋帖括，及其从政茫无所据，士品日卑。中国士人皆以文词记诵为业，教既躐等，学不因材，执业之途隘，而精业者亦寡。"③鉴于此，宋育仁甚至把"兴学校"作为实现国家富强的重要措施之一。甲午战争后宋育仁对科举制度的批判与要求对其进行改革的主张，与康有为、梁启超等戊戌维新派代表人士相一致。维新运动期间，维新思想家们强烈要求改科举、废八股，对科举制度的弊端进行了深刻的揭露和批判。严复指出科举制度有三大弊端："锢智慧""坏心术""滋游手"。④维新思想家们相信，只要"科举一变，则海内洗心，三年之内，人才不教而自成，此实维新之第一义也"。⑤宋育仁与康有为、梁启超等戊戌维新派人士对科举制度的看法相比，不同之处在于，宋育仁对科举制度的批判主要停留在舆论呼吁层面，而康有为、梁启超等人不仅批判了科举制度的弊端，而且还上书清帝，痛陈科举制度之害，主张改以策论取士。

---

①宋育仁：《庸书·序》，载于赵树贵、曾丽雅编：《陈炽集》，中华书局1997年版，第1页。

②宋育仁：《庸书·序》，载于赵树贵、曾丽雅编：《陈炽集》，中华书局1997年版，第2页。

③宋育仁：《时务论·序》，载于宋育仁：《时务论》，光绪乙未年冬月（1896年），袖海山房印，线装本。

④严复：《救亡决论》，载于严复：《严复集》第1册，中华书局1986年版，第43页。

⑤中国史学会编：《戊戌变法》（二），中国史学会主编：《中国近代史资料丛刊》之一，上海人民出版社1957年版，第546页。

三、呼吁变革

自晚清以来，不少有识之士主张变革现状，从龚自珍对封建制度的批判，到林则徐、魏源主张"师夷长技以制夷"，以及鸦片战争后部分进步人士对西方先进制度的介绍，再到洋务派发起洋务运动，从实践层面真正启动了中国近代化变革的步伐。早期维新派也指出天下形势和事物都在发展变化，"穷则变，变则通，通则久，未有久而不变者也"。他们均持变局观，一致批驳了顽固派所秉持的"天不变道亦不变"的观念，并极力鼓吹变法以适应客观形势的变化。到甲午战争之后，变局急转为"世变之亟"，出现了公车上书——强学会——康有为历次上清帝书——保国会——百日维新一连串重大事件，前后相连，构成一场剧烈的社会变动。"要救国，只有维新；要维新，只有学外国。"① 到清末新政期间，立宪派强烈鼓吹实行君主立宪制度，要求设议院，开国会，并为之而掀起声势浩大的国会请愿运动。可见，整个近代中国，维新变法乃有识之士之共识。

作为维新派人士的宋育仁也极力主张变法，在甲午战争之前，他就认为，当下的形势已发生剧变，大不同前，因此，寻求富强的策略也要随之改变，正如他所说："世局虽变，富强之道则不变岂可？"②在变局观方面，宋育仁与早期维新派相似，均持历史变易观。他以批评顽固派为切入点，揭露了顽固派墨守成规、循规蹈矩之弊端，指出变法的必要性和迫切性："公卿士夫，尝摇手动色以相戒矣。谓立子孙之朝，不宜变祖宗之法。为此言者，有似于忠且敬也，实则妨贤病能而不恤国家之急者也。

---

① 毛泽东：《论人民民主专政》，转引自郑大华：《晚清思想史》，湖南师范大学出版社2005年版，第232页。
② 宋育仁：《时务论》，载于于宝轩主编：《皇朝蓄艾文编》卷二·通论二，上海官书局1903年版，第20页。

昔三代之制度者皆圣人，前圣后圣而必有损益者，法久行而必弊，人情久习而必迁也。"①此外，他还以清朝几位先帝在位期间实行体制变革以及一些新生事物的出现为例，说明变法势在必行，亟不可待，且在情理之中。"开国之制至圣祖始定为成宪，雍乾之治，已异于国初，嘉道以来，又数有改易，咸丰军兴，文宗显皇帝毅然宸断，易直兵而召募，破常例以用人。军兴后洋务起，海防战守之备，驻洋交外之使，祖宗朝所无也。因时之制，则不得已。"②他还从抵御外侮迫在眉睫的角度出发，强调变法势在必行。"夫外患之猝来者易觉，内治之积弊者难知，积弊至此时，而甚必更张者，亦诚不得已之势也"。③此外，宋育仁还从国家富强的角度分析了变法的重要性，而且指出变法要克服"夷夏观念"的影响，以正确态度来看待西方的富强。"夫不能富强，且不可为国，又安能致治乎？夷夏之辨，岂因富强乃夷之乎？"④

此外，宋育仁认为，改弦更张成为时代发展的必然趋势，而且他了解到西方国家已经通过改革而实现富强，通过学习西方来进行变革，就成为顺理成章之事。为此，他斥责了那些对变法抱有怀疑心理的人们，建议这些人应该多了解西方富强之原因。"彼不疑于变法，此独疑变法乎？今将决天下之计，必先定天下之疑，则莫如以敌国已睹之效。"⑤为了增强说服力，宋育仁在

---

① 宋育仁：《时务论》，载于于宝轩主编：《皇朝蓄艾文编》卷二·通论二，上海官书局1903年版，第27页。
② 宋育仁：《时务论》，载于于宝轩主编：《皇朝蓄艾文编》卷二·通论二，上海官书局1903年版，第27页。
③ 宋育仁：《时务论》，载于于宝轩主编：《皇朝蓄艾文编》卷二·通论二，上海官书局1903年版，第27页。
④ 宋育仁：《时务论》，载于于宝轩主编：《皇朝蓄艾文编》卷二·通论二，上海官书局1903年版，第20页。
⑤ 宋育仁：《时务论》，载于于宝轩主编：《皇朝蓄艾文编》卷二·通论二，上海官书局1903年版，第27页。

出使英国期间撰成的《泰西各国采风记》一书中，一开篇就大谈英国的教育、议会、政府、刑狱、币制、军队、新闻状况等情况，并建议清政府学习西方制度，因为，他已感觉到当时世界权势向强者转移的大趋势。"国势衰微，不能不兴功利以自救，急治其标，然而士学已卑，经术不明，官方已邪，市流竞进，商势已重，本业日微。益以崇西学、尚工艺、保商权，工商日益贵，士农日益贱。环球大势，以某国商业盛，即通行某国文，为便用而易谋利。"①此段话中蕴含的言外之意在于：既然只有国力强大的国家才能在弱肉强食的世界格局中占据有利地位，而当时的中国国势衰弱，而且存在许多社会弊病，所以，要想增强国力，在优胜劣汰、适者生存的国际环境中不至于沦为"人为刀俎，我为鱼肉"之任人宰割的局面，就必须要除弊起衰，就必须要变革，向西方学习。

　　总之，宋育仁变革思想的提出既是对前人变革思想的继承与发展，也是对时代危局的及时回应，可谓直击时代的主题，切中时代命脉。宋育仁主张对现存体制进行变革，与王韬、郑观应、郭嵩焘、薛福成、马建忠、陈炽等早期维新派其他代表人物一道，对西方政治、经济、教育、文化、军事等制度进行了大量的宣传，并批判了清政府现存制度中的弊端，对中西政治、经济、军事、教育等方面的现状进行了比较研究，提出了政治、经济、军事、外交、教育等诸多方面的具体变革措施，对后来康有为、梁启超等戊戌维新派的崛起起到了积极的促进作用。

---

　　①宋育仁：《泰西各国采风记》，载于钱锺书主编，朱维铮执行主编：《中国近代学术名著丛书》之一《郭嵩焘等使西纪六种》，三联书店1998年版，第371页。

第四节 议会思想

　　议会制度是近代中国有识之士所关注的重要问题之一。近代有识之士对议会制度的认识经历了一个由表及里、由浅入深的过程。在鸦片战争前后，林则徐、魏源、徐继畬、梁廷枏等进步人士就对西方议会制度做了初步介绍，林则徐的《四洲志》、魏源的《海国图志》、徐继畬的《瀛寰志略》中对西方议院及议会制度进行了粗浅简要的记述，把议会制度的信息带到了实行君主专制制度的中国。到了19世纪80年代，早期维新派代表人物王韬、薛福成、马建忠、郑观应等人提出"君民共主"的主张，明确主张效仿西方设立议院的做法，在中国设立议院，实行议院制度，原因在于他们均认识到西方强大的原因在于西方实行了议会制度，中国若要强大就必须学习西方，设立议院。他们认识的不足之处在于没有构想出设立议院的具体方案。到维新运动期间，政体的选择成为摆在国人面前严峻而急迫的问题，议会制度也成为维新派人士关注的焦点话题之一。戊戌维新派顺应时代进步的潮流，极力主张设议院。康有为在《上清帝第四书》中明确提出了"设议院以通下情"的主张，[①]并大力宣扬兴民权、抑君权，并盛赞议会制度为泰西第一政，紧急呼吁以日本为样板制定宪法，设议会，分立三权，实现君主立宪。虽在百日维新期间，面对强大的压力，戊戌维新派人士最终并未提出设议院、立宪法的主张，而是斟酌中国国情，参照日本经验，提出先设制度局，缓开国会的主张，其间要求变革封建政体的意图一脉相承。到清末新政期间，原来的维新派人士转向以立宪为主要政治目的，掀起了一股日益强劲的君主立宪思潮，希望朝廷设立议院，实行宪政；

[①]康有为：《上清帝第四书》，载于康有为：《康有为政论集》，中华书局1982年版，第375页。

之后随着革命思潮的兴起，孙中山、章太炎等革命党人不仅宣传议会制度，而且还领导了以建立资产阶级共和国为目标的辛亥革命。

可见，晚清中国人对于西方议院制度的追求可谓前赴后继，用议会制来代替中国延续两千多年的传统的封建君主专制体制，是近代中国人学习西政的必然选择，也是维新思想家们的共同追求。宋育仁就是近代倡导实行议会制度的一位维新思想家，外交官的特殊身份使他有机会亲身到议会制度的发源地英国进行详细的考察，目睹了西方实行议会制度之益处与弊端，鉴于此，他对议会制度进行了深入的思考，不仅详细介绍了议会制度的优点与弊端，而且还设计了中国实行议院制度的具体方案。

一、介绍西方议会制度的优与弊

甲午战争之前，宋育仁就在1891年撰成初稿的《时务论》中，对议会制度做了介绍与评价，流露出对议会制度的崇尚和赞扬之意。他首先对西方议院的基本构成情况以及运作方式做了介绍："彼国有上下议院，上议世爵为主，下议士民为主；两比而从其众，两持而折其中。"①言语中勾勒出西方议院的基本情况。同时，他还对西方议会制度的运行机制及其优点做了较为详细的阐述，认为实行议院制度有利于广开言路、广纳民意，能及时把民情反映给统治阶层，同样统治者也可以把是否顺应民意作为制定政策的标准。"外国凡有举废皆询于上下议院，两院议成而后谋定。国主报可而后施行。虽有植党而交讧，未有欲陈而无路者也。凡有陈告皆无所壅，交讧之久而是非亦见。夫非必能所行俱善，然两议而决所长，两端而从其众，此必有多取于顺民情

---

①宋育仁：《时务论》，载于于宝轩主编：《皇朝蓄艾文编》卷二·通论二，上海官书局1903年版，第25页。

者矣。其制，下议院议士由民举，权至重，临议，政府长官列坐而听，可面相诘难。上议亦如之。遇相持不下，则分曹而别其左右袒，视两袒而从其众。"①

宋育仁高度评价了"通下情"对于安定天下之重要性。"圣人立政，惟先有以通天下之情，而遂足以定天下之志。四裔之兴，未有首出之圣人，故有合举国之心思才智损益数百年，始以成今日富强之治。古今张弛之用不同，而其求通下情则无以异。"②对于议院制度"通下情"的优点，宋育仁尤为赞赏，认为西方今日富强的原因在于：其国实行议院制度，上下情通，乃至国内能够集思广益，群策群力。他对西方议院制度"通下情"的实际情况做了详细的描述，指出西方国家通过议院制度能够充分调动民众参与国家事务，大力赞扬了西方国家实行议院制度"通下情"而带来的优点。"上下之情通而损益之途广也。智者议之，能者行之；议非一人，行非一时。然后规模略具矣，民献其意，主决其计，官司专守以责其成，事有不便，不惮于更除，议有善者未尝不举用也。合众人之心思材力，以兴利而除患，则必有其善者也。"③

可见，在甲午战争之前，作为早期维新派代表人士之一的宋育仁，充满着对西方议院制度的向往，他不仅详细介绍了西方议院的基本构成以及议院制度的运作方式，并且赞扬了设立议院的优点。他对议院制度认识的局限性在于他没有认识到议院制度的不足之处，而且他对议院的认识仅限于表象，较为肤浅，还停留

---

①宋育仁：《时务论》，载于于宝轩主编：《皇朝蓄艾文编》卷二·通论二，上海官书局1903年版，第37页。

②宋育仁：《时务论》，载于于宝轩主编：《皇朝蓄艾文编》卷二·通论二，上海官书局1903年版，第38页。

③宋育仁：《时务论》，载于于宝轩主编：《皇朝蓄艾文编》卷二·通论二，上海官书局1903年版，第25页。

在感性认识的层面。与宋育仁相同，早期维新派其他人士也对西方的政治制度做了介绍，并且认识到西方的君民共主制度远比中国的君主专制制度优越，原因在于前者权既不偏于上，也不偏于下，正好持平，这样便能做到上下合力，团结一心，而达成此效果的关键在于议院的设立，议院起到了联系上下、平衡权力的作用。正如郑观应所说："议院者，公议政事之院也。集众思，广众益，用人行政一秉至公，法诚良，意诚美矣。"[①]可见，包括宋育仁在内的早期维新派代表人物，对西方资本主义国家政治制度的介绍几乎都集中到了议院及议院制度上面，并均提出了在中国设立议院的主张。

甲午战争期间，宋育仁正好以驻英二等参赞官的身份出使英国，常驻伦敦，出使期间，他利用难得的机会亲自考察了议会制度的发源地、被誉为"议会之母"的英国议院的实际情况。通过亲身考察，宋育仁对议院的认识明显要比出国之前更深邃、更具体、更准确，既对议院的优点看得更全面，又注意到了议院的弊端所在。在他看来，西方国家设立议院主要有以下几方面优点。

（一）议院为西国之国政、国本、人才之所在

宋育仁清楚地认识到议院为西方最值得被借鉴和学习的制度之一。"西治之最可称者，惟议院、学校二者相经纬。"[②]他尝试着对议院产生的过程进行分析，认为议院原本由民众选举出来的贤能之士组成，这些贤能之士的职责在于"为民请愿、代民达隐"，"政非议不成，议非众不公；民众不能按户而说，执途而语，故由民举其能者、贤者，代民达隐，陈其所利，除其所

[①] 郑观应：《盛世危言·议院（上）》，载于郑观应：《郑观应集》上册，上海人民出版社1982年版，第311页。

[②] 宋育仁：《泰西各国采风记》，载于钱锺书主编，朱维铮执行主编：《中国近代学术名著丛书》之一《郭嵩焘等使西纪六种》，三联书店1998年版，第348页。

害"。①鉴于议院的这些优点,宋育仁高度概括了议院在欧洲振兴过程中的作用,"议院为欧洲近二百年振兴根本"。②综合这些优点,宋育仁评价了议院在西方国家中的重要性,"议院为其国国政之所在,即其国国本之所在,实其国人才之所在,故人才聚于议院"。③从中可以感受到宋育仁对议院制度的热情歌颂和备加赞赏,在宋育仁的眼中,议院乃西方繁荣富强最重要的根本。

(二)设议院有助于实现民众平等

宋育仁还认识到西方国家设立议院的另一优点,那就是议院有助于实现民众的平等。"其(议院)尽变旧渐之华风,荡然尊卑之分,则由彼教导其源,而议院扬其波。深观得失,议院权虽偏重,而大通民隐,实为善政。"④此时,宋育仁虽然认识到设立议院与保障民众平等之间的关系,但他对二者关系的认识程度还比较肤浅、表面,他并不知道设立议院最根本的原因是为了保障民众的自由、平等权利。

(三)设议院能促进国家繁荣富强

宋育仁还认识到议会制度是欧洲富强的重要原因。他指出:"西国变僻陋为富强,全得力于议院。"⑤除此,他还了解到欧洲诸国皆由议院掌控本国财政,有效地抵制了国君以及各级官员

---

①宋育仁:《泰西各国采风记》,载于钱锺书主编,朱维铮执行主编:《中国近代学术名著丛书》之一《郭嵩焘等使西纪六种》,三联书店1998年版,第347页。

②宋育仁:《泰西各国采风记》,载于钱锺书主编,朱维铮执行主编:《中国近代学术名著丛书》之一《郭嵩焘等使西纪六种》,三联书店1998年版,第347页。

③宋育仁:《泰西各国采风记》,载于钱锺书主编,朱维铮执行主编:《中国近代学术名著丛书》之一《郭嵩焘等使西纪六种》,三联书店1998年版,第347页。

④宋育仁:《泰西各国采风记》,载于钱锺书主编,朱维铮执行主编:《中国近代学术名著丛书》之一《郭嵩焘等使西纪六种》,三联书店1998年版,第341页。

⑤宋育仁:《泰西各国采风记》,载于钱锺书主编,朱维铮执行主编:《中国近代学术名著丛书》之一《郭嵩焘等使西纪六种》,三联书店1998年版,第341页。

损公肥私、聚敛贪污的不正之风。"（欧洲各国）不得非法横征。君主除岁俸之外，不能别取公财。量出为入，会计分明，官吏不得浮冒开销，无侵渔之弊。"①

（四）设议院能克服专制体制之弊端

宋育仁还看到设立议院能够克服专制体制下存在的诸多弊端，诸如君主穷兵黩武、亲佞远贤，官员徇私枉法、贪污腐败等。"自有议院，而君不能黩武、暴敛、逞刑、抑人才、进佞臣，官不能怙权、固位、枉法、营私、病民、蠹国。故风行景从，不崇朝而遍欧美。"②为进一步说明，他还专门以英国为例，介绍了英国未开议院之前的政治情况，并与开设议院之后的情况进行了对比。"先君权重时，英主则穷兵黩武，阍主则夺民财以自丰，实不如今政之整齐，民享乐利，故不但本国之民不肯易其治，即邻国亦不愿其君夺民权。"③相比之下，英国在开设议院前后之利弊优绌，就更显而易见了。

此外，宋育仁还对西方国家议院之组织结构以及各地方议员代表之人数比例做了详细的观察，并做了详尽的记录，尤其以对英国议院的分析为多，他介绍了诸如"英国大臣与议院""英国议会""英国上下议院与政府之权""法国选举及其与英德美制之异同"等情况；他还分析了议员的出身背景等情况，看到了西方国家议员多来自殷实之家。"西国选士于商，限出税若干以上，始得举入议院，其各部长官由相举，虽无限富明条，然贫者

---

①宋育仁：《泰西各国采风记》，载于钱锺书主编，朱维铮执行主编：《中国近代学术名著丛书》之一《郭嵩焘等使西纪六种》，三联书店1998年版，第349～350页。

②宋育仁：《泰西各国采风记》，载于钱锺书主编，朱维铮执行主编：《中国近代学术名著丛书》之一《郭嵩焘等使西纪六种》，三联书店1998年版，第347页。

③宋育仁：《泰西各国采风记》，载于钱锺书主编，朱维铮执行主编：《中国近代学术名著丛书》之一《郭嵩焘等使西纪六种》，三联书店1998年版，第340页。

未尝舆选。"①他还进一步看清了西方国家从商人中选举议员的重要原因在于其重商传统:"西国议员虽举于商,缘其俗重利,才能者皆操商业,故选士于商。"②此外,他也了解到西方议院的议员都有良好的教育背景,并对其做了高度评价:"议员乃西国之士也,为彼国之贤能。故人才聚于议院,而其源出于学校。"③宋育仁的言下之意认为,中国只有士绅阶层足以比之,也唯有士绅阶层才能开国会,这显然是对西方议会制度的误解,也表明宋育仁对于议院制度的认识还存在着一定的片面性,还未能达到对议院制度完全深入、全面、系统掌握的程度。

宋育仁除了对议院的优点进行评述之外,还宣扬了西方立宪制度"公平合理"的优点。他认为,西方政治体制中立法、行法、司法三个机构互相约束,能起到彼此制衡之效果,而且可以克服其中任何一个机构专横独断之弊。"议院主议法,政府主行法,察院主断法,议成付察院推断,断可然后付政府施行,故察院之权,足以持议院之弊。"④能从三权分立的角度来看待西方政治体制,这说明宋育仁对西方政体的了解随着其走出国门担任外交官的切身经历而得以深化,已经由甲午战争之前仅知道议院制度本身而深入到知晓西方政治制度的重要理论——三权分立理论。

同时,宋育仁也赞扬了西方政体中政府和上下议院各有分

---

①宋育仁:《时务论》,载于于宝轩主编:《皇朝蓄艾文编》卷二·通论二,上海官书局1903年版,第26页。

②宋育仁:《泰西各国采风记》,载于钱锺书主编,朱维铮执行主编:《中国近代学术名著丛书》之一《郭嵩焘等使西纪六种》,三联书店1998年版,第340页。

③宋育仁:《泰西各国采风记》,载于钱锺书主编,朱维铮执行主编:《中国近代学术名著丛书》之一《郭嵩焘等使西纪六种》,三联书店1998年版,第347页。

④宋育仁:《泰西各国采风记》,载于钱锺书主编,朱维铮执行主编:《中国近代学术名著丛书》之一《郭嵩焘等使西纪六种》,三联书店1998年版,第347页。

工、各行其是、互不干扰、相得益彰的优点。"综论大要，政府主律例，下院主事理，上院调停于事理、律例之间，故政得持平，而庶务理。"①鉴于此，宋育仁认识到："夷法虽不如圣治文情之周至，然实能得治国之本源。"②可见，在宋育仁心目中，虽然议院制度不如古代圣贤之治周详，但西人开设议院确实得到治国之本。除宋育仁之外，晚清其他外交使节在出国之后，也对西方的议会制度产生了浓厚的兴趣，他们多次参观欧美议会，并且抓住了议会制度这一中心环节，议会的民主精神给他们留下了深刻的印象。因此，晚清外交使节们对欧美民主政治制度的认识、理解较之未曾出国的前人，更为深刻，更进一步，如担任过外交官的郭嵩焘、曾纪泽、薛福成、刘锡鸿都认为"议会乃西方富强之本"，相对于同时代的士大夫认识西方尚处于器物层面而言，晚清外交使节对于西方议会制度的认识深度更胜一筹。

综上所述，宋育仁除了认识到开设议院的优点之外，也认识到议院并非完美无缺，看到了议会制度存在的弊端。未出国之前，宋育仁就注意到了实行议院制度的俄国和法国存在的社会弊病，揭露了其国内诸如结党暴乱、富人重敛的混乱现象。"俄罗斯豪猾，结党钩连，煽民做乱，欲变其君为民主。法国既为民主，而乱党日滋，重敛者如故。"③从中反映出宋育仁已经认识到西方社会虽实行了议会制度，但仍然存在社会动荡、结党营私等弊病。到宋育仁出使之时，外交官的特殊身份使他

---

① 宋育仁：《泰西各国采风记》，载于钱锺书主编，朱维铮执行主编：《中国近代学术名著丛书》之一《郭嵩焘等使西纪六种》，三联书店1998年版，第345页。

② 宋育仁：《泰西各国采风记》，载于钱锺书主编，朱维铮执行主编：《中国近代学术名著丛书》之一《郭嵩焘等使西纪六种》，三联书店1998年版，第345页。

③ 宋育仁：《时务论》，载于于宝轩主编：《皇朝蓄艾文编》卷二·通论二，上海官书局1903年版，第26页。

得以有机会近距离观察西方议院的实际运行状况，这极大地增长了他对议院直接、感性的认识，促进了他对议院了解的深度和广度，也使他得以看到西方议院更多的弊端。比如，他了解到西方议院中存在议员之间行贿受贿，议员们滥竽充数、不求上进以及贤才难举等弊病。"议院为人望所在，则以得与为荣，牢笼要结，标榜贿赂之弊，亦相缘而置。近年各国议院，滥竽者颇众，然既不长学问，又不达事理，即无从旅进唱诺而已。故于议院全局无损，然西人已窃忧其损院声，妨贤路，启政府揽权之渐。"①宋育仁还对议院制度下由于倡导自主之权而对君主之权有所削弱之弊进行了批判："人人欲擅自主之权，视君如无，不夺不厌。"②显然，宋育仁在对议院制度的优点重视之时，也对其弊端颇为关注，也进行了深入的考察和思考。

二、规划中国设议院的具体蓝图

早在甲午战争之前，一方面，宋育仁对西方议院的构成、运行方式以及优点与弊端进行了详细的阐述，充当了西方政治文明传播者的角色；另一方面，他以西方议院制度为蓝本，结合中国社会自身的特点，以"通下情"为宗旨，提出了在中国设立议院的主张，并且对拟设立议院的具体运作方式进行了一番规划和构想："夫欲通下情者，近臣不可不察也。计惟有令翰詹自相推举，选于其众，始令入院议事。其诸事、京堂，各部司员，有明经术、达治理、周知中外情形者，由朝士若干人推举以上，得入院同议，俾讲求切实，而人才相出，则何政不成，究以数千年圣

---

①宋育仁：《泰西各国采风记》，载于钱锺书主编，朱维铮执行主编：《中国近代学术名著丛书》之一《郭嵩焘等使西纪六种》，三联书店1998年版，第348页。

②宋育仁：《泰西各国采风记》，载于钱锺书主编，朱维铮执行主编：《中国近代学术名著丛书》之一《郭嵩焘等使西纪六种》，三联书店1998年版，第341页。

贤精营之业，而屈于裔哉？"①从中可以看出，宋育仁所描述的中国式议院运行机制和议员推选方式具有较强的封建烙印，与盛行西方的议会运作机制相比可谓大相径庭。在他设计的议院中，由通晓儒学知识的封建士大夫来充当议员，商议国家大事，这样的议员绝不可能维护民族资产阶级的利益，也绝不可能为民族资本主义的发展扫清路障，同样也不会取得满意的政治效果。宋育仁所设计的"中国式"议院并不是一个独立的立法机关，而是皇帝或官员的咨询机关，与真正意义上近代民主制度下的西方议院制度还相差甚远。他所提出的关于设立议院的具体方案，不得西方议院之要旨，其原因主要在于他对西方资本主义议院制度的本质还缺乏真正的深入了解，对西方民主思想的认识还不够深入，未得其精髓。另外，他自身封建士大夫的身份，使得他与封建制度有难以割舍的千丝万缕的联系，受君主专制制度的影响与熏陶较深。

  实际上，在当时与宋育仁开设议院主张相类似的不乏其人，如早期维新派其他人士也认识到了西方议院制度的先进性，认识到中国要想富强御侮，就应该仿行西法，开设议院，实行君民共主制。不过，早期维新派人士中，只有何启、胡礼垣所提出的设立议院的方案最具体，最具有可行性，他们对议院制度的理解最接近西方议院制度的本质，其他人所理解的"议院"与西方议院制度的实际情况相比有较大出入。以早期维新派代表人士之一的汤震为例，在他所提出的议院方案中，把议院分为上、下两院，议员由现任京官兼任，上议院由四品以上官员组成，下议院由四品以下官员组成，上下议院分别由军机处和都察院管理，凡国家大政方针，经"请明谕"交上下议院论其得失，"由宰相核其同

---

①宋育仁：《时务论》，载于于宝轩主编：《皇朝蓄艾文编》卷二·通论二，上海官书局1903年版，第39页。

异之多寡，上之天子，诸如所议行"。他还主张在各省、府、州、县也设立地方议院，由当地巨绅以及举人、秀才担任议员，讨论地方事宜。①陈炽、陈虬等其他早期维新派人士也提出过实质相类似的议院方案，只不过在细节上略有不同。

　　总之，宋育仁与其他早期维新派人士所提出的议院方案存在一些共同问题。首先，他们所设计的"议院"违背了西方议院的权力职能原则。他们所主张开设的议院不是独立的立法机关，也没有独立的立法之权。在他们所设计的议院方案中，君主仍有裁夺天下军国大事之权，君权并没有受到制约。宋育仁、汤震、陈炽、郑观应等人对开设议院的设想基本上体现了这种精神，只是对议员的来源、组织形式的设计稍有不同。在他们所设计的议院方案中，议员多出自封建官僚和士大夫，或者是中小地主、富商等人，几乎不用选举；议院的形式或为言官集议，或为学校议政，或干脆和封建官僚体制融为一体，最后的裁决权属于君主。其次，宋育仁等早期维新派人士所主张开设的议院，并不以西方民权思想为基础，而是以中国传统的民本思想为基础，他们（除何启、胡礼垣之外）大多把议院当作是能够使中国振衰起弱、挽救危亡的"富强之术"，认为议院是一种"通上下之情"的工具或手段，因此，他们并不理解或者认同自由、平等、天赋人权和社会契约论等西方资产阶级政治法律学说。他们只是企图用"议院"来对君权稍加限制，并希望在君主专制政体下，争取一点资产阶级的发言权和参政权。尽管如此，但这些方案毕竟符合历史发展趋势，对于长期生活在君主专制体制下的人来说，这些设议院方案的提出在当时无疑具有石破天惊的重大意义，令人耳目一新，反映了正在形成中的民族资产阶级要求参与国家政权的愿望和要求。

---

①汤震：《危言·议院》，载于中国史学会编：《戊戌变法》（一），《中国近代史资料丛刊》之一，神州国光社1953年版，第177页。

即使在出使西方期间，宋育仁对中国如设立议院的成效仍然充满信心，此时他所设计的议院方案与甲午战争之前提出的方案实质相同，都以饱受儒学熏陶的封建士大夫作为入选议院议政的议员，并且他设想把"礼义、经制、圣言"作为这些"进士议员"议政时所遵循的基本法则。宋育仁认为，如果以这种方式开设议院，将会取得事半功倍之效，甚至可复"三代之治"，儒教之魅力也会随之彰显。"中国如设议院，进士流而相与议政，先有礼义为持议之本，遇事奉经制为法守，有疑引圣言为折衷，较外国事易而功倍。三代之治可复，名教之美益彰。"①很显然，宋育仁在出国之后提出的此议院方案体现了一种"中体西用"的精神，他想借用议院这种中国从未有过的"用"，来巩固"儒学"这个在不少士人心目中不可动摇的"体"，其目的是想达到政治昌明、国家昌盛之效。只不过，以此种方式来设立议院，让不具备西学素养的士大夫担任议员，参与讨论国政，为国事献言献策，出谋划策，客观上讲，比起君主专制体制下一切都由君主乾刚独断多了些民主气息，有利于集思广益、群策群力，但是按照这种方式运行的"议院"机制，不得议会制度之精髓，只会与真正的西方议院制度愈走愈远。

综上所述，作为外交官，宋育仁对于西方议会制度的认识要比同时期没有出国经历的人的认识更为深刻和感性，他不仅深入考察了西方议会制度，尤其是英国议会的各个方面，而且还提出了自己对于议院的见解。与同为外交官的郭嵩焘和薛福成所不同的是，郭、薛二人主要是对西方议会制度的特点进行了记载，并未具体规划中国设立议院的举措，而宋育仁则不仅传播和宣传了议院知识，而且还对中国设立议院的做法做了规划，尽管这些规

---

① 宋育仁：《泰西各国采风记》，载于钱锺书主编，朱维铮执行主编：《中国近代学术名著丛书》之一《郭嵩焘等使西纪六种》，三联书店1998年版，第349页。

划与真正的议院制度相差甚远,但毕竟体现出他比郭、薛二人多一层实践层面的思考。与戊戌维新派人士相比较而言,宋育仁所宣扬的议院制度主要以英德两国为蓝本,而戊戌维新派人士倡导的议院制则主要以日本为样本。在政治实践层面,维新派以民智未开、阻力太大为理由,并不主张立即实行议院制,百日维新期间,根本没有君主立宪的影子。相反,维新运动期间,宋育仁从始至终一直坚持其开议院的主张,虽然停留在舆论呼吁层面并引起统治者的重视,但较维新派中途退缩而言,宋育仁对议院制度的呼吁更具有勇敢精神和坚定信念。

三、反对民主共和与自由、平等

宋育仁虽然对西方议会制度颇为向往与推崇,并主张在中国实行君主立宪制度,但他对另外一种政体——民主共和制度却极力反对,这导致他在一边大谈开议院、张民权之时,一边又深深为之担忧。他甚至认为,如果中国实行了像法国、美国那样的民主共和制度,后果则不堪设想,将会使君主被废、政府无权。"法废君主,舍世爵,政府遂成奕棋之局。"①而在美国,"政之用舍,大臣之黜陟,总统之举废皆由议院,实举国听于议院,势太高重,愈趋愈远,遂有废国法、均贫富之党起于其后"。②相反,他认为像英国、德国这些实行君主立宪制的国家,则可以调和君权和民权之间的矛盾,"良由英存君主,上院专用世爵,政府犹有得半之权",③同样,"德国上议院亦主用世爵,略同

---

① 宋育仁:《泰西各国采风记》,载于钱锺书主编,朱维铮执行主编:《中国近代学术名著丛书》之一《郭嵩焘等使西纪六种》,三联书店1998年版,第346页。
② 宋育仁:《泰西各国采风记》,载于钱锺书主编,朱维铮执行主编:《中国近代学术名著丛书》之一《郭嵩焘等使西纪六种》,三联书店1998年版,第347页。
③ 宋育仁:《泰西各国采风记》,载于钱锺书主编,朱维铮执行主编:《中国近代学术名著丛书》之一《郭嵩焘等使西纪六种》,三联书店1998年版,第346页。

于英，而参以选举。君权仍重，故得持平"。①可见，对于君主立宪与民主共和两种政体而言，宋育仁更赞赏君主立宪政体。实际上，这也是多数维新志士的共同特点。如郑观应就在比较君主制（即君主专制制度）、民主制（即民主共和制）、君民共主制（即君主立宪制）三种政治体制之后认为，君主制"权偏于上"，君权过重，民主制"权偏于下"，民权过重，都不理想，只有君民共主制"权得其平"，才是理想的政治制度。②总之，从郑观应、王韬到汤寿潜、陈炽、宋育仁等，早期维新派人士几乎无一例外地倡民权而反民主，虽主张君主立宪，但却反对民主立宪，如陈炽一边大谈民权，要求开设议院，一边又认为民主之制会导致犯上作乱。甚至到戊戌变法失败以后，梁启超还在分辩"民权"与"民主"之别，指出民权与民主截然不同。维新派倡民权而反对民主，看上去似乎不合情理，其实这种现象恰好反映了他们思想深处的矛盾。当时，"民权"被理解为"人民的权力"，"民主"被理解为"人民做主"，这样，民权就可以被认为既有反对君权的一面，又有与君权并存的一面，还可以与君权共处共存了。在维新派的心目中，民权与民主有着本质的差异，他们认为，民权与君主立宪联系在一起，民主则与民主立宪联系在一起。这正是维新派倡导民权而反对民主，倡导君主立宪而反对民主立宪的原因所在，反映出他们与专制统治既斗争又妥协的矛盾态度。

此外，宋育仁虽然对议会制度颇为赞赏，但他却反对自由、平等思想，孰不知西方议会制度正是为保障公民自由、平等权利才应运而生。他甚至认为西方所主张的"平等"之论是陷溺人

---

① 宋育仁：《泰西各国采风记》，载于钱锺书主编，朱维铮执行主编：《中国近代学术名著丛书》之一《郭嵩焘等使西纪六种》，三联书店1998年版，第347页。

② 郑观应：《盛世危言·议院上》，载于郑观应：《郑观应集》上册，上海人民出版社1982年版，第314页。

心的"谬说",危害甚大。"西教陋弃人伦,无君子,故有废君主、抑父权、男女同例、婚姻自主、亲不共财、贱不下贵诸缪说,陷溺其人心。"①可见,宋育仁之所以坚决反对西方"平等"之论以及一些进步观念和文明风俗,很大程度是由于他自幼接受儒学教育,而儒学中所宣扬的封建伦理纲常和等级思想与西方平等、自由思想格格不入,因此,宋育仁认为这些思想观念有悖于主张恪守尊卑等级秩序的儒学观念,从而对其持批判否定态度。可见,虽然在近代西方议会制度与自由平等思想密切相连,但是在早期维新派眼里,议会与自由是截然分开的,而且他们往往倡导设立议会而反对自由。早期维新派人士虽然都普遍呼吁用君主立宪制度来代替君主专制制度,但是只有个别人开始讲点"公平"之类的平等思想,只有到甲午战争之后,自由、平等思想才较多地为进步人士所宣传、提倡。宋育仁之所以主张设议院却反对自由、平等思想,还有一个很重要的原因在于他把议院制度看作是反对西方列强侵略的重要手段,而没有去认真研究议会制度本身,并且一心认为只要开议院,就可以取得"君民一体,上下一心"之效,救亡御辱、国强民富则指日可待。

第五节 地方自治思想

晚清以来,不少有识之士对西方的政治制度予以关注,他们除了宣传议院制度之外,还对作为西方政治制度的另一组成部分——地方自治制度也进行了介绍。鸦片战争前后,中国部分进步士大夫开始在自己编著的介绍外国历史、地理和风土人情等书籍中对西方地方自治制度予以介绍,主要内容为介绍西方地方议

---

①宋育仁:《泰西各国采风记》,载于钱锺书主编,朱维铮执行主编:《中国近代学术名著丛书》之一《郭嵩焘等使西纪六种》,三联书店1998年版,第348页。

会的形成、构成和组织活动的原则，以及地方官吏民主选举和乡官设置等情况。如近代最早留心西方政治制度的代表人物之一魏源，除了赞扬美国总统选举制与议会制度之外，也关注到了联邦宪法章程中的联邦分权制（即地方自治），并认为这种制度"可垂奕世而无弊"。[①] 到19世纪60至90年代，早期维新派人士也开始关注地方自治制度。郑观应、陈炽、何启、胡礼垣、黄遵宪等人在其著述中均对西方地方自治制度进行过介绍和宣传。此外，一批游历、出使或随使西方的知识分子对西方自治情况做了具体明确的记载，宋育仁就是其中一人。

一、宣传西方地方自治制度

在宋育仁出使期间撰写的随笔体著作《泰西各国采风记》中，他对西方地方自治制度做了详细介绍。与前人相比，他对英国地方自治制度的介绍不仅更为清晰、准确，而且评论也颇得要领。在《泰西各国采风记》中，宋育仁专门用笔墨介绍了"英伦三岛的地方制度"，主要从以下几个方面对英国的地方自治制度做了介绍。

首先，叙述了英国地方自治制度的起源。他认为，英国地方自治制度的产生源于亨利八世时期，并详细叙述了地方各级行政机构的产生过程。"英君亨雷（利）第八时，统一三岛，各部使武将镇治之，因其旧部分疆。每部名曰康退（即County，郡），所辖邑镇名曰爬理司（即Place，地区）。议院定建县治，分并爬理司，置为敌司退克（即District，县），敌司退克地方官如中国知县，由内部选授。"[②]

[①] 转引自吴雁南、冯祖贻、苏中立、郭汉民主编：《中国近代社会思潮（1840—1949）》（第一卷），湖南教育出版社1998年版，第428页。

[②] 宋育仁：《泰西各国采风记》，载于钱锺书主编，朱维铮执行主编：《中国近代学术名著丛书》之一《郭嵩焘等使西纪六种》，三联书店1998年版，第353~354页。

其次，他对英国地方自治区域官吏的种类、自治区域的设置方式、自治官吏的职权、遴选及任职期限等做了阐述。他记载道："地方官有五职：一曰振恤官，二曰保卫官，三曰学校官，四曰营造官，五曰税敛官。皆由民举。道光中，议院定建府治，择各部大邑名之曰汤（即town），计三岛为汤二百。就地举首董数人，名曰汤康喜（即councilor），译言或为府议绅。府地方官由府议绅举，主一邑财用、讼狱。任一年满，民悦而留任，再期而代。旧译为知府、府佐，所拟不伦。"①宋育仁还概括了外国地方官的特点，并着重指出中外地方官不具有可比性："外国地方官不相统属，无督察之责、尊卑之等，不能以中国官等比附。有由国授，有由民举，更不能以进身较论。其实此官即各邑审事官，主治大邑诉狱者。"②言下之意，宋育仁已经看到了和中国尊卑鲜明、等级森严的官制相比，西方地方官的独立性和自治性较强，而且外国地方官不像中国地方官（县以下官员除外）那样，必须由朝廷任命，其来源与中国相比较为民主，他还以伦敦为例，说明即使外国首都的地方官也不由中央任命，而由民选产生。"伦敦亦有地方官一人，译以为府尹，其实此官由下等有爵者举任，亦民举也。"③话语中流露出了他对这种由本地居民来选举本地地方官做法的肯定与向往。

再次，宋育仁还对英国基层自治情形的其他情况做了介绍。他记载了"由国授"和"由民举"的英国地方官的数量："通率英国地方官，由国授者，每敌司退克（即District，县）一人，计

---

① 宋育仁：《泰西各国采风记》，载于钱锺书主编，朱维铮执行主编：《中国近代学术名著丛书》之一《郭嵩焘等使西纪六种》，三联书店1998年版，第354页。

② 宋育仁：《泰西各国采风记》，载于钱锺书主编，朱维铮执行主编：《中国近代学术名著丛书》之一《郭嵩焘等使西纪六种》，三联书店1998年版，第354页。

③ 宋育仁：《泰西各国采风记》，载于钱锺书主编，朱维铮执行主编：《中国近代学术名著丛书》之一《郭嵩焘等使西纪六种》，三联书店1998年版，第354页。

五十七人；由民举者，每汤(即town)一人，计二百人。"进而介绍英国基层的乡镇分"社"自治，自治人员因此则是分"社"而设，实行高度自治，而国家只派员进行监督，并不干涉其内政。"振恤、保卫、学校、营造、税敛官，悉由民举，以社会为分治。宽乡一爬理司分为数社，狭乡数爬理司合为一社，每一社率有五官，由民举。其社分合不常，故官数难准，大约五倍于国设之官。但每社由国设一监督官，统于伦敦，属于内部。"①

此外，宋育仁还着重对英国地方自治官吏设置的特点和功效进行了分析，并对其地方自治制度的优点大加赞赏。他了解到，英国民众选举的地方官的数量相当于中央政府委派的地方官的六倍，而且其"权职相等，互相维制"，并没有相互之间的隶属关系，地方官无论"民举"还是"国授"，"兼就其地取人，进退皆由舆论"，任民自选，所以不会发生诸如"盘踞把持与贪赃枉法，纵职殃民之事"。另外，由于地方官"食禄有定，缺无肥瘦"，因此就杜绝了"钻营、奔竞、贿赂之风"，且"其国内欣欣有欢虞之效"。在了解英国地方自治制度的优点之外，宋育仁联想到中国当时地方官之弊政，认为如果借鉴英国地方自治之优点，那么今日中国地方官的一切弊政，"皆可绝无"。②

总之，宋育仁对英国地方自治制度高度赞赏，十分羡慕，并给予极高的评价，认为采用这种自治制度治理国家，与《周礼》中所宣扬的治国之法不谋而合，实为善政。"由其治法，令民自举贤能，掌其地政国，国惟设官以监察其不法，余不与焉，合乎我国《周礼》'使民兴贤，入使长之；使民兴能，出使治之'之

---

① 宋育仁：《泰西各国采风记》，载于钱锺书主编，朱维铮执行主编：《中国近代学术名著丛书》之一《郭嵩焘等使西纪六种》，三联书店1998年版，第354页。

② 宋育仁：《泰西各国采风记》，载于钱锺书主编，朱维铮执行主编：《中国近代学术名著丛书》之一《郭嵩焘等使西纪六种》，三联书店1998年版，第354页。

义。"① 他不禁感慨地说："观于外域，而知王道之易易。"② 可见，了解到英国地方自治制度的优点之后，宋育仁联想到了中国古代先王治国之法之贤良，其言下之意即为，如果仅看中国现存的制度，很难理解什么叫"王道"，但是在目睹了西方的地方自治制度以后，才真正明白了"王道"的内涵。能把英国地方自治制度的优点与中国古代先王治国之法联系起来，可见英国地方自治制度确实对宋育仁产生了极大的触动，也足见宋育仁对这种制度的推崇与向往。相比之下，他虽然没有直接批判中国君主专制体制下高度集权的行政体制，但其对英国地方自治的赞赏之意，从侧面表明他对晚清中国行政体制的不满。

二、与他人自治思想的比较

宋育仁对英国地方自治制度认识的深度超过了也曾出使英国的刘锡鸿等人，他不仅清晰地介绍了英国地方自治制度的层次结构，而且在评论英国地方自治制度时还揭露了当时中国地方政治体制中存在的一些弊端，并认为这些弊端如果在英国地方自治体制下，则能够完全避免，这实际上是以一种扬彼抑此的方式来隐约地表明自己的观点，即欲革除中国地方弊政，采用英国地方自治制度是有效途径之一。实际上，当时认识到中国地方"弊政"，提出以自治的方式来消除策略的，除了宋育仁之外，还有美国在华传教士林乐知。1895年林乐知也提出，中国地方治理应当由民自治，加强地方的自治权力，官方对地方应予保护，而不应干涉地方事务。

---

① 宋育仁：《泰西各国采风记》，载于钱锺书主编，朱维铮执行主编：《中国近代学术名著丛书》之一《郭嵩焘等使西纪六种》，三联书店1998年版，第354～355页。

② 宋育仁：《泰西各国采风记》，载于钱锺书主编，朱维铮执行主编：《中国近代学术名著丛书》之一《郭嵩焘等使西纪六种》，三联书店1998年版，第355页。

与宋育仁相同的是，戊戌维新派人士对地方自治制度也颇为关注，维新运动期间，康有为、梁启超等戊戌维新派人士在提出设议院、张民权、实行君主立宪的同时，还指出了地方政治改革的方向——地方自治。宋育仁与康有为、梁启超等维新派人士对地方自治制度的认识的不同之处在于：宋育仁主要阐述了地方自治制度本身的特点，如英国自治制度的起源、运行状况、负责自治官员的构成等，并在对自治制度饱含赞扬的介绍中，暗示出他也主张在国内实行地方自治，他对于地方自治制度的分析没有维新派深刻，维新运动期间他也没有参与主张实行地方自治的实践活动；康有为、梁启超等戊戌维新派人士不仅着重阐述了地方自治的重要作用以及地方自治的原则和措施，率先提出了具有近代意义的地方自治思想，认为地方自治可达到救亡图存的目的，乃立国之本、强国之路，还是整顿吏治、振兴民权的重要途径，并可以培养增强国民的公民意识和责任心，并主张各省先行自治，而且还进行了政治实践，创建了中国最早的具有近代意义的地方自治组织"南学会"与"保卫局"，戊戌维新派的地方自治思想与实践具有一定的政治现实性和实践性，为20世纪初中国自治思潮的形成与发展奠定了基础，对清末地方自治的发展产生了积极影响。

第三章 宋育仁维新思想之经济思想

近代以来，国势日渐衰微，朝野上下，言自强者甚多，而追求富强则一直是近代国人向往和努力的目标，尤其在第二次鸦片战争之后，探求中国富强问题成为进步人士思考的重要主题。自19世纪60年代洋务运动兴起以来，随着这场近代化运动的逐步深入，洋务派曾打出"求富"的旗号，体现出他们对国家富强的追求；到洋务运动后期，早期维新派人士的主张比洋务派更进一步，他们要求中国不仅要学习西方的科学技术等器物层面的东西，而且还要求进行体制方面的变革，其中经济改革即为他们所呼吁的重要项目之一。到维新运动之时，要求进行经济变革也成为维新派所追求的主要改革目标之一，他们疾呼："标在政治，本在经济，故经济思想尤为当时维新运动之根本。"[①]至清末新政期间，清政府也把经济改革作为进行改革的一项重要内容。

由上可见，宋育仁生活在一个倡导经济变革、追求国家富强的时代。就宋育仁个人而言，他必然会受到外部环境的影响。宋育仁积极顺应时势而为，在经济改革方面立言立行，不仅撰有大量论及经济问题的著述，如他于1905年写成的经济学专著《经世财政学》，引领了时代进步的潮流，这是当时中国人编著的为数不多的经济、财政学方面的专著；此外，他还提出若干有价值的经济主张，而且多次上书朝廷，要求改革经济制度，比如提倡发展民族工商业、整顿税制、铸造金币、设立银行、发展交通等。

宋育仁还身体力行，亲自投身于经济变革的潮流中，从维新运动到辛亥革命期间，多次从事与经济相关的工作。维新运动之初，宋育仁以"善办工商"知名，在时任翰林院祭酒张百熙的举

[①] 赵丰田：《晚清五十年经济思想史·序》，哈佛大学燕京学社1939年版。

荐之下，清廷授他为四川矿务、商务监督，宋育仁受命后随即赴渝主持四川商务、矿务；在清末新政期间，他也数次担任过负责经济工作的职位，如先受湖广总督张之洞之聘请赴宜昌办理湖北土药税务，又受江西巡抚吴重熹之聘掌管江西财政事宜兼负责铜圆厂事宜，后受直隶总督杨士骧之聘任北洋造币总厂总参议等。除了从事过大量经济方面的工作之外，宋育仁还就币制问题与外国人进行过论辩，旨在抵制列强对华金融侵略，维护国家经济安全。1905年，美国人精琦来华与商约大臣吕海寰在上海商议清政府币制改革事宜，吕海寰邀请宋育仁参与商议。精琦主张由美国政府来帮助中国管理财政，宋育仁则坚决反对，力主由清朝中央政府自主币制，外人不得干预，并上书朝廷，驳斥精琦的"理财主张"多达70余条，最终，宋育仁在与美使精琦争辩关于自主币制的问题上取胜，精琦方案未予实行，这从一定程度上有力地维护了清政府的货币安全，维护了国家的主权和尊严。

综上所述，宋育仁经济思想是其维新思想体系中所占比例最大、内容最为丰富的极为重要的组成部分，通过考察和研究宋育仁的经济思想，兼与同时代或者前人的经济思想进行比较，不仅有助于更加深刻地解读、剖析、研究宋育仁个人的思想，而且对于深入理解和研究近代维新运动史及维新思想史也大有益处。本章主要从宋育仁经济思想的重要组成部分——货币思想、工商思想、税制思想、银行思想、公司思想等方面展开论述。

第一节 货币思想

在宋育仁的经济思想中，货币思想是其中所占比重最大的一部分。宋育仁不仅在《时务论》《泰西各国采风记》中花较多篇幅论及货币问题，还在其经济学代表作《经世财政学》中列专卷讨论货币问题，而且还给朝廷上了许多专论钱币的奏折。① "铸金币说"是宋育仁货币思想中最重要的组成部分，他不仅在其专著中多次论及铸造金币的问题，而且在奏折中也数次声明力主铸造金币的主张。

---

① 在宋育仁大量论述经济问题的著述中，有关货币方面的内容占很大比重。宋育仁不仅在其早期著作《时务论》《泰西各国采风记》中阐述过钱币问题，而且在其经济学名著《经世财政学》中还列专卷"制泉币"来专门讨论货币问题，并且还给清政府上了许多论述货币问题的奏折，据笔者所见有：《翰林院代奏呈请理财折》（其中就专门论述到铸币问题）、《请理财以疏国困折》《说帖》《议圜法轻重纲要》《议整顿财政划一圜法章程》《特科策两篇》《北洋银币厂改定办法》《造币厂兴替事宜说帖》《制定国币善后事宜说帖》《代拟陈币制折稿》《代前直督拟陈圜法折稿》《决定圜法附议》（奏折目录的来源依据——宋育仁：《经世财政学》之"目录"部分，上海同文书社1905年版）。到晚年之际，宋育仁也依然关心币制问题，写有《致省长督理厘正铜币书》（见《国学月刊》第20期之"目录"）。与宋育仁对钱币问题的丰富论述相对应的是，学术界对宋育仁货币思想的研究成果较之对宋育仁经济方面其他思想的研究更为系统、深入。据笔者所见，已有对宋育仁货币思想的研究成果主要分为两种类型：一类就是专门研究宋育仁货币思想的文章，有钟祥财先生的《宋育仁的经济思想》（载于《经济科学》1994年第2期）中对宋育仁的钱币论进行了专门论述，主要分析了宋育仁对货币本质的定义、货币价值的决定和变动原因、货币改革的建议（即开矿、铸币、设行、行票），对确立货币本位制度的看法演变等诸多问题也进行了阐述。还有李宝金先生也对宋育仁的货币思想主要是关于货币的理论进行了专门论述（见李宝金：《宋育仁的货币论》，载于叶世昌、李宝金、钟祥财：《中国货币理论史》，厦门大学出版社2003年版，第354~360页），李先生在书中分析了宋育仁对货币本质、货币制度的看法以及要求改革货币制度的主张。另一类就是那些零散地提到有关宋育仁某些货币主张的研究成果。如在张家骧先生主编的《中国货币思想史》（下、近现代卷）中，就有几处提到了宋育仁的部分对货币问题的看法，比如，张先生分析了宋育仁对货币本位问题的看法，以及要求改银行、发行票的主张，并对中外货币做了具体分析，对西方列强对华金融侵略的丑恶现象进行了严厉抨击。总之，已有对宋育仁货币思想的研究成果较多，基本上涉及了宋育仁对货币问题看法的多数方面，因此，笔者在本节的论述中不准备对宋育仁的货币思想展开全面论述，避免与前人研究成果重复，而是专门选择宋育仁对铸造金币问题的看法及其演变过程作为研究对象，旨在弥补前人在此问题上研究的薄弱之处。

一、"铸金币说"形成的时代背景

宋育仁的"铸金币说"形成于19世纪90年代初,他之所以提倡"铸金币",这与晚清以来日趋严重的货币危机密切相关。鸦片战争后,白银继续不断外流,银荒现象更趋严重,货币危机进一步恶化,关于货币问题的讨论也逐步深入,一些爱国进步人士对币制问题予以高度重视,纷纷提出对币制的看法,如包世臣持"重钱抑银论及钞币观",魏源主张"金属主义货币论",孙鼎臣坚持"反用银论"等。到19世纪后期,外国资本主义逐步控制了中国的金融市场,他们利用金银比价的大变动,使中国蒙受严重的"镑亏",再加上当时国内币制混乱,甚至出现金荒,导致金贵银贱,对民族工商业造成极大的负面冲击。

晚清日趋严重的货币危机引起了维新派人士的高度重视,他们把货币改革视为其所呼吁的重要改革主张之一。早期维新派便从通商便民、抵制列强金融侵略的角度出发,阐述了他们的币制改革主张,提出了以统一币制、建立新货币制度为主要内容的改革主张,主要包括自铸金属货币与发钞两项内容,"铸金币"就是其中一项重要的改革主张。宋育仁最初也是以早期维新派代表人物的身份提出他的"铸金币说"主张的。

二、"铸金币说"的主要内涵

(一)开矿禁,铸金币(甲午战争之前)

宋育仁对金币重要性的认识始于甲午战争之前。1891年,他在《时务论》中,就较为详细地阐述了西方国家因使用金币而在国际市场上处于强势地位,中国因不使用金币而在对外贸易中居于弱势地位的不利态势,并将中西不同境况进行比较之后,提出了"大开矿禁,广铸金币"的货币改革主张。

宋育仁形象、生动地说明了当时金贵银贱、金银比价日益走高的客观事实，并且揭露了这种情况对中国经济造成的负面影响。"外国用金钱，旧价金钱一枚，当中国银三两有奇，今则当七两。其贫人佣书算者，月得十枚，仅给一家四五口；粗衣贬食，佣工月得四枚，多无力娶妻，较中国银则月入二十余两，衡以中国物价，能资中人八口之家；洋工在轮船者，受俸月三四十元，才足给衣食，中国之食力者，月得钱五千，则绰有余焉。"①宋育仁举此例的目的在于说明，由于金贵银贱，虽然外国人在其本国所赚之钱少，在其本国的购买力极为低下，但是，如果用同样的钱来中国进行兑换，就可以换得大量白银，购买力便获得极大提高，中国在无形中就吃了由于金银比价悬殊而导致的镑亏。进而，他又指出由于中国使用铜、银作为货币，缺乏金币，而且在对外贸易中经常使用银钱，造成在国际贸易中被使用金镑的列强所操纵的局面。"外国上币用金钱，一金钱换银钱二十。我益铸铜钱，钱多而银值益昂，土货交易皆用铜钱，通商交易始用银钱，银聚于通商码头，不流通于内地，土货之利益微，徒役贫民以便末商之兼并，供洋人之垄断。于是中国钱币出纳之权，归于洋银行数家，悉以洋商在中国贸易之赢，买中国之金运还欧洲，而中国钱币之轻重，举听命于金镑，适足为彼所役。"②可见，宋育仁已经看到了中国以银为本位的货币体系受制于西方以金为本位的货币体制，并且也指出洋商购买中国之金运往欧洲，对中国的金融市场产生了极大冲击。

宋育仁鉴于以上对由于中国不使用金币而造成利权外溢等弊端之抨击，他进而提出了货币改革的具体主张，即"铸金钱，开

---

①宋育仁：《时务论》，载于于宝轩主编：《皇朝蓄艾文编》卷二·通论二，上海官书局1903年版，第33页。

②宋育仁：《时务论》，载于于宝轩主编：《皇朝蓄艾文编》卷二·通论二，上海官书局1903年版，第33页。

矿禁"，具体分为以下两方面：

1. 罢铸铜钱，加铸金钱

宋育仁乐观地预料了通过实行"罢铸铜钱，加铸金钱"这样的改革之后，会使金银的比价降低，改变中国在对外贸易中所处的不利地位，甚至能收回利权。"今中外交驰，外国物产不饶，则广铸金钱，倍值以奔走中国之民，收其地产。既不能遏止，即不得不与争利权。议罢铸铜钱，专用黄金、白金两品铸金钱，以持其轻重。金饼多而铜钱不加，益久之价当自平。金银价减，则彼入货如常，而出价当增。又有金钱与之等式同重，则彼不得诡，不得价以抑中国之银，而利权归我矣。"[①]可见，宋育仁把铸造金币看作同列强争夺利权、抵御列强经济侵略、富国强民的重要手段，认为铸造金币有助于扭转中国在对外贸易市场上沦为弱势群体的不利地位，而这一主张的提出又以抵御列强经济侵略、争夺外溢之利权为宗旨。

2. 开矿禁，任民采，由官铸

宋育仁还提出其货币改革的另一主张，即"开矿禁，任民采，由官铸"。他分析了金、银、铜三种货币各自的分布范围及其存在的弊端，"金流于外洋，银聚于通商口岸，铜钱不利行"，鉴于此，宋育仁提出应该大开矿禁，利用开采出来的金银铸造大量金银币。"谓宜大开矿禁，听民得自采，而官收铸，驱游民以归工，用金银以制币。"宋育仁主张自开金矿、自铸金币的目的在于摆脱受列强操纵的局面，由于他把中国利权受制于西方列强的一个重要原因归结于中国金币少而铜钱多，因此，他满怀乐观地预见了多铸金币之后的美好前景。"币愈多，地产愈昂，则彼之人民为我役，而不致我之人民奔走于洋商。彼之利器

---

①宋育仁：《时务论》，载于于宝轩主编：《皇朝蓄艾文编》卷二·通论二，上海官书局1903年版，第33页。

为我收，而不致日输我之地产以为彼。奉一转移而强弱贫富之形相反；今中外交争，则广铸以遏其流而令返本，其义一也。"①

可见，宋育仁主张多铸金币的一个重要目标在于，对外即抵制西方列强的经济掠夺，从而使得国人摆脱西方商人之盘剥。他甚至幻想，如果中国金币数量足够多，就能同列强在国际贸易中一决高下，进而争夺利权，甚至可以扭转当时西强中弱的状况。宋育仁主张多铸金币的出发点在于对外抵制列强经济侵略，对内便民富国，他的主张充满爱国之情，这是值得肯定的。但是，他过分夸大了多铸造金币的作用，片面地认为一个国家拥有金币越多就越富有，就能够改变当时中国贫穷落后的状况，这种认为金币数量多寡决定财富多少的观点显然不完全正确。虽然说，在对外贸易中使用金币可以避免因金银比价大而造成的"镑亏"，但是，铸造金币数量的多少要根据本国的经济发展水平与实际情况而定，必须以雄厚的经济实力作为后盾，而并非一国金币越多就越富有，否则滥铸金币非但不会促进国家金融状况的好转，反而会引发通货膨胀等灾难性的新问题。

与宋育仁相比，早期维新派其他人士也提出了接近于金属论的货币观点，而且他们都就当时币制方面存在的问题提出具体改革主张。他们阐述其货币思想的出发点在于通商便民与抵制外国资本主义的金融侵略。如陈炽之所以主张铸造金银币，就是由于认为，首先使用纹银已不能适应新的经济形势，其次就是出于抵制"镑亏"的考虑，认为中国"欲收利权，欲兴商务"，就一定要"自铸金钱"。②与宋育仁主张相同的是，早期维新派其他人士多数提出了铸造金属货币的主张，要求仿照西方，自铸金、

---

① 宋育仁：《时务论》，载于于宝轩主编：《皇朝蓄艾文编》卷二·通论二，上海官书局1903年版，第34页。

② 陈炽：《通用金镑说》，《续富国策》卷一，第17页，转引自张家骧主编：《中国货币思想史》（下，近现代卷），湖北人民出版社2001年版，第807页。

银、铜三品之币，汪康年、胡燏棻、陈炽均提出此种主张。胡毓芬提出："于各省通商口岸，一律设局自铸金、银、铜三品之钱。"[①]陈炽的主张与宋育仁要求铸造以金币为主的金、银、铜三种货币的主张尤为相似。陈炽详细地分析了使用金、银、铜三品之币的问题，并且对于使用金币的意义尤为强调，指出西欧各国都已从用银币改为用金币，使用金币乃世界范围内货币发展的必然趋势，如固守旧制，循规蹈矩，则必然会导致贫困落后。鉴于此，陈炽认为中国要金融自立，不受外人剥削，就应"自铸金钱"。很显然，陈炽的阐述与宋育仁对铸金币重要性的分析极为相似，他们都是从抵御列强金融侵略与富国富民的角度说明多铸金币的重要性，不同之处在于：宋育仁对于铸造除金币之外的其余品之钱的关注程度没有陈炽高，但对铸金币的重视程度比陈炽更高。

（二）铸金币为第一要义（出使西方期间）

甲午战争期间，宋育仁正好以二等参赞外交官的身份出使西方，走出国门亲临西方的他得以有机会近距离观察西方经济制度的运行状况，其中他也对作为经济制度重要组成部分的西方货币制度进行了细致考察。通过亲身考察，宋育仁的货币思想与甲午战争之前相比，明显要深入得多，而且他对铸造金币重要性的认识更为深刻，将其提升到强国御辱的高度，明确提出："铸金币为制外第一要义。"[②]

宋育仁高度评价了货币在西方国家中所发挥的重要作用，认为货币乃西方富裕之提纲。"外国富强在工，辅之以商，而提纲

[①] 胡燏棻：《变法自强疏》，载于中国史学会编：《戊戌变法》（二），《中国近代史资料丛刊》之一，神州国光社1953年版。

[②] 宋育仁：《泰西各国采风记》，载于钱锺书主编，朱维铮执行主编：《中国近代学术名著丛书》之一《郭嵩焘等使西纪六种》，三联书店1998年版，第364页。

在钱币。"①可见，宋育仁看到了钱币对于西方国家经济发展所起的重要促进作用，但是，他这种说法未免夸大了货币的作用。另外，宋育仁又阐述了在对外贸易中使用金币的优点，认为用金币进行外贸，可以以少换多，抑制银价。"与别国通商，用金磅交易，则财力厚足以垄断，而不受制于人。用金而抑银价，则实出金币数少，而易入银币数多，凡贸易，皆聚零成堆，物值不及镑，金者必以银价交易，则用金币者出币少而入货多。"②

　　此外，他还将中外货币使用的不同情况进行了一番对比，通过比较，宋育仁看到与主要使用金币的西方国家相比，主要使用银币、铜币的中国在对外贸易中显示出诸多劣势，诸如银价被金币所抑，进而银价日益贬值，尤其是以出口土特产为生的劳动人民则获利甚少；相反，使用金币的西方在外贸中则占尽优势，其金币来华不仅能换少成多，横行无阻，而且还利用其与中国银币比价大的优势，再利用外国在华银行之便利，大量收购中国生金运回本国，作为铸币之材。"今欧洲各国皆用金钱，彼此相制，惟中国土产饶而无金币，兼用生银，食物、土货率用铜钱交易。银价既为所抑，土货更不值几何。洋人来中国，持金磅以兑银，化少数为多数，更以银合铜钱，买土货则本轻而利厚。以土货载还伦敦，或者南洋各埠，加制造，还鬻于中国，易银数十倍。悉寄于洋银行，银行以一纸汇票，合金磅寄欧洲，而用各商所寄顿之银，买生金运回本国，以资铸币。彼国币愈多，财力愈厚，我国金日少，金价日昂，银价日贱，铜钱交易之利益微。是役操本业出土产之良民，以益食洋业逐末利之商；复聚中国之商财，

---

① 宋育仁：《泰西各国采风记》，载于钱锺书主编，朱维铮执行主编：《中国近代学术名著丛书》之一《郭嵩焘等使西纪六种》，三联书店1998年版，第362页。

② 宋育仁：《泰西各国采风记》，载于钱锺书主编，朱维铮执行主编：《中国近代学术名著丛书》之一《郭嵩焘等使西纪六种》，三联书店1998年版，第362页。

以助洋人之兼并，直举国之民，为洋服役耳。"①宋育仁还揭露了列强利用其金币与中国银、铜钱比价悬殊的优势条件，而持金币来华兑换大量银、铜钱以购买中国大量货物，从而使中国因中外货币比价悬殊而备受被掠夺之苦。"今与中国交易，一磅一钱二分换银七两，至三十余换。彼国以金自易本国铜钱一钱二分金才得二百四十铜钱，计铜五十七两有奇；以易中国铜钱，则得万钱，计铜则千两有赢无绌，相去悬绝。就通商口岸交易为衡，则彼以三两银易七两之货，就内地土货交易融算，则彼以二百四十钱易万钱之货。中国不贫困而焉往！"②宋育仁进一步阐述了由于中国不铸金钱而且又不禁本国生金流入外国，而导致来华贸易之洋商坐收渔翁之利，以至于金融市场为其所垄断。"今开矿而不铸金钱，不能禁金出洋，即不能平本地金价。彼则就中国生金换银之价，为与中国交易换磅之价。一两化为二两，一钱易我五十钱。一交易间，坐收数倍利，其垄断持市，罔利无穷，犹在次矣。"③

鉴于上述缺点，宋育仁提出应对之策，即铸造与洋钱等重的金钱，而且认为若金币充足，则不仅筹办海防和民族工商业不必向洋人借款，而且最终甚至可以收回利权，富强之道已获。"如铸金钱与之等重，民采者皆纳于官铸，漏卮既塞，金价自平。以磅易磅，彼无从取赢；以磅易银，彼不能易卮价。经工商则不借洋款，办海防则可省暗耗。金币充牣，则我得奔走洋人，收其利

---

①宋育仁：《泰西各国采风记》，载于钱锺书主编，朱维铮执行主编：《中国近代学术名著丛书》之一《郭嵩焘等使西纪六种》，三联书店1998年版，第362页。

②宋育仁：《泰西各国采风记》，载于钱锺书主编，朱维铮执行主编：《中国近代学术名著丛书》之一《郭嵩焘等使西纪六种》，三联书店1998年版，第363页。

③宋育仁：《泰西各国采风记》，载于钱锺书主编，朱维铮执行主编：《中国近代学术名著丛书》之一《郭嵩焘等使西纪六种》，三联书店1998年版，第364页。

器，不必崇尚工商，以汩华风，而富强之术已得矣。"①宋育仁进一步认为如金币充足则国家富强，进而可以与列强争夺利权，甚至可以扭转敌强我弱的不利局面，出于这种考虑，他从抵御列强的角度论证了铸造金币的重要性和急迫性："有金币之国，则日富而制人，无金币之国，则日贫而受制。铸金钱为制外第一要义，铸金钱与设银行相辅相成，惟采金制币。"②宋育仁的上述阐述，是对甲午战争之前他对铸造金币优点认识的继承与发展，但其认识在程度上要比甲午之前更为深刻，此时的他除了重复阐述了他原本就认识到的列强利用中外金银比价大这一事实使中国在外贸中遭受镑亏之害外，还体现出他对因中国无金币而导致利权为列强所操纵的不利局面尤为关注，也高度强调了这种局面所造成的严重危害性。此外，他还看到了列强借助于在华银行以及收购生金、银等新的手段对中国进行经济侵略。宋育仁从反对列强经济侵略的角度指出了外国利用金币优势掠夺中国财富、控制中国利权的实质，一则是利用金银比价的差距，即所谓镑亏，使以银及铜钱为主要货币的中国备受损失；二则是利用铸币换取中国金银，使中国金银成为普通商品而再次蒙受重大损失。他分析的多铸造金币可以使中国避免因镑亏而造成损失的说法，从理论上讲基本正确；他主张自开金矿、自铸金币，旨在免受外人夺利；他主张改革币制，旨在促进商务发展、国家富强，摆脱受列强操纵的不利局面，宋育仁的这些主张都积极可取。

尽管宋育仁对金贵银贱现象的原因即西方国家实行金本位制、金银比价差距拉大的认识还不够深刻，但他对西方国家利用中国尚未实行金本位制及金银比价悬殊的实际情况而对中国进行

---

① 宋育仁：《泰西各国采风记》，载于钱锺书主编，朱维铮执行主编：《中国近代学术名著丛书》之一《郭嵩焘等使西纪六种》，三联书店1998年版，第364页。

② 宋育仁：《泰西各国采风记》，载于钱锺书主编，朱维铮执行主编：《中国近代学术名著丛书》之一《郭嵩焘等使西纪六种》，三联书店1998年版，第365页。

经济侵略，从而使得中国利权严重外溢的现象进行的揭露符合事实，切中要害。不足之处在于：宋育仁对铸造金币的认识局限于把一个国家的货币使用何种金属（金或银）看成是否受制于人的重要因素，而且他对使用金币的作用过分夸大，认为只要拥有大量的金币国家就能富强，失去的利权就可以夺回，这显然说明他对货币作用认识的程度不够，对西方近代货币理论还了解不足。虽然说，自19世纪80年代西方货币理论开始传入中国，但至甲午战争之前，只有3种传入中国的经济学著作提到了货币理论，而货币理论的广泛传播是在甲午战争之后，随着西方经济学理论的广泛传播而传入中国，到20世纪初年中国还出版过几种独立的货币原理学书。

（三）广铸金币　更改圜法（甲午后至戊戌维新期间）

甲午战争后，清政府财政危机空前严重，国家极度贫弱。为解决空前严重的财政危机，清政府下诏向各级官员寻求自强之策，不少官员寄希望于改革币制以挽救危局。实际上，币制改革的确迫在眉睫，币制改革的急迫性还主要由两方面的压力所推进，一方面是由于外国新式银圆的大量流入，19世纪下半叶以来世界各国币制大改革和世界性银价的涨落；另一方面则是由于国内币制自身的弊病随着商品经济的发展日益暴露以及银钱比价的剧烈波动。铸造金币成为当时官员们所倡导的最重要的币制改革主张，代表人物有陈炽、黄遵宪、宋育仁、江标、胡燏棻、王鹏运等人。虽然当时一般士大夫对西方近代货币理论知之甚少，不知本位货币为何物，但他们却企图通过改革币制以解决清政府的财政亏空问题，扭转对外贸易中我方长期的不利地位，与西方列强争夺利权。他们主张铸金币的理由是金贵银贱，而且中国在对外经济关系中长期遭受因镑亏造成的损失，当时主张铸金币的人都以英国的币制为榜样，甚至主张金币的重量也仿照英镑。值此国家危难之时，宋育仁积极响应清廷号召，于1896年上理财折，奏折中提出"开矿、铸币、设行、行票"的自强之策，货币改革是其中的重要内容。

宋育仁在1896年所上的理财折中，提出以币制改革来挽救清政府的财政危机。首先，他重申把金子看作国家财富象征的观点，认为中国所产之金流入外洋导致其国越来越富，而中国则日渐衰落。"中国产金而不用金，故往时出土之金尽流入外洋，金日少而价日昂；外洋通用金币而金产不饶，正利收我之金以为彼用，金日多而财力日厚。彼用钱币以易我之货物为材料，加制造鹜还中国，以易我之金银。复将我之金银以铸钱币，故彼日积日富，我日耗日消。"①宋育仁所持的这种认为只有作为货币的金银才是财富的观点，从理论上来说是错误的，原因在于：他过分夸大了作为货币的金银在西方资本主义国家发展中的作用，反映了他对金银货币的过分崇拜。但是，他揭露出的列强对华金融、贸易侵略的事实是正确的。他再次用具体的数字详细地分析了金贵银贱、金银比价大的现实状况，并且指出由此而引发的在外贸中我国尽吃镑亏以及利权外溢、商民为列强所盘剥的不合理现象："通计金银铜兑换之价，以数目论，外国金钱名镑者，一枚换银钱二十枚，银钱一枚换得铜钱十枚或十二枚，是一镑仅抵二百四十铜钱之用，其与中国交易，则金镑一枚换通行之银圆十圆，一圆换铜钱一串，则一镑足抵一万铜钱之用。中国土产适与铜钱多寡之数相当，故土产常以铜钱交易，是洋人常以彼国抵二百四十铜钱之金镑，换中国值一万铜钱之土货。"②

宋育仁还做了进一步阐述："是洋人常以彼国值三两银之金

---

① 宋育仁：《翰林院代奏呈请理财折》，载于宋育仁：《经世财政学》卷五附篇，上海同文书社1905年版，第2页。
② 宋育仁：《翰林院代奏呈请理财折》，载于宋育仁：《经世财政学》卷五附篇，上海同文书社1905年版，第2页。

磅换中国值七两银之呆货。洋人用金以抑银价，持金磅以兑银，化少数为多数；合铜钱以买货，化轻本为厚本。中国持足金以合减成金磅，以金磅购船械、机器，论价则明增一倍，论银则暗折其半，金磅行至外国银行而止，银圆行至通商口岸而止，铜钱既布散内地，足金则购运欧洲，细按情形，则用铜钱之处为洋人佣工，用银圆之处为洋人经纪转辗贸易，仍属中国市面，所有之银而归根括中国所有之金，以资外洋铸币。今开矿而不铸金钱，不能禁金出外洋，即不能平本地金价，彼则就中国生金换银之价，为与中国交易，用银换磅之价，以别国相比较，实以十五换之金，售我三十换，一两银换我二两银，一铜钱易我五十钱，一交易间坐收数倍利，其源皆由中国无金币，兼用足银通用铜钱，随处授人以柄。"①宋育仁的这段论说颇为详细地分析了当时中国存在镑亏的实际情况，形象、生动地描绘出外国人操纵中国金融市场，华商受制于西方资本主义势力的局面，并且用现实中真实的例子来说明造成这种局面的原因由于外国使用金币，使用金币的优势地位导致列强在对华贸易市场上占尽好处，而我国使用以银、铜为主的货币，由于金贵银贱而在中外贸易中处于劣势。尤为值得肯定的是，宋育仁在论证铸造金币的必要性时也揭露了列强对华的金融侵略以及由此造成的利权外溢的不利局面。

1. 仿铸金镑　增铸银钱　改铸铜钱

正是出于对中国因不使用金币而备受列强金融侵略之苦的深刻认识，宋育仁才更加体会到了币制改革的必要性和紧迫性："故非仿铸金镑无以操平准，非增铸银钱无以便流通，非改铸铜

---

①宋育仁：《翰林院代奏呈请理财折》，载于宋育仁：《经世财政学》卷五附篇，上海同文书社1905年版，第3页。

钱无以持物价。"①实际上，宋育仁之所以要求对金、银、铜币都进行改革，其考虑的出发点在于仿铸金镑主要用于对外，即以此来抵制列强的金融掠夺，免受镑亏之苦；增铸银币则主要为了满足国内贸易需求；至于铜钱，也是日常社会经济生活中不可缺少的。

2.增铸钱币　更改圜法

此外，宋育仁从与列强争夺利权的角度提出了"增铸钱币，更改圜法"的主张："今欲自保固有之富，争回已失之权，不惟当增铸钱币，必须更改圜法。欧洲各国钱币用金银铜三等，中国惟用银铜两等。"②可见，他虽然认识到了"钱币本无实用，原为交易而设"，并且隐约触及到了货币本位制度的本质，但是，他并没有搞懂西方货币本位制度中本位币与辅币之间的关系，此时的他对货币的认识依然缺乏正确货币理论的指导。

3.设铸金局

出于对铸造金镑"重要性"的深刻认识，宋育仁奏请清政府在各省设立铸金局，各通商码头设立分局，专门负责铸金币，由总局比照英镑轻重成分，令天下通行，宋育仁还乐观地预料了待到金币充足后便可以有效抵制列强金融侵略："拟请仿照定章从光绪二十一年开采以后，禁足金不鬻于世，就各省会设铸金局，就通商码头设铸金分收局，凡有金者，悉入官铸。按照外国成分，刊给印票，归还所应得之数，悉仿外国章程，其铸钱者，归入省会。总局比照英磅轻重成分，令天下通行。漏厄既塞，金价自平，以磅偿磅，彼无从所赢；以磅易银，彼不能扼价。办海防

---

①宋育仁：《翰林院代奏呈请理财折》，载于宋育仁：《经世财政学》卷五附篇，上海同文书社1905年版，第3页。

②宋育仁：《翰林院代奏呈请理财折》，载于宋育仁：《经世财政学》卷五附篇，上海同文书社1905年版，第2页。

则暗耗可省，经工商则绰有余资。"①除了对铸造金币的具体做法做出规划之外，针对中国银币大小不一、平色不同以及银价变化的不利局面，宋育仁提出铸造统一标准化的银圆，希望以此来解决国内银币混乱所带来的弊端。"要领既得，兼铸银圆大小相权定为一律，银钱通行于内地，则土货积久而价昂，本业自可以资生，银商亦无从垄断。中国用足银平色低昂不一，百弊丛生，足银、铜钱、物产三者相为消长，物浮则钱贵，银少则钱贱。国初银一两换铜钱七百，其时物价贱于今九倍，银价贱于今一倍。银、钱、货三者相比，适得其平。今物价贵九倍，则钱贱低九倍，银价又增一倍，则通算以钱买物当贱十倍，以银买物仅减一倍，以外国金磅买物当暗增十五倍。"②此外，他还对铜钱使用不合理的局面进行了揭露，并且提出了"收买旧钱，更铸新式"的铜钱改革方案："以通商交易论铜钱，贱于国初二十六倍，相差悬绝，故内地日贫，商岸日富，万不能墨守旧式铜钱。拟请收买旧钱，更铸新式，令精良而减轻为准，通行一色，以杜私铸私削之弊，渐推渐广，兼铸洋式铜钱与英国铜钱，名本土者相等，令通商口岸行用金磅先令之处，仿照西例，一银钱换十二洋式铜钱。今通商口岸既四通八达，现又议修铁路，经工商风行颇易。相比而银价自平，制金币以保银价，改铜钱以平物价，实抑金银以和物价。铜钱较金银不甚贱，则土货兼得易银，成器兼得易金，国富而民无不均之患。"③宋育仁乐观而自信地认为此方案如能实施则"国富而民无不均"。

---

① 宋育仁：《翰林院代奏呈请理财折》，载于宋育仁：《经世财政学》卷五附篇，上海同文书社1905年版，第3页。
② 宋育仁：《翰林院代奏呈请理财折》，载于宋育仁：《经世财政学》卷五附篇，上海同文书社1905年版，第3页。
③ 宋育仁：《翰林院代奏呈请理财折》，载于宋育仁：《经世财政学》卷五附篇，上海同文书社1905年版，第4页。

分析甲午战争后至戊戌维新期间宋育仁的货币改革主张，我们不难看出，其间宋育仁对于铸造三种货币的设计方案，主要出于如此考虑，即铸造金币的目的主要用于对外抵制列强金融侵略，免受镑亏之苦；铸造银币则主要是为了满足国内需求；铸造铜钱则是为了满足社会经济生活中的日常需要；三种货币贵贱轻重不同，用途亦各有不同。除宋育仁外，甲午战争后陈炽、胡燏棻、王鹏运、盛宣怀、郑观应、唐才常等人也倡议铸钱，他们所设想的金、银、铜钱，都是独立的货币，他们虽然略知西方币制有"三品之钱"和兑换纸币，但近代币制的核心——本位制度在他们心目中还是一个比较陌生的问题。与宋育仁要求铸金镑的主张相类似，陈炽也提出了"通用金镑说"。他历述中国不用金之弊病，认为中国经济受人控制是由于外国用金而中国用银，金贵而银贱之故，并建议按照英镑的标准铸造金钱，使中国金、银币的成色、重量与外国完全一样，以便于出口商品，吸收外国金镑、银圆。康有为也提出类似的货币改革主张，他在《上清帝第二书》中建议："今奇穷之余，急筹巨款，而可以聚举国之财，收举国之利，莫如钞法。"①同时又建议广铸金圆、银圆。顺天府尹胡燏棻也奏请"铸钞票银币以裕财源"，并"自铸金银铜三品之钱，颁定相准之价"。②

总之，宋育仁认识到了当时中国货币体制中所存在的弊端，他对列强对华金融侵略进行了猛烈的批判，对于币制改革高度关注，充满热情，这些都值得肯定。但是，宋育仁对货币本位制度的本质还缺乏了解，他的货币改革主张缺乏正确货币理论的指导，他也不懂得主辅币的关系，以为金、银、铜币都是足值

---

① 康有为：《上清帝第二书》，载于中国史学会编：《戊戌变法》（二），《中国近代史资料丛刊》之一，神州国光社1953年版，第140~143页。

② 转引自周育民：《晚清财政与社会变迁》，上海人民出版社2000年版，第360页。

货币，未能将铸金币同建立金本位制联系起来。就宋育仁而言，由于他过分强调广铸金币，扩大了金币对国家整体经济实力之影响，过分夸大了铸造金币的作用。实际上，金币的铸造需要雄厚的经济基础作为支撑，在当时国势衰微、国库空虚、财力极度不足的晚清中国社会难以实现。

（四）法定金位　注重圜法（清末新政期间）

到19世纪末，世界各国都相继采用了金本位制，国际金融市场上金贵银贱的状况更趋严重，而中国却依然采用银本位制，以至于在对外贸易和国际金融市场上处于十分不利的弱势地位。清末新政期间，中国币制改革的首要任务就是解决本位问题，不仅当时出版的经济学著作中详细介绍了西方币制理论，而且提倡实行金本位的言论也频频出现，主张推行金本位制度成为当时流行的观点之一，如宋育仁、康有为、胡惟德、鹿传霖、汪大燮、载泽、盛宣怀、张荫棠、严复、章宗元等人均主张政府铸造金币，不过他们主要是从本位制度的角度阐述的，对金本位的讨论已经接触到西方币制理论的核心，比之前单纯要求铸造金币的论述深刻得多。

20世纪初的清末新政期间，宋育仁接连发表他对币制改革的看法，并讨论了本位问题。在《议圜法轻重纲目》中，他明确提出"法定金位"的主张，并且认为："金为本位则物价昂，银为本位则物价低，铜为本位则物价贱。"[①]在宋育仁看来，只有实行金本位才能提高中国的物价，并能够同实行金本位制度的国家保持稳定的汇价。他还对金本位方案进行了具体、明确的设计，即金圜每圜元重二钱二分，并拟以银圜代表金币，每元含银八钱，当一两用，换铜圜一百二十枚，八元银圜相当于英镑一

---

①宋育仁：《议圜法轻重纲目》，载于宋育仁：《经世财政学》卷五附篇，上海同文书社1905年版，第14页。

镑。在宋育仁设计的这一币制改革方案中，银圜是不足值的，但是，宋育仁认为通过交涉可以用于与外国贸易中，如此，则"计兑金一镑，暗收回银币二元，以偿款一万万计，合收回二万万元"。①可见，宋育仁还是把与列强争夺利权作为实行金本位制的重要出发点之一，他并未搞清楚本位制度中主辅币之间的关系，表明他对货币本位制度的了解还不够彻底、深刻。

除了提出"法定金位"的主张，宋育仁对于圜法也有了更深刻的认识。20世纪初，经历了八国联军侵华的重创之后，国家极度贫弱，此时的宋育仁对币制改革的重要性有了更深刻的认识，再次重申了铸造金镑的主张，尤其重点阐述了圜法的重要性："国债重困，请制金镑，以握利源，筹捷效以济时艰，保利权而固国本，惟在治圜法而已。圜法取于以轻御重，故用金者，常操胜算，金价三四十倍于银，是造金钱一枚，增益银根三四十两，涨出铜钱三四万枚，工省而财用增多。中国产金而置之无用，然则开金矿徒以资外人则何取此？市用银定兑换大小，参差不齐，平色不胜，异议奸伪，由此丛生。又购洋铜以铸制钱，工费而财用，所增有限，适以自困，持此而欲兴制造，立富强则财力不能自举，持此以相交易，乃立于必败之道。"②他还重申了铸造金、银、铜三种货币的主张，认为三种货币相辅。"外洋各国钱币虽轻重略有参差，然皆金银铜三品相辅。拟请铸金银铜三等圜币。"③可见，宋育仁对于铸造金镑重要性的认识主要是出于对内解决财政危机与对外摆脱受制于人之目的，此时他对圜法重要

---

①宋育仁：《议整顿财政划一圜法章程》，载于宋育仁：《经世财政学》卷五附篇，上海同文社1905年版，第27页。

②宋育仁：《请理财以疏国困折》，载于宋育仁：《经世财政学》卷五附篇，上海同文书社1905年版，第8～9页。

③宋育仁：《请理财以疏国困折》，载于宋育仁：《经世财政学》卷五附篇，上海同文书社1905年版，第9页。

性的认识明显比以前深刻得多。

　　总之，宋育仁对于铸造金币的坚定主张是持续相连、一以贯之的，从1891年在其名著《时务论》中就提出铸造金币的货币改革主张，历经甲午战争、维新运动，到20世纪初的清末新政期间，宋育仁一直主张铸金币，而且对铸造金币的认识不断深化。早期他主要从抵御列强金融侵略、防止利权外溢以及商民备受剥夺的角度阐述铸造金币的重要性，到后期他逐渐对货币本位制度有所了解，进而从建立金本位制度的角度阐述铸金币的重要性。此外，除主张铸造金币之外，宋育仁还对货币的本质与定义、货币的功能等问题提出了自己的认识，因已有研究成果中对此阐述较多，故笔者在本书中不再赘述。

第二节　银行思想

　　银行思想是宋育仁经济思想中的又一重要组成部分，其银行思想的内涵随着近代中国经济危机的不断恶化而日益深化。宋育仁银行思想的内涵主要包括两个方面：一方面，他阐述了对银行及银行制度的看法，体现出他对开设银行的重要意义有着深刻的认识；另一方面，他对如何创办银行进行了具体规划，提出创办"官银行""国家银行"等一系列具体主张，梦想以此来抵御列强的经济侵略，尤其是列强的金融侵略，进而夺回利权，实现富国强国的目标。宋育仁不仅在专著中多次论述银行问题，阐述了对银行的看法，而且在甲午战争后国难当头之际，给清政府上折陈述自强之策，提出应对空前严重的经济危机的理财主张，其中"开银行"就是宋育仁此次奏折中的一项重要内容。

一、银行思想形成的历史背景

鸦片战争后，列强在华设银行之风愈演愈烈。从1845年英国丽如银行在香港和广州设立分行至1895年宋育仁写成《泰西各国采风记》时，北起京津，南至广州，东自上海，西达汉口的中国国土上，已经形成了密集的外资银行网络。这些外资银行通过吸纳存款、向清政府贷款以及发钞三项重要业务，垄断和控制了中国的金融市场，而以钱庄、票号为主体的传统本土金融业，在与外资银行的交手中败下阵来，日益衰败，它们根本无法担负起发展民族银行业、抵御西方列强金融侵略的重任。

西方银行从入华伊始，就引起了有识之士对银行及银行制度的关注与思考。近代最早向国人介绍银行制度的进步人物当属魏源为先，魏源在《海国图志》中就介绍了英国的银行制度及其对国计民生的重要意义，旨在引起国人对西方银行优越性的重视，但其对银行的介绍十分简单，较为碎片化，不成系统。洪仁玕则是清代最早提出设立银行的进步人物，他于1859年在其《资政新篇》中明确提出"兴银行"的主张。近代中国留美第一人容闳也在19世纪60年代初提出创立银行制度的主张。随后到了19世纪七八十年代，李鸿章、盛宣怀、丁日昌等清政府官员也都主张自办银行，甚至开始尝试创办银行，但都以失败而告终。到19世纪90年代初期，部分早期维新派人士，如马建忠、郑观应、陈炽等，从抵御列强金融侵略、扶持民族工商业发展的角度，阐述了建设银行的重要性，呼吁创办银行，并对银行的职能、作用、地位等进行了探讨和阐发。总之，在甲午战争前数十年间，已经有一些有识之士认识到了创办银行的重要性，并对西方的银行制度进行了介绍，他们提出创办银行的主张，并一度付诸行动，但由于缺乏政府的政策支持，银行在甲午战争之前没有建立起来。

可见，西方银行对华金融侵略的加深以及近代有识之士对此之反应构成了宋育仁银行思想产生的时代大背景，这促使他在甲午战争期间写成的《泰西各国采风记》以及20世纪初写就的《经世财政学》等著述中，用大量篇幅阐述其对创办银行的见解，并且在给清政府的奏折中也多次阐明银行及银行制度的优点，并极力主张由国家自办银行，以抵御列强金融侵略乃至经济侵略。

二、对自办银行重要性的认识

宋育仁对银行重要性的认识表现出时人少有的远见卓识，他一方面看到设立银行的便利之处，另一方面又清醒地认识到西方在华银行乃列强对弱国进行经济侵略的重要工具，从而认识到创办银行可以有效抵御列强的金融侵略，与列强争夺利权。随着西方对华经济侵略的不断加深，他对银行制度及创办银行重要性的认识也不断深化。

（一）列强驻外银行乃其对弱国经济侵略的帮凶

宋育仁既认识到列强在华银行的先进性与便利之处，又清楚地看到它们的实质是列强对华经济侵略的帮凶，而且他对后者的认识更为深刻。

在宋育仁1894年撰成的《泰西各国采风记》中，就以西方在华设立的银行为例，记述了银行的便利之处。他注意到西方在华银行通过汇兑业务将洋商在华所赚之银折合为金镑寄回欧洲，为洋商在华贸易提供了极大便利，而银行也利用洋商存入之银，购买中国生金运回本国，用以铸造金币。"洋人来中国，持金镑以兑银，化少数为多数，更以银合铜钱，买土货则本轻而利厚。以土货载还伦敦，或者南洋各埠，加制造，还鬻于中国，易银数十倍。悉寄于洋银行，银行以一纸汇票，合金磅寄欧洲，而用各商所寄顿之银，买生金运回本国，以资铸币。"①他进一步分析了西方在华银行的作用，认为这些设立在中国的洋银行既防止了西方金磅之流失，又具有吸纳中国银两以生财、资助洋商以贸易、购买生金以运回国的功能。"洋银行所取，仍属中国市面所有之银。欧洲金磅行至洋银行而止，岁出无限之货，实未得彼一钱，徒敛内地之银屯聚商岸，资其善贾转辗取赢，而归根买金以去。"②很显然，宋育仁虽未明言，但他对西方在华银行实为列强对华经济侵略帮凶的看法已尽隐其言语之中。

1896年，刚从海外归国一年多的宋育仁给朝廷上奏折献上自强之策，其中就明确提出了"开银行"的主张，从此时他对银行认识的深度而言，明显比他出使英国期间对银行的认识更加深刻。他以外国银行与其国贸易之间的密切关系为例，认为"商之所至，即银行所至"，而且西方驻外银行以其汇兑和储存业务极大地为其国商人存放所赚之银以及汇款回国提供了便利，甚至银行还以所获之利润购买中国生金运回其本国。"各国钱币不出境，银钱不相通，通商悉用金磅交易。英国属地商业极广，稳操地球利权，商之所至，即银行所至；商往各埠贸易，资挹注于银行，名有若干磅成本，实则但有一纸汇券寄来。不持一钱，以至就其地之货，赚其地之银，寄期于其地银行。银行即以寄期之财，转资各商成本，空中营运灌注不穷，时以所获之赢，收买生金运回本国。"③可见，甲午战争后，出使英国归来的宋育仁已

---

①宋育仁：《泰西各国采风记》，载于钱锺书主编，朱维铮执行主编：《中国近代学术名著丛书》之一《郭嵩焘等使西纪六种》，三联书店1998年版，第362页。

②宋育仁：《泰西各国采风记》，载于钱锺书主编，朱维铮执行主编：《中国近代学术名著丛书》之一《郭嵩焘等使西纪六种》，三联书店1998年版，第363页。

③宋育仁：《翰林院代奏呈请理财折》，载于宋育仁：《经世财政学》卷五附篇，光绪三十一年（1905年），上海同文书社1905年版，第4页。

经认识到了银行乃西方列强对弱国进行金融侵略的重要工具。他虽然不懂得外国在华设立的银行有一定的储备金，但是他所分析的因中国未设银行而导致外国在华银行近乎掠夺式的获利是符合事实的。的确，外国在华银行，一方面收买足金，运回本国；另一方面通过吸存中国关税从而获取丰厚的利润，这是一种赤裸裸的侵犯主权加金融掠夺的行为。

（二）无银行授人以柄　有银行利权在握

宋育仁进一步认识到中国因无银行而授人以柄，列强由于有驻外银行贸易得以行远而利权在握。1905年，宋育仁在其刚写成的新作《经世财政学》中，对当时金融业的现状进行了批评："今之票号非银行也，金店、银号非银行也，今之银行亦非银行。"①"中国不铸金币，又无银行，通用铜钱，三者皆授人以柄。外国铸币、邮政、银行相经纬，故能长驾远驭。商之所至，邮政所达，即银行所在。商贾贸易于所往，但在本国银行寄存一款，银行以一纸寄所往地分行，其分行就其地商业寄顿之财，转辗挹注。商至，则就其地之土货以计奇赢，就其地之银行以资程本，不必持本国之钱以去。其所获赢算诚交银行券汇，实银不运还欧洲，似乎其地之财仍未取去，但其利权在握，故所至皆享，而土人为服役。埃及、印度、阿洲、澳洲、南洋各岛，即中国前车之鉴。铸金钱与设银行相辅而行。"②言论中体现出宋育仁对银行重要性的高度认识，他主要从利权丧失的角度证实了银行的作用以及设立银行的重要意义，并认为银行乃列强奴役弱小国家的重要工具，而且以埃及、印度等沦为西方殖民地的国家为例告

---

①宋育仁：《经世财政学》卷三，"明士学"第三，上海同文书社1905年版，第3页。
②宋育仁：《泰西各国采风记》，载于钱锺书主编，朱维铮执行主编：《中国近代学术名著丛书》之一《郭嵩焘等使西纪六种》，三联书店1998年版，第364~365页。

诚国人，说明了无银行则利权为外人所把持的严重后果，反衬出列强因有驻外银行而利权在握处于强势地位的局面。此时，宋育仁虽然没有明确地提出建立银行的主张，但其对创办银行要求之迫切心情已尽显字里行间。

（三）理清银行与理财二者的关系

宋育仁还分析了理财与经商、成本、钱币、银行之间的相互联系，旨在说明银行与理财之间的关系，即银行为理财之源头，而且他还认识到创办银行对发展商业的积极促进作用。"理财之要策，莫切于经商，经商之关键，首重于成本。商本之来源，取资于钱币，钱币之作用，总握于银行。"①宋育仁甚至认识到，"讲理财之学，必自银行始也"，②高度强调了创办银行对于理财的重要性。

另外，宋育仁又针对中国民间财力分散而不聚集的弊端，认为理财需要化散为整、化静为动，而银行恰好能起到这种作用。"中国之财，本不患寡，患在有私藏而无公积，有私藏，故各人自为计。无公积，故各省不相通。譬如，有一款于此，积之一处，则只属一分，周转数次，则化为数分。又如有一款于此，存之数家，则每家只得所分之数；集存一处，则此处实存所积之数，每家仍得所分之数，故理财之要，须化涣散而萃为整，又须变滞塞而使之通过，其作用机关，专赖设银行为销纳。"③与宋育仁的理财主张相似的是，在维新运动期间，作为维新运动旗手

---

①宋育仁：《拟设银行以筹商本简明章程》，载于宋育仁：《经术公理学》卷一，上海新马路口总发行社正本学社，上海同文社铅印，光绪丙辰年（1904年）。

②宋育仁：《经世财政学》卷三，"明士学"第三，上海同文书社1905年版，第3页。

③宋育仁：《经术公理学》卷一，上海新马路口总发行社正本学社，上海同文社铅印，光绪丙辰年（1904年），第6页。

的康有为也对银行与理财之间的关系进行过深入思考，并认为"银行乃理财之枢纽"，可见，宋育仁对银行与理财关系的分析引领了时代进步的潮流，触及到了当时重要的经济命题。

（四）设银行乃整齐币制的举措

宋育仁还从货币及币制的角度阐述了创建银行的重要性，他认为，西方各国能有效通行币票以及保持货币价格稳定，而中国的币票却无法实现畅通无阻，其价格又不稳定，造成这种现象很重要的原因就在于外国有银行，而中国无银行之故，鉴于此，他疾呼建立银行为当务之急。"各国兼行币票，四海密如，未闻盗铸之不能禁也，惟其有银行之故；各国泉币金银铜三品相权，均有一成不易之价格，未闻铢铢而称之，有平色之差，为中饱之利也，惟其有银行之故也。我国议行币票则不行，曰惟其无银行之故；议定币价则又不行，曰惟其无银行之故，然则设银行诚当务之宜，急矣！"[1]可见，宋育仁把设立银行与整齐币制联系起来，这显然是他对清末货币制度极其混乱的客观局势深入思考后的结果，也符合当时的经济状况。的确，自晚清以来，国内币制混乱，尤其是自光绪朝以来，国际银价不断下落，金贵银贱现象日趋严重，对国内的货币制度产生了极大冲击，严重困扰着国家正常的经济生活，于是有人提出要改革币制，具体货币改革主张有行用金币、皆用币票等构想，但当时国家财源甚少，经济实力薄弱，纯粹依靠国家财政来支持改革货币制度已不可能，紧迫的时势要求国家必须设立银行，以便为货币制度的改革提供强大的经济后盾，于是从整顿币制的角度呼吁设立银行的主张就产生了。

宋育仁对创办银行重要性的认识除了体现在上述几方面外，

---

[1]宋育仁：《经世财政学》卷五，"制泉币"第五，上海同文书社1905年版，第5页。

还包括他对银行与商业及商人、商学之关注与思考,在他看来,不设立银行则商业无法兴旺。"无银行则各私其财而力不厚,各限于地而利不通,力不厚,利不通,则商业不能举。"①他还对银行与商人之间的密切关系进行了阐述,批评了当时银行招商体制中所存在的弊端,指出中国当前办银行不成功的原因之一在于极度缺乏商学知识。"凡银行所任重要之端皆商家所有义务之责。今欲举银行,招商共贾而裹足不前,鉴于镇江银行之弊者,又动色相戒,不知非中国不能办银行,乃商学之程度不足以语银行也。"②

三、关于设立银行的具体规划

(一)设立"官银行"

甲午战争后,清政府饬令各级官吏奏陈自强大计,其中有一些官员就把创办银行作为重要的自强之计。如1895年顺天府尹胡燏棻上变法自强折,指出:"中国不自设银行,自印钞票,自铸银币,遂使西人以数寸花纹之卷,抵盈千累万之金。"并建议在"京城设立官家银行,购极精之器,造极细之纸,印行钞票,而存其现银于银行"。③光绪二十二年(1896年)九月,洋务派官僚盛宣怀也上奏强调了兴办银行的重要性:"西人聚举国之财,为通商惠工之本,综其枢纽,皆在银行。"他进而鲜明地指出:"中国亟宜仿办理,毋任洋人银行专我大利。"④盛宣怀还出于

---

① 宋育仁:《拟设银行以筹商本简明章程》,载于宋育仁:《经术公理学》卷一,上海新马路口总发行社正本学社,上海同文社铅印,光绪丙辰年(1904年)。

② 宋育仁:《经世财政学》卷三,"明士学"第三,上海同文书社1905年版,第3页。

③ 中国史学会编:《戊戌变法》(二),中国史学会主编:《中国近代史资料丛刊》之一,神州国光社1953年版,第281页。

④ 中国史学会编:《戊戌变法》(二),中国史学会主编:《中国近代史资料丛刊》之一,神州国光社1953年版,第440页。

解决洋务企业资金问题的考虑，专门奏陈《请设银行片》，进一步论述了设立银行的作用及意义，积极鼓吹建立银行。一些维新派人士如严复、梁启超、康有为、陈炽、郑观应、汪康年也撰文阐述兴办银行的重要性，或介绍西方银行制度的相关情况，均明确提出创办银行的主张。

正是在甲午战争后财政危机空前严重以及创办银行成为有识之士共同主张的时代背景之下，1896年，刚从海外归国一年多的宋育仁积极响应清政府的号召，上了名为"国用孔殷，民生日困，急须理财补救时艰"的奏折，阐述他对挽救危局的看法，折中他明确提出设"官银行"的主张，将其作为挽救财政危机的重要举措。宋育仁首先以外国创办银行的优点为例，阐述了创办"官银行"势在必行，他认清了外国因为有银行而处处尽享便利之处，而且在对外贸易中占尽优势，而我国因无银行，导致在与列强的贸易中备受损失，而且利权为其所握，鉴于此，他从六个方面阐述了创办"官银行"之后的优点："非设官银行无以操平准。设官银行，凡有数利夺洋银行之势，足以制欧商营运之权，其利一；出口货与入口税皆可收金磅，以资银行成本，其利二；所铸金磅寄储于银行，接济不穷，转输又便，其利三；内地解截支拨，统归银行出纳，既不致存为朽蠹，又免转运之烦费，经手之侵渔，其利四；有官银行为主，商家入股或另设分行，亦附于官，一气相联，随地兴工拨饷，应手立办，其利五也；民间有钱，皆得寄行生息，程本既益而商业、民业随地可察盈虚，其利六也。"①以上宋育仁对设立"官银行"优点的分析，主要从设立"官银行"可与洋银行争夺利权、增加进出口收入、便于储存所铸金镑、有利于工商业之发展等几个角度进行阐述，讲得条分

---

① 宋育仁：《翰林院代奏呈请理财折》，载于宋育仁：《经世财政学》卷五附篇，上海同文书社1905年版，第4页。

缕析，头头是道，尤其值得肯定的是他把抵制列强经济侵略以及推动本国民族工商业的发展，作为要求创办"官银行"的重要理由。此时，宋育仁对创办银行优点的认识明显要比出使英国前更为全面、准确、深刻得多，这显然说明他又经过了一番对银行制度的学习和思考。

（二）创办"国家银行"

甲午战争之后，清政府面临极其严重的财政危机，其经济政策发生巨大转变，允许民间设厂，因此，中国民族资本主义趁此机遇获得较快发展，再加上列强对华金融侵略的加剧以及进步人士的极力呼吁，中国第一家银行——通商银行终于在1897年得以正式成立。通商银行的设立对于打破列强对中国的金融垄断起到了一定作用，对于推动中国民族资本主义的发展起到了积极的促进作用，标志着中国现代金融业的起步，但它并不能完全满足当时中国社会经济发展的要求，也不能与列强在华银行进行强有力的竞争，无法有效抵制列强对华的金融侵略。因此，在通商银行成立之后，一些维新派人士和民族实业家提倡创办国家银行，如容闳、张謇都提出建立国家银行的主张，同时，一部分清政府官员出于整齐币制与维持财政的需要，也积极要求建立国家银行。

正是在这种举国上下有识之士要求建立国家银行的大的背景之下，宋育仁顺势而动，于光绪二十九年（1903年）写下《设银行以筹商本简明章程》，其中阐述了建立国家银行的重要性和紧迫性，明确提出了建立"国家银行"的主张，成为要求建立国家银行进步人士中的一员。他认为，国家应该掌握银行的利权，并且以设立商部需要大量资金为例证明了建立国家控制的银行势在必行。"窃维银行为国财出纳之总司，即商本转输之通汇，实理财之管轮，而国家应收之利权也。伏闻谕旨注重理财，拟开商部，裕国之至计，诚莫善于此，但部务经费、商务成本在在需钱，又须源源接济，如仰给国币，则收效尚迟，而度支易匮，如全仗招商，则希望者厚，驾驭甚难，谨拟银行简明办法八条开陈于后。"①从甲午战争后主张设立"官银行"到20世纪初倡导建立"国家银行"，宋育仁对银行及银行制度的认识和思考的深度又上了一个新的台阶，这也是其经济素养提升的一个重要标志。

（三）对创办银行具体事宜之构想

至于具体创办什么样的银行，如何创办银行，宋育仁进行了深入的思考，详细地阐述了自己对创设银行的具体构想。

1. 仿照外国银行章程

宋育仁主动提出学习外国银行章程以筹办中国银行，即仿照外国银行章程中的官商共股、按商规办理、加强对银行的定期监督等办法。"拟请详照外国银行章程，就京都及各省会、各通商码头开设银行，招商共事，但设司事，不用委员，一切照商规，不用官法，银行主计司事人等，优定薪水，办事五年以上，酌加薪水一半，十年以上加薪一倍，年终会计赚项以百分之五按薪水奖办事诸人。由户部拣派长于钩稽司员，按季清账一次；外省总银行由督抚拣派晓习行务委员，按季清账一次；其汇兑款项收存官民，寄本生息各式俱照外国银行章程，悉交银行主计办理。"②可见，宋育仁所提出的仿照外国银行创办银行的举措，主要是从银行设立的地点、银行的人事奖励制度以及对银行的监督等几个方面所考虑的，这些构想对于中国自办银行无疑具有重要的启发和借鉴意义。

---

①宋育仁：《拟设银行以筹商本简明章程》，载于宋育仁：《经术公理学》卷一，上海新马路口总发行社正本学社，上海同文社铅印，光绪丙辰年（1904年）版，第6页。

②宋育仁：《翰林院代奏呈请理财折》，载于宋育仁：《经世财政学》卷五附篇，上海同文书社1905年版，第4页。

2. 规划银行总、分行

鉴于设立国家银行的重要性和迫切性，宋育仁对设立银行的具体情况进行了规划，他首先对银行总行的归属以及管理和设立分行的位置等内容进行了规划，同时对外国银行的相关情况做了介绍，意在主张以西方银行为参照。"总行宜隶商部也。外国国家银行，或商本，或官商合本，皆隶于商部。宜悉仿其例，则纲举而目张，有条而不紊。分行宜就商埠也。银行为铸局之销路，实为商本之来源；无银行，虽铸币日增，仍虑不能行用；有银行，虽商本未裕，可以就地转输。宜就各埠商场，分别缓急次第开设，除京都为总行，附设商部衙门外，以天津、上海、香港、牛庄、芜湖、汉口、宜昌、重庆及各海关，凡商务较盛之处，即设一分行，遇有应行举办之商务，可以移缓就急，揖彼注兹，凡所需成本，如商股一时未集，即借资于银行，如本处银行一时不敷，即借资于他处银行，如此则流通不窒，不待仰生活于富商，而事无不举。"①从中可以看出，宋育仁高度重视银行总、分行的设置等情况，体现了他对此进行过深入的思考，也反映出宋育仁较高的金融素养。

3. 设想银行经费来源

宋育仁还对拟设立银行经费的来源进行了设想："经费借助公款也。今拟请拨官本五百万两，招合商本五百万两，合成一千万两，此为实本，以作银行起根。虑其不敷分布，致形支绌，则一蹶不振，关系全局，拟请将各省按年赔款，概交由银行司其出纳，向例赔款在限期三月前交海关道，此三月中，可以生息，计又得虚本银一千万

---

① 宋育仁：《拟设银行以筹商本简明章程》，载于宋育仁：《经术公理学》卷一，上海新马路口总发行社正本学社，上海同文社铅印，光绪丙辰年（1904年）版，第6页。

两，如此一周转，银行之根基已立。"①可见，宋育仁认为除吸纳官商资金作为银行的基本资金之外，还提出巧妙利用偿还欠款生息的方式，为银行积累资金，并判断照此实施则银行的根基就可以确定。

4.详细规划银行职能

宋育仁对银行的职能也进行了详细的规划，主要从出纳、掉换、汇兑、补助、扩充、营运等几个方面进行了阐述，并且对各种职能的优点进行了详细的说明："出纳代理民财也。此条最为良法美意，筹国计而兼顾民生，国财流通，而民财亦资挹注矣！掉换皆平银价也。今各省银钱，平水不一，足百扣底，参差不同，随处分歧，随时涨落。银贵则病本，钱贵则病末。商务日开，钱币益不敷周转，赔款日去，银根日紧，食物日贵，钱荒日甚。今将兴商务，必须平银价，欲持银钱价值之平准，必须自主银钱兑换之权衡。在银行初立之始，未能遽行划一，先行权宜定价，偶有涨落，不得逾十分之一。藉此可以平银价，救钱荒，一俟圜法整齐，钱币渐广，即全照各国圜法，永定划一价目。"② "汇兑带行钞票也。非设银行，则币票不能行用；非有币票，则圜法不能流通。宜仿各国造票，发交国家银行行用，为专许之利，定法而约其中数。拟请准公法平色银两，制造夹花印纸币票，从一两至一万两，以备本地兑换，及转汇别省。补助以维公司也。拟请订银行之例，并由商部颁定公司章程，则有限公司招股，有银行为之销纳；无限公司借助于国家，有银行为之经

---

① 宋育仁：《拟设银行以筹商本简明章程》，载于宋育仁：《经术公理学》卷一，上海新马路口总发行社正本学社，上海同文社铅印，光绪丙辰年（1904年）版，第6页。

② 宋育仁：《拟设银行以筹商本简明章程》，载于宋育仁：《经术公理学》卷一，上海新马路口总发行社正本学社，上海同文社铅印，光绪丙辰年（1904年）版，第7页。

手，然后公司可成，商务可兴矣！扩充以通商旅也。进出口货，均由外人操定价之权，故洋商坐操奇赢，而华商常有亏折。外国银行，进设于中国，中国汇号，不达于彼都。金价无交易之行市，彼日昂磅价以抑中国之银，以少数之金，易我多数之银，即系以少数之货易我多数之货，往返乘除，华商之暗中亏折者千万人，即国财之暗中消耗者千万计。洋商至中国以金易银，日用但觉其轻；华商如至外国，以银易金，日用但形其绌，所以视为畏途，绝无远志。非华商之眼光独小，实事务之相逼而然。拟请俟本国银行设定，先行推广，分设中国驻日银行，再推广于欧美都会，如此则银行可营运本国之银，与驻洋华商，自为挹注，并可存储本国之币，与该国银行，通其有无，则虽未铸金币，而金有行情，不抑金价，而商旅自至于欧美矣！营运弥补国债也。赔款本属银数，又折合磅价，转而偿金，此中暗亏，以数千万计。但为今之计，赔款少出一分，即财源多留一分。赔款交由国家银行出纳，所议收买金磅，储备偿还，亦应由国家银行一手经理。其收买金磅之银本，拟请准由上海银行，随时查明价值，禀请商务部饬下税务司，分批划拨，交该银行收买存储，俾周知磅价涨落情形，则中国未铸金磅，已得用金之情形。银行未至外邦，先习外邦之交易，仍以银行应出之利息，给还税务，以免阻挠。"①

宋育仁还在其论述财政问题的奏折中，对他所构想的银行职能做了进一步的补充说明，认为银行的职能还应该包括："一、司公款出纳；二、司民间与公款交涉之出纳。"②以及"设汇

---

①宋育仁：《拟设银行以筹商本简明章程》，载于宋育仁：《经术公理学》卷一，上海新马路口总发行社正本学社，上海同文社铅印，光绪丙辰年（1904年）版，第8~10页。

②宋育仁：《议圜法轻重纲目》，载于宋育仁：《经世财政学》卷五附篇，上海同文书社1905年版，第20页。

兑银行以通钱币贸易"。①宋育仁还对国有银行的职责进行了阐述:"银行之大,较各国规制略同矣。国家银行平日则流通国币、发行钞票、代理民财、出借国债,有变则供给军需。"②

此外,宋育仁对银行的类别做了介绍,他运用自己的金融知识储备对银行的类别进行划分:"兹举银行概略如下:储蓄银行、转运银行、押借银行、殖民银行、劝业银行、动产银行、国家银行。"③总之,宋育仁生活在一个积贫积弱、亟待变革的时代,追求富强成为当时国人追寻的梦想,也成为不少进步人士高度关注和深入思考的时代命题。宋育仁把握住了时代的脉搏,身怀忧国忧民之心,以满腔的爱国激情积极寻求富国强国之策,深刻认识到银行乃与国计民生利害攸关之大事,把创办银行作为强国富国的重要举措之一,竭力主张中国自办银行。他主张创办银行的重要出发点在于通过创办银行来抵御列强的金融侵略乃至经济侵略,进而与列强争夺利权,维护国家的经济安全,其爱国之心昭然可见,他关于创办银行的具体设想体现了他出众不凡的经济素养。从这个意义讲,在中国民族银行业的发展史上,宋育仁留下了不可磨灭的功绩,其银行思想成为中国民族银行业发展过程中宝贵的精神财富,也成为近代金融思想宝库中的一部分。

---

①宋育仁:《议整顿财政划一圜法章程》,载于宋育仁:《经世财政学》卷五附篇,上海同文书社1905年版,第29页。

②宋育仁:《经世财政学》卷三,"明士学"第三,上海同文书社1905年版,第3页。

③宋育仁:《经世财政学》卷三,"明士学"第三,上海同文书社1905年版,第3页。

第三节 工商思想

重工商思潮是近代中国一股重要的社会思潮,这股思潮肇始于鸦片战争刚结束后,之后呈愈演愈烈之势。以重工商思潮中的重商思想为例,鸦片战争之后,林则徐、魏源就提出要重视发展商业中对外贸易的言论。1861年,冯桂芬也认识到通商的重要性。19世纪70年代初,王韬从西方游历回到香港之后,一反传统的重农抑商观念,积极宣扬西方社会注重发展商业的做法,他指出:"泰西诸国以商为国本,国计民生全恃于商。"并且认为:"中国如能师法泰西,恃商为国本",外则可以有效抵制西方列强的经济侵略,内则"工匠之娴于艺术者得以自食其力,游手好闲之徒得有所归,商富即国富"。①到19世纪80年代,国内思想界的重商思想不断升温,早期维新派人士敏锐地把握时代脉搏,掀起一股重商主义思潮,积极主张发展民族工商业,何启、胡礼垣呼吁:"商务不兴,则不能与敌国并立。"②薛福成也提出了"商握四民之纲"的观点,他从抵御列强经济侵略的角度惊呼,洋商每年从中外贸易中赢利不下三千万:"此皆中国之利,有往而无来者也,无怪近日民穷财尽,有岌岌不终日之势矣!"③早期维新派的集大成者郑观应甚至大肆鼓吹"商战"说,他认为,为保护国家利权,抵制西方经济侵略,必须大力发展民族工商业,与侵略者实行"商战"。除了早期维新派代表人士之外,当时不少民间报刊也刊登鼓吹发展商业以及重视工业发展的论调,

---

① 王韬:《代上广州府冯太守书》,《弢园文录外编》卷十,中华书局1959年版,第299页。

② 何启、胡礼垣:《新政真诠·新政议论》,载于中国史学会编:《戊戌变法》(一),《中国近代史资料丛刊》之一,神州国光社1953年版,第208页。

③ 薛福成:《筹洋刍议·商政》,载于中国史学会编:《戊戌变法》(一),《中国近代史资料丛刊》之一,神州国光社1953年版,第163页。

如《万国公报》就曾载文对通商的利弊情形做了深刻的论述。可见，从林则徐、魏源、王韬、薛福成到黄遵宪、郑观应，再到民间舆论，中国近代重商思想的发展为宋育仁重商思想的孕育和产生提供了重要的思想土壤和养料；商业与工业有着密不可分的联系，近代重商思想内涵的不断深化促进了宋育仁重工商思想的产生与发展。

宋育仁作为重工商思想的持有者，他的工商思想集中体现在他对当时工商业状况的密切关注与深入思考。一方面，他深切关注西方与国内工商业的不同状况，盛赞西方工商业的发展状况，而对中国的工商业状况进行了严厉批判；另一方面，他为如何发展国内工商业开出了自己的药方，提出了发展民族工商业的具体举措。

一、对中西工商业的不同认识

对于西方工商业状况与发展中国工商业的现状，宋育仁予以仔细观察和深入思考，得出截然不同的结论，对于西方工商业，他大加赞扬和尊崇，而对于国内工商业，他则予以严厉的批判、斥责，深刻揭露了其中存在的弊端。

（一）盛赞西方工商业发达

在出使西方之前，宋育仁就对国外工商业状况予以重视。在《时务论》中即表明，当时他已初步认识到西方工商业的发达为其国富裕的重要原因之一，并对西方工商业的实际状况进行了阐述，言语中流露出盛赞之意。

宋育仁首先阐述了西方国家工厂分布较多，民厂多于官厂的现实状况。"外洋工作厂制，民厂多于官厂。凡一都会，率有工作厂一区以至数区，或官督而工作，或民集股为公司。"[1]他

---

[1] 宋育仁：《时务论》，载于于宝轩主编：《皇朝蓄艾文编》卷二·通论二，上海官书局1903年版，第21页。

还称赞了西方工业高效节约、为民谋利的优点："工无冗事，意在养民而费已节矣。"①他也注意到了西方国家行政部门对于其国工业的高度重视，如工厂隶属于工部、国家保护工厂之专利等实际情况："今外国凡都会皆有工作厂，皆统于其工部。事有章程，工有等讫，物有定价，出入有会计，凡大宗器物，用汽机制造者，皆出于厂，凡创一机器，请于国家给予凭据，保其专利批发，余人不得仿造。"②宋育仁对西方国家民厂多于官厂以及国家对发展民营工业高度重视并且对专利制度予以关注，这既是他对洋务运动进行深刻反思与严厉批判的结果，同时也体现了他作为民族资产阶级的代言人要求发展资本主义经济、实现经济近代化的强烈愿望。

对于西方商业的作用，宋育仁也给予高度评价，认为"外夷以商立国，以富为本"。③这与西方重视发展商业的实际情况相符。此外，他对西方商业的实际运作情况做了细致描述，认为其具有公司运作机制、官商共股的筹资方式以及商部监督、由商人主事等优点。"今外域市分地段，同业而居于市，或联为一公司，分地段则价不得私诡，联公司则货无所居奇，而亦不至踊滞。市租所入，以市业为衡，以屋舍为限，即无有畸枯。外国之市利，君民共之，官商共集股而商主事，凡一市事皆立公司，数公司联为一商会，皆有首董；凡商会之程式皆定于首董，而质成于商部，其市肆则由首董自用贾人。"④

---

①宋育仁：《时务论》，载于于宝轩主编：《皇朝蓄艾文编》卷二·通论二，上海官书局1903年版，第22页。

②宋育仁：《时务论》，载于于宝轩主编：《皇朝蓄艾文编》卷二·通论二，上海官书局1903年版，第27～28页。

③宋育仁：《时务论》，载于于宝轩主编：《皇朝蓄艾文编》卷二·通论二，上海官书局1903年版，第26页。

④宋育仁：《时务论》，载于于宝轩主编：《皇朝蓄艾文编》卷二·通论二，上海官书局1903年版，第22页。

1894年，宋育仁出使英国，通过亲身考察西方工商业的实际运作状况，其对西方工商业状况的认识更为深刻。宋育仁把外国富强的原因归结为其重视发展工商业。"外国以富为本，富强在工，辅之以商。"①这体现出他对西方重视发展工商以图富强这一现象的高度关注与深入思考，认识到西方国家重视发展工商旨在富强，而对工业与商业对于西方国家富强所起的不同作用之层次性的认识则表明，他对西方工商业的认识深度明显要比出国之前更为深入。此外，他还对工商之间相辅相成的关系做了生动、形象的分析。"外国以工商立国，工之制器，待商而行。商之牟利，宜于远适。故其工作，服用。凡以备行，客所需，无不周备精良，沿为风气。"②此外，宋育仁还注意到了世界强势已经向商业强盛的西方国家偏转的形势，即便文字的通行也遵行此法则，结合中国贫弱衰落以及工商业日益受尊重的局面，他疾呼政府应该高度重视推行"兴功利、崇西学、尚工艺、保商权"之策："国势衰微，不能不兴功利以自救；商势已重，本业日微。益以崇西学、尚工艺、保商权，工商日益贵，士农日益贱。环球大势，以某国商业盛，即通行某国文，为便用而易谋利。故广兴功利，诚可转贫弱为富强。"③能用辩证的眼光看问题，体现了宋育仁对工业与商业重要性的认识较之出国前更为深刻。

在出使英国期间，宋育仁除了对西方工商业本身关注之外，还大加赞扬西方商人的才能，并注意到了商人在西方国家政治生活中的重要地位。"今下议员类皆富商，西商或明制造，或多涉

---

①宋育仁：《泰西各国采风记》，载于钱锺书主编，朱维铮执行主编：《中国近代学术名著丛书》之一《郭嵩焘等使西纪六种》，三联书店1998年版，第362页。

②宋育仁：《泰西各国采风记》，载于钱锺书主编，朱维铮执行主编：《中国近代学术名著丛书》之一《郭嵩焘等使西纪六种》，三联书店，1998年版，第385页。

③宋育仁：《泰西各国采风记》，载于钱锺书主编，朱维铮执行主编：《中国近代学术名著丛书》之一《郭嵩焘等使西纪六种》，三联书店，1998年版，第375页。

异国，必明事理，长算计。商多更事，有才辩，虽专谋利己，而食于此业者众，民心所仰，为利于下，而国即因之富强。故上院虽偶有诘驳不能夺，结党相持亦不能胜也。偏重之过，则废尊卑上下，君如守府，上院如赘旒，百官如傀儡。"①

除目睹西方国家重视工商以及西方工商业获得长足发展的现状之外，宋育仁还对西方重商现象的原因进行了探讨，通过出国亲身考察和深入思考，他认识到西方重商思想形成的一个重要原因在于：西方国家众多，竞争激烈，生存压力大，为谋生存而不得不重商；相比之下，中国地大物博，物产丰富，传统的小农经济能实现自给自足，生存压力没有西方大，因此不如西方国家重商。"欧洲连畛数十国，互相灌注，各欲专力称雄，相持不下，不得不重商，以为工作之消路，而国政之权，遂渐移于商。其所视为机上肉而共愿烹分者，惟阿非利加与中国及中国诸藩属。中国地大物博，原不必争地利于他州，惟须保有地产，劝兴工作，以塞漏卮，而令内地自通有无，其富已裕。我之一省，如彼之一国，或数国。彼之各国互相攫取，我之各省自为盈虚。"②以上宋育仁对欧洲重商原因的分析具有一定的道理，说明他确实对这一问题进行过认真思考、仔细斟酌，的确，欧洲国家面临残酷的生存环境和严峻的生存压力，此乃欧洲国家普遍重视发展商业的原因之一，除此之外，欧洲重商主义的兴起还与西方古典经济学家对重商主义的鼓吹密切相关。英国古典经济学家亚当·斯密最早提出并使用"重商主义"一词，之后即流行于16至17世纪的欧洲各国，重商主义随之便成为各国重商的理论指南。

---

①宋育仁：《泰西各国采风记》，载于钱锺书主编，朱维铮执行主编：《中国近代学术名著丛书》之一《郭嵩焘等使西纪六种》，三联书店1998年版，第340页。

②宋育仁：《泰西各国采风记》，载于钱锺书主编，朱维铮执行主编：《中国近代学术名著丛书》之一《郭嵩焘等使西纪六种》，三联书店1998年版，第366～367页。

（二）抨击中国工商业落后

宋育仁在介绍和赞扬国外工商业状况的同时，也对国内工商业的情况进行了反观和思考，严厉抨击了国内工商业运作中存在的诸多弊端，诸如他对官办工业就进行了批评，认为其中百弊丛生。"今国之所用，亦无非取诸民者。顾所取在此，所用在彼；取之一时，用之一时。君与民隔绝不相闻，每兴一工，百蠹丛生，朝廷壅蔽而不能知，民皆知而不能过问，惮于兴役而工废弛也。"①比较中西方工商业发展的不同状况之后，宋育仁有感而发："夫经商者，富国之资也！古今之效甚著，而往时试之而不效者，动以官法治之，既不习于商，上下情不通，而中饱浮费之弊多也，而持空文者又从而议其后，以为与民争利。"②把商人称为"富国之资"，可见宋育仁对商人作用的重要性有了深刻的认识。同时他对国内官方与民间均不重视商人的现象进行了严厉斥责，其内心深处的重商思想明显表露出来。

宋育仁呼吁兴办商业与重视商人的思想与早期维新派的重商思潮相一致。早在19世纪70年代中期，王韬就发出"官办不如民办"的呼声，后经薛福成、马建忠的呼吁和宣传，到19世纪90年代初，陈炽、郑观应成为重商主义思潮的集大成者，他们均以抵抗侵略、御辱图强为出发点，都呼吁建立商部，设商律，来发展民族工商业，郑观应甚至提出要大力发展工商业，尤其要大力发展商业，旨在与列强进行"商战"。此外，宋育仁还从兴办工商给国家与普通老百姓带来巨大利益的角度，强调了发展工商业对于富国裕民的重要性，"工商明利在民，暗利在国"。③

---

① 宋育仁：《时务论》，载于于宝轩主编：《皇朝蓄艾文编》卷二·通论二，上海官书局1903年版，第30页。

② 宋育仁：《时务论》，载于于宝轩主编：《皇朝蓄艾文编》卷二·通论二，上海官书局1903年版，第30页。

③ 宋育仁：《请理财以疏国困折》，载于宋育仁：《经世财政学》卷五附篇，上海同文书社1905年版，第8页。

此外，宋育仁抨击了官督商办体制的弊端。在洋务运动后期，洋务派创办了一些民用工业，这些工厂主要采取官督商办或官商合办的运作形式，这些经营模式的运用，对于洋务企业的发展以及抵制西方资本主义列强的经济侵略起过积极作用，但到19世纪80年代之后，"官督商办"企业的弊端日益显露出来。于是，早期维新派人士开始反对官督商办体制，揭露了官督商办企业中存在的弊端，如官僚机构臃肿、任人唯亲、营私舞弊、贪污横行、官受其利而商受其害等，提出去除官督，大力发展商办企业。如郑观应即主张："凡通商口岸，内省腹地，一体准民间设厂，无所禁止，或集股，或自办，悉听其便，全以商家之道行之，绝不拘以官场体统。"①戊戌维新派人士更极力反对官督而大力鼓吹经济自由主义，认为洋务派所倡导的官督商办企业是对民族工商业的压制，是中国工业不兴的重要原因。宋育仁也抨击了在官办企业尤其是在官督商办企业中，对商人不予重视以及商人权利无法得到保障、处于弱势群体的弊端。"动以官法治之，既不习于商，上下情不通，而中饱浮费之弊多也。"②

　　甲午战争之后，列强加剧了对中国的经济侵略。维新派志士对此触目惊心，空前严重的民族危机迫使他们考虑经济方面的改革措施。在《公车上书》中，康有为提出："窃为皇上筹自强之策，计万世之安，非变通旧法，无以为治，变之之法，富国为先。"③其中所说的富国之法，就是康有为关于经济改革的一系列设想，实际上也是发展民族工商业的若干举措，诸如改钞

---

①郑观应：《盛世危言·商务二》，载于夏东元主编：《郑观应集》上册，上海人民出版社1982年版，第612页。

②宋育仁：《时务论》，载于于宝轩主编：《皇朝蓄艾文编》卷二·通论二，上海官书局1903年版，第30页。

③康有为：《公车上书》，载于中国史学会主编：《戊戌变法》第二册，《中国近代史资料丛刊》，神州国光社1953年版，第140页。

法、修铁路，推广机器轮舟以及兴办开矿铸造、创办近代公司企业等。与康有为的认识相一致，宋育仁也抨击了国内不重视发展民族工商业的现状："天下之说曰：今日之病在轻艺工桔，诚是也；今日之病在薄商货滞，诚是也。"①虽然自19世纪60年代末就开始出现由国人自办的民族工商业，但由于受到本国封建主义与外国资本主义的双重压迫，民族工商业的发展极其艰难，前进步履相当缓慢，可谓在封建主义与资本主义的双重夹缝中寻求生存与发展的机会，发展壮大何其难矣！

二、对发展工商业的具体构想

宋育仁一方面赞扬了国外工商业的优点，批评了国内工商业存在的弊端；另一方面，他进行了深入思考，针对当时中国工商业体制中所存在的问题，对症下药，提出了一些促进国内工商业发展的具体措施，并阐明了他的一系列关于发展民族资本主义的构想。

（一）改良工部

在甲午战争之前，宋育仁就意识到建立专门负责全国工商业的机构对于促进全国工商发展的重要性，并且指出作为传统衙门"六部"中的工部所存在的不合理处，认为工部本身弊端较多，无法担负起领导工商业发展的重任。"今者立工部以耗国用，其名存实亡。今世之工商者多，不与合财而共利，财为夺民业矣，皆自然之势，推行而尽利者也。"②的确，工部作为封建君主专制体制下中央六部之一，自隋朝设立至清代，历经一千多年，作

---

①宋育仁：《庸书·序》，载于赵树贵、曾丽雅编：《陈炽集》，中华书局1997年版，第1页。

②宋育仁：《时务论》，载于于宝轩主编：《皇朝蓄艾文编》卷二·通论二，上海官书局1903年版，第28页。

为掌管全国工程事务的工部，曾经在历史上发挥过积极重大的作用，但是，在亟待振兴民族工商业的晚清时期，工部显然已无法适应时代赋予的新使命，工部旧制亟待改革。

鉴于此，宋育仁提出改革工部的具体主张："今者立工部，复有内务府，宜以供御之事，一归之内务，而变通工部衙门旧制，而参以外国之法，先责令工部司员晓习工事，若算、若舆图、若营造、若制作、若鼓铸，分其门目，务令知其所司，由一事以上，以多能为课最，不愿习者对品改官，仍归部署。"①工部本是主管土木兴建及水利等工程事务的传统中央职能部门，而宋育仁却赋予它新的时代内涵，他认识到由不谙熟工业的官员来任职于工部，是无法履行工业管理的职责和担负起领导民族工商业发展重任的，因此，他寄希望于通过削减工部的冗杂事务，尤其是通过让工部官员学习算学、舆图、营造、制作、鼓铸等西方科学技术，提高他们的西学素养，对他们加强有关现代工业知识和技能的培训，使他们能通晓工事之学。宋育仁寄希望于通过提高工部官员的西学素养，使得改革后的工部担负起领导全国工业乃至工商业发展的重任。与宋育仁改良工部的主张相似，早期维新派人士也积极要求清政府采取措施，保护和促进民族资本主义工商业的发展。如郑观应建议，清政府应在中央职官体制中专门设立主管全国工商业事务的商部，以"公忠体国、廉洁自持、长于理财、无身家之念者"为部务大臣，在各省水陆通衢分设商务局，由地方官公举素有声望的绅商为局董，保护工商业者。②

维新派人士对于建立促进工商业发展的专门机构也高度重视。维新运动期间，康有为为确保他制定的全面发展资本主义的

---

① 宋育仁：《时务论》，载于于宝轩主编：《皇朝蓄艾文编》卷二·通论二，上海官书局1903年版，第28页。

② 郑观应：《盛世危言·商战上》，载于《郑观应集》上册，上海人民出版社1982年版，第588页。

纲领能够得以实现，上奏光绪帝请求建立制度局及另设十二局，其中就包括设立专管工商业的农工商局，并且力主对于制度局及所属十二局的主管官吏，应选拔参与变法或同情变法的"通才"来担任；另外他还建议在中央设立商部，各省设商务局，统一由总理衙门领导。与康有为要求设立农工商局来统一管理民族工商业的主张相比，宋育仁要求对工部进行改革以促进工商业发展的主张有些不切要害，因为，发展近代资本主义工商业，亟须具有近代工商业素养和丰富管理经验的人才，仅仅通过提升工部官员的西学素养，让他们来管理和领导现代工商业的发展，很难起到有效的作用。值得肯定的是，在宋育仁要求改良工部的主张中，不乏体现出他寄希望于通过自上而下的机构改革，进而推动民族工商业发展的良苦用心。另外，提高工部官员的西学素养，对于这些官员办理公务而言，颇为有利，可以让这些官员由不懂近代工商业的外行逐渐变为内行，从而减少像洋务派官僚在创办企业时由于对工商业知识不足而犯下的各种错误，但是旧式衙门腐败、落后、效率低的弊病难以在短时间内改革成功。

  另外，宋育仁还提出由国家、官僚、民间共同集股在京城首先设厂，并聘请精通某项工业技能的外国艺师担任工厂的技术指导老师，通过考试来录用和升迁洋艺师。"国与官民共集股，首立厂于京城，统于一署，而分为数区。由设若干作，延外国艺士为师；每一作有都工，由洋艺师考课而升也。欲学为徒者，以都工为师。"[①]从中可以看出，宋育仁认识到了提高从业者的素质对于工业发展的重要性，因此，他才以"师夷长技"的思维提出聘请优秀洋艺师的主张，他的主张沿袭了洋务派的做法，是符合历史发展潮流的进步之举。实际上，在洋务运动中，洋务派所兴

[①]宋育仁：《时务论》，载于于宝轩主编：《皇朝蓄艾文编》卷二·通论二，上海官书局1903年版，第28页。

办的各项洋务事业中，聘用了大量有一技之长的洋人，他们为各自所从事的洋务事业发挥了聪明才智，为洋务运动做出了一定的贡献。

（二）大开矿禁

积极要求发展采矿业是宋育仁工商思想中的另一组成部分。宋育仁要求发展采矿业的思想与甲午战争后极其危急的时局有紧密联系，也与甲午后清政府矿务政策之变化密切相关。甲午战争之前，清政府禁止和限制民间开矿，对于民间开采金矿，清政府则限制更严。甲午战争之后，部分朝臣提出应着重发展商办工矿业，如1896年监察御史王鹏运上奏请开办矿务折，呼吁朝廷"特谕天下，凡有矿之地，一律准民招商集股，呈请开采，地方官吏，认真保护，不得阻挠。期以十年，矿产全开，民生自富，国用犹有不足，国势尤有不强者，未之有也"。[①]在多种因素的推动下，清政府同意并鼓励私人投资办厂，并成立路矿总局，民间采矿业因此而开始获得发展。

甲午战争之前，宋育仁于《时务论》中就提出解除矿禁的主张，而提出此主张的出发点则在于满足铸造金币之需求，他希望通过"大开矿禁"来缓解当时国内金币极度缺乏的不利局面。"谓宜大开矿禁，听民得自采，而官收铸，驱游民以归工，用金银以制币"。[②]甲午战争之后，列强对华侵略程度较甲午之前更深，在此背景之下，宋育仁再次明确提出"开矿"主张，这是对甲午战争之前"大开矿禁"主张的继承与发展。1896年，宋育仁怀着救国济民之心，规划理财办法，给政府上理财折："国用孔

[①] 王鹏运：《请通饬开办矿务鼓铸银圆折》，载于中国史学会编：《戊戌变法》（二），属《中国近代史资料丛刊》，上海人民出版社1957年版，第291页。

[②] 宋育仁：《时务论》，载于于宝轩主编：《皇朝蓄艾文编》卷二·通论二，上海官书局1903年版，第34页。

殷，民生日困，详筹理财利弊办法，以济时艰事。"①奏折中详细陈述了他构想的理财四策，即"开矿、铸币、设行、行票"，从次序上来看，他把"开矿"放在理财四策首位，足见他对于开发矿产的高度重视，宋育仁进一步补充："但就四事之中，略有先后次第，首先开矿。"②在宋育仁上奏的这具理财折中，他所提议的开矿主要是指开金矿，他认为开金矿可以为铸造金币提供充足的原料来源，开金矿与铸金币二者之间互为表里，即"非开矿则金无来源，开矿铸镑相表里"。③此外，甲午战争之后列强加大了在中国开矿的力度，鉴于此不利形势，宋育仁从与列强争夺利权的角度阐述了开矿的重要性和紧迫性："挟其资本以为觊觎中国之金矿，我非自行开矿不能保有利源。"④

对于如何开矿，宋育仁进行了多方面的比较和理性的思考，他对官办、商办、官督商办三种形式均进行了抨击，认为它们均不尽如人意，均不完美，都存在弊端。"官场之锢弊已深，官民之不相信已久，官办固弊窦百端，徒资中饱以亏国币；商办亦诡漏百出，非徒无益兼以病民；如令官招商督办，始则官借端需索，乘势以诱取商财，继则商挟贿行私恃符而拖欠国课。"⑤他还介绍了美国和俄国的矿务章程，相比之下，他认为俄国的矿务章程较为优越："俄国矿务章程听民集股自采，由官监察收税

---

① 宋育仁：《翰林院代奏理财折》，《经世财政学》卷五附篇，上海同文书社1905年版，第1页。

② 宋育仁：《翰林院代奏理财折》，《经世财政学》卷五附篇，上海同文书社1905年版，第5页。

③ 宋育仁：《翰林院代奏理财折》，《经世财政学》卷五附篇，上海同文书社1905年版，第1页。

④ 宋育仁：《翰林院代奏理财折》，《经世财政学》卷五附篇，上海同文书社1905年版，第2页。

⑤ 宋育仁：《翰林院代奏理财折》，《经世财政学》卷五附篇，上海同文书社1905年版，第2页。

法，至简易，有利无弊。"①比较中外，宋育仁进一步认为清政府应取消矿禁，至于取消矿禁后该如何组织开矿，宋育仁做了详细构想，他针对开矿的具体组织、对矿的管理及经营方式以及对矿户的征税方式、对所开之矿的监督等方面提出了自己的见解："拟请开除矿禁，听民集股开采，或自厂自办，具呈报官，即行验准或租地开厂，由矿商与地主自订合同，呈请地方官用印，以杜日后争诉之端，此外由商民自行办理，官不得阻挠干预。无论金银铜矿必入炉分化始成，但责成督抚派员稽查，按炉征税，每金一两，征税二钱，由户部造给税票，由一钱以至十两为差，但官权太重，则恐蠹厂扰民；商权太专，则恐包私漏税；拟就本地择廉正绅士通晓矿务者，由督抚奏请督办与商家会订章程，会同税务官员监察收税，商由统率章程化一，则无从垄断；绅有考成，事权相属，则不致营私，周知本地情形，又与官场相习，上下之情易通，一切蒙蔽皆去，国裕而民不扰。"②可见，宋育仁所主张的开矿形式为"听民集股，自厂自办"，除了在租地开厂、订立合同手续方面，需要报官加印，接受官方的监督之外，涉及开矿具体事务则提倡"由商民自行办理，官不得阻挠"，这种由民间主持开矿、商人具体主事的开矿方式，与甲午战争之后部分进步人士呼吁发展商办采矿业的主张相一致，符合历史发展的趋向，实属进步之见。此外，宋育仁还就如何征收矿税提出了具体的办法，他认为，委托官、商征税均存在弊端，在他看来，要想避免由官方或者商人征税所产生的弊端，就应该挑选本地通晓矿务之士绅，授权其与矿商订立开矿章程，并令其会同征税官员来监督收税，对于矿商则按商务章程管理，同时，他对委托士

---

①宋育仁：《翰林院代奏理财折》，《经世财政学》卷五附篇，上海同文书社1905年版，第2页。

②宋育仁：《翰林院代奏理财折》，《经世财政学》卷五附篇，上海同文书社1905年版，第2页。

绅办理矿务的优点予以高度评价和充分肯定。

由上可见，宋育仁提出由民间集股开矿的思想符合甲午战争之后历史发展的趋势，与甲午战争之后不少呼吁由民间开矿、大力主张发展商办企业的思潮相一致，属于符合时代潮流的进步主张；不过，在具体运作方式上，宋育仁反对完全由商人负责矿务，却极力主张重用懂商之士绅来参与矿务事务，并对士绅在其中所起的作用大为夸赞，这种观点显示出他对矿务商办的做法既有一定程度的认同，又不完全放心，说明他对矿务完全由商办的优点还缺乏更深入的认识和理解，过分重视士绅作用的一面则与他自身作为封建士大夫中的一员密切相关。

（三）重用商人

在甲午战争之前宋育仁未出国之时，他就初步认识到了商人的价值所在。他在《时务论》中介绍了外国重用商人以及对优秀商人予以奖励的现象："外国市肆由首董自用贾人。西例公司主肆皆用贾人，积资劳以次升为总办，得资财以附股，而不奖以官"。[1]此外，宋育仁还注意到了外国商人在其国政治生活中的重要地位。中外相比之下，宋育仁认为，中国商人极其不受政府重视，在从事商业活动的过程中饱受煎熬，备受盘剥，他以中国繁杂关税对商人的盘剥为例进行了说明："中国之关税似密而实疏。商不困于征，而困于旅食；不耗于正税，而耗于中饱矣！"[2]的确，晚清繁杂的关税体制对于国内商人的伤害极大，严重打压了商人投身于发展民族工商业的激情，进而导致严重抑制了民族工商业的发展。比较中外商人的不同处境之后，宋育仁

---

[1] 宋育仁：《时务论》，载于于宝轩主编：《皇朝蓄艾文编》卷二·通论二，上海官书局1903年版，第22~23页。

[2] 宋育仁：《时务论》，载于于宝轩主编：《皇朝蓄艾文编》卷二·通论二，上海官书局1903年版，第23页。

有感而发,提出"商人乃富国之资"的看法,并极力主张在国内所办的厂矿中,采买任务应该交由商人处理,这从一个侧面体现出他的重商思想。维新运动期间,宋育仁受命赴重庆主持四川全省商务事宜,抵渝后开设商务局,亲自订立了《附设四川商务局招设公司十五条》,其中提出兴办商务要联合华商、自设公司、重用商人,表明了他主张重用商人,以此促进发展民族工商业发展的思想。宋育仁要求政府重视商人、重用商人的思想与早期维新派其他人士的思想相一致,他们都呼吁提高商人的社会地位,都要求抛弃重农抑商、商为四民之末的传统观念,主张由商人创办公司,政府予以必要的帮助与支持。

(四) 兴办公司

宋育仁对公司制度的理论思考与亲身实践均颇为重视。他不仅在其著述中多次介绍西方公司及公司制度的运行情况,大力宣传公司制度的优点,而且还从事过创办公司的实践活动。甲午战争之后,他便以"善办工商"之名以"四川商务监督"的身份受命回四川办理商务,到四川后于重庆设立商务局,负责全川商业公司的组建事务,并亲自制定《附设四川商务局招设公司十五条》,对拟创建公司的相关事宜做了详细的规划,随后他主持兴办了许多实业公司,先后开办洋车、洋烛、煤油、煤矿、玻璃、卷烟、药材等公司,并着手创设了由重庆、上海商人合办的"川省火油公司",极大地推进了川渝地区民族工商业的产生和发展。

1. 对公司及公司制度的认识

公司制度的产生在西方最早可以追溯到古罗马时期,它能聚集资本,对资本主义的发展产生过巨大的促进作用。[①]自晚清

---

① 李玉:《晚清公司制度建设研究》,人民出版社2002年版,第4页。

以来，伴随着西方的坚船利炮，发源自西方的公司制度传入了中国。早在鸦片战争刚结束后，魏源在其《海国图志》中就对公司做了介绍："公司者，数十商辏资营运，出则通力合作，归则计本均分，其局大而联。"①随后，王韬、薛福成、马建忠、郑观应、陈炽等分别撰文介绍过公司及公司制度。洋务运动期间，洋务派也仿照西方公司之例兴办了一批企业，主要为民用企业，这些企业都采用公司制运行。对于西方的公司及公司制度，宋育仁表现出高度的重视。

(1) 对西方公司及公司制度本身的认识

19世纪末，宋育仁对西方公司制度的认知主要表现为与西方公司制度密切联系的相关情况，比如公司的组织形态、经营范围、用人制度以及维护公司利益的商会等。

在蕴含宋育仁维新思想的名著《时务论》中，宋育仁在介绍"外洋之富在于工商"的几个方面时，就提到了西方由民间集股而设立公司，外国交通工具的制造全由公司承办以及外国公司众多的现实，并且还宣传了西方公司制度的优点，即在公司的运营机制下货物畅通。"联公司则货无所居奇，而亦不至踊滞。"②此外，他也注意到了为保护公司的利益，相互联合而建立的组织——商会以及商会的组织情况："凡一市事皆立公司，数公司联为一商会，皆有首董。凡商会之程式皆定于首董，而质成于商部。"③宋育仁还介绍了西方公司的组织形式即以民间集股为主，以官方入股为辅，并且对公司中商人的任用、奖励

---

① 转引自张登德：《寻求近代富国之道的思想先驱——陈炽研究》，齐鲁书社2005年版，第261页。

② 宋育仁：《时务论》，载于于宝轩主编：《皇朝蓄艾文编》卷二·通论二，上海官书局1903年版，第22页。

③ 宋育仁：《时务论》，载于于宝轩主编：《皇朝蓄艾文编》卷二·通论二，上海官书局1903年版，第22页。

以及升迁情况做了说明。"西例商会之公司,皆民间集股,公家如入股,付官本以听于公司,如别立官肆,则稽于商部,从其商会公司之式,主肆皆用贾人,积资劳以次升为总办,得资财以附股,而不奖以官。"①

虽然19世纪末的宋育仁对公司制度的认识主要局限于就事论事,即此时他对公司及公司制度的认识主要集中在与公司及公司制度本身密切联系的相关情况,认识的程度停留在表面,比较肤浅,还未触及公司制度的实质等深层理论,但从他对公司制度的介绍中流露出他对西方公司制度的赞扬羡慕之意。

(2) 对公司与银行、保险等关系的认识

到20世纪初年,宋育仁在其经济学专著《经世财政学》一书中,对公司予以专门论述,此时他对公司制度较之前有了更深刻的认识,在阐述公司内涵的时候并非孤立地论及公司本身、就事论事,而且还注意到了公司与银行、保险之间的联系。"明士学则始足与言商学,首在明公司之理,次在知银行之务,尤在晓习钱币与货物出入。公司有自治之政,而无亏闭之理,有商董担任而后能集公司;有银行担任,而后能售股票;有公家保险,而后成公司;不足为良贾则不能举公司。"②此番论述中既说明了商董、银行、保险、良贾这些要素对于筹建公司的重要性,也阐明了公司与银行、保险之间的关系。

《经世财政学》中所反映的宋育仁在20世纪初对公司制度的认识深度,明显要比19世纪90年代初他撰成《时务论》时对公司制度的认识更深一层,造成这一现象的原因在于:一方面,甲午战争期间宋育仁以外交官的身份踏出国门,外交官的特殊身份使

---

①宋育仁:《时务论》,载于于宝轩主编:《皇朝蓄艾文编》卷二·通论二,上海官书局1903年版,第23页。

②宋育仁:《经世财政学》卷三,"明士学"第三,上海同文书社1905年版,第2页。

他有机会得以近距离观察西方社会的运作情况，其中公司制度就在他的考察内容之内，通过亲身考察再加之其勤于思考，他对公司的认识也随之深化；另一方面，实践是认识发展的动力，能促进认识的深化。维新运动期间，宋育仁赴重庆从事创办公司的实践活动，通过丰富的创办公司的实践活动，既使他有机会用已有的对公司的认识得以指导创办公司的实践工作，同时，他在创办公司的实践中又深化了对公司的认识。

2.创办什么样的公司

宋育仁不仅介绍了西方公司制度的优点和特点，而且还亲自参与了创办公司、促进川渝地区民族工商业产生及发展的实践活动，亲自为创办的公司订立章程。创办公司的实践活动使宋育仁既有的对公司的认识得以付诸实践，同时也进一步深化了他对公司思想认识的内涵，"创办什么样的公司"成为维新运动期间宋育仁在四川创办公司时必须面对和解决的重要问题，也成为宋育仁公司思想内涵的核心内容。

(1) 与列强争利权

甲午战争后，列强掀起了在华开矿、办公司的热潮，中国在矿山、铁路等工商业项目方面的利权损失严重，朝野上下几乎一致呼吁自强御侮，而且不约而同地提出以振兴工商、发展实业为自强手段。在此背景下，清政府也开始重视发展工商实业，并采取了一系列促进发展工商实业的措施。

在此大时代背景之下，宋育仁以善于工商之学知名，被时任国子监祭酒张百熙举荐，清廷授予宋育仁"四川矿务、商务监督"之官职。1896年3月宋育仁出京，1897年10月抵达重庆开设商务局，详细地订立了招商及开设公司的具体章程。鉴于对甲午战争之后民族危机的深刻认识，宋育仁把兴办商务的宗旨明确地规定为"挽回利权，抵制洋货"，这与当时国内极力呼吁发展民族工商业的思潮以及清政府对民族工商业政策的转变相一致。宋育仁提出办理商务、兴办公司的目的之一在于与列强争夺利权，并认为兴办商务的要领在于"开利源，塞漏厄，占市埠，保地产"，在公司的创办形式上，他提出由华商自设公司。至于宋育仁所设计的制造与转运两类公司事务，他认为虽在运作模式上仿效外国，但其宗旨是为避免利权外溢与外人包揽。"窃维商务因挽回利权，抵制洋货而设，以开利源，塞漏厄，占市埠，保地产为要领，自必联华商，自设公司，始足与洋商抵。制造一切，须仿照洋法，自制自销，使利权不至于外溢；转运各货，须化散为整，自运出户，毋任外人包揽，抑勒俾土货不至贱售；至于通商码头、产矿处所，尤须预估先著，以杜外人垂涎。"①

上述宋育仁对创办商务以及兴办公司宗旨的阐述体现出他对甲午战争后民族危机加重的强烈感受，他所提出的由华商自办公司的主张以及对于制造、营运事务的规划，均建立在自强御侮的思想之上。维新运动期间，宋育仁在重庆主持开办了不少商业公司，他甚至乐观地预料如果他订立的公司章程早日付诸实践，则煤油、矿、锑沙三项利权可尽收归我国，而不至于为外国所把持。"商业先后开办洋车、洋烛、玻璃、烟卷、药材、白蜡、竹棕、青麻、煤油、煤矿、锑沙。若早能奏定章程，事归划一，则煤油、矿、锑沙三项利权在我，不致纷纷争办，受制于人，其得失盖已较然可见。"②宋育仁希望早日与列强争夺利权并获得成功的想法，反映出他强烈的反侵略意识和发自内心的救国思想，这与当时爱国志士的普遍认识相一致；但是，当时外国资本实力雄厚而且受不平等条约的庇护，而中国民族工商业实力弱小却不

---

①宋育仁：《覆陈四川商务折》，载于宋育仁：《经世财政学》卷六附篇，上海同文书社1905年版，第10页。

②宋育仁：《覆陈四川商务折》，载于宋育仁：《经世财政学》卷六附篇，上海同文书社1905年版，第11页。

受政府重视，在这种西强中弱的背景之下，与列强争夺利权谈何容易！因此，宋育仁与洋争利的主张想法颇为可贵，可惜却很难在短时间内实现。

（2）拒绝吸纳洋股

宋育仁除了极力呼吁与列强争夺利权之外，他还强调在商办公司中拒绝吸纳洋股的加入，极力主张由华商自设公司、自主经营，独立自主不依赖外援，他在公司章程中明确规定："各公司均不准招集洋股。"[①]很明显，这种主张是为避免列强对中国民族工商业的控制，鼓励商办企业自立自强，以御外辱。虽然宋育仁明确提出创办公司的目的旨在与列强争夺利权，并拒绝洋股的加入，但他并没有对列强采取完全排斥的态度，他认识到外国在办理公司方面比中国更具有先进性，因此，在商办公司的经营方面，宋育仁大力主张学习外国在经营公司方面的先进经验，以便不辜负朝廷筹办商务以抵制列强侵略之意图，并且流露出"师夷长技以制夷"的思想。"川商设立公司，采运、出口均应按照外国商例，限年专办，以先设公司立案为凭，行销口岸，以承认税则为断，以上情形，倘不预为经划办理，不归一律，商本必亏无着地，利一失难收，恐非朝廷筹办商务抵制外洋之本意。"[②]由此可见，宋育仁并没有因为反对列强经济侵略而盲目顽固地彻底排外，而是能够一分为二地以辩证理性的态度看待西方公司制度的优缺点，进而主张取其精华，为我所用。

（3）公司重用商总

宋育仁十分重视在公司中任用商总，按照他对公司的构想，要充分发挥商总在公司中的作用，给予商总尽可能多的对公司自

[①] 宋育仁：《附设四川商务局招设公司十五条》，载于宋育仁：《经世财政学》卷四附篇，上海同文书社1905年版，第10页。

[②] 宋育仁：《覆陈四川商务折》，载于宋育仁：《经世财政学》卷六附篇，上海同文书社1905年版，第10页。

治自理的权力。首先，他对商总的内涵以及其产生方式予以阐明："每项商业以出本承办者为本项商总。"①可见，在宋育仁看来，对于出资创办公司的人即商总应予以高度重视。接着，他明确指出商业本来应该由商人来办理，具体来说应该由商总自筹资本筹办公司，等公司开设之后，再吸纳其他民间股份。"商本商办，先由商总自备资本开办，俟该项商业试办有准，始行推广出票，集股款以昭公信。"②此番言论表明，在宋育仁眼中，商总即为商人，由商人自备资本来开办公司，除了体现出宋育仁重用商人的思想之外，也与当时四川地处内地风气闭塞、发展商业的观念未能深入人心导致集股艰难的现状有密切关系，他在奏折中如实记录了这些制约四川商务开办的客观因素："川省边僻，风气未开，集股较他省尤难，商情尤与外人不洽，此次创办商务，既未敢先集洋股，又未得借领公币，全恃多方劝导，示信商民，创为商本。"③实际上，甲午战争之后，虽然清政府允许民间老百姓兴办工商业，并给予政策上的支持，但资金问题却成为制约民族工商业发展的重要因素之一。

宋育仁重视公司中任用商人的思想还表现在对商办公司具体事务的安排上，尤其是对商总的高度重用上。比如，他明确指出，"各项商业听由各项商总主办"，尤其在所办公司的用人体制上，商务总局不得干涉，这即给予商总很大的自主权。不过为防止用人不善，宋育仁也规定了商总对任用之人应予负责的机制："公司用人悉由本公司商总主持，总局概不干预；所用之人或有侵欺情事，

---

① 宋育仁：《附设四川商务局招设公司十五条》，载于宋育仁：《经世财政学》卷四附篇，上海同文书社1905年版，第9页。
② 宋育仁：《附设四川商务局招设公司十五条》，载于宋育仁：《经世财政学》卷四附篇，上海同文书社1905年版，第9页。
③ 宋育仁：《附设四川商务局招设公司十五条》，载于宋育仁：《经世财政学》卷四附篇，上海同文书社1905年版，第10页。

惟商总是问；总局与官场及局外有力者，俱不荐挂名乾薪，以杜情面请托。"①此外，宋育仁还认为无论转运公司还是制造公司，其所属的各项商业都应该由商总来实行高度自治。在由他拟定的《附设四川商务局招设公司十五条》中还规定，即使对于公司股东所推荐之人，也应由商总来为其分配岗位及具体工作，不服从商总指教者，责令开除，同样一旦出事，商总应该义不容辞地承担责任。"公司所用各友以保人保单为凭，入股万金者，准荐一人，其派任何事，仍由商总主持，不得指荐某事，办事不合，听凭开除，仍准另荐，如有亏空银钱，凭商总议赔，惟保人是问。"②

可见，《附设四川商务局招设公司十五条》中体现了宋育仁要求充分赋予商总管理公司人事权的思想。其次，他还允许商总对自己拟定的公司章程《附设四川商务局招设公司十五条》提建议，并承诺章程中如有不合理之处，则及时变通。"各项商业，如开办后，情形与章程有疑者，准商总赴局呈明实在情形，量为变通酌改。"③商总是公司的实际负责人，重用商总，尽可能多地发挥他们的聪明才智，无疑会充分调动起他们的积极性，增加他们对公司的主人翁精神和高度责任感，对于促进公司的发展会起到积极的推动作用，从这个意义上来讲，宋育仁重用商总的思想符合时代进步的潮流，进步可取，难能可贵。

(4) 部署具体事宜

除上述几方面宋育仁对公司的规划和设计外，他还对公司的具体事宜进行了详尽规划，体现出他对兴办商务公司的高度重视

---

①宋育仁：《附设四川商务局招设公司十五条》，载于宋育仁：《经世财政学》卷四附篇，上海同文书社1905年版，第10页。

②宋育仁：《附设四川商务局招设公司十五条》，载于宋育仁：《经世财政学》卷四附篇，上海同文书社1905年版，第10页。

③宋育仁：《附设四川商务局招设公司十五条》，载于宋育仁：《经世财政学》卷四附篇，上海同文书社1905年版，第10页。

和由衷热爱之情。他把拟办的商业公司分为两类，并指出各自的经营范围："商务分转运、制造两项。土货行销出口者，归入转运公司；改造土货及仿造洋货者，归入制造公司。"①另外，他还在公司章程中规定了商务局的职责，声明商务局应为公司的发展保驾护航，充当沟通官与商之间的中介。"占销口岸、购运机器、延请匠师、订立合同等事，仍须由各衙门及商务总局护持，以免阻疑；如有意外、流弊、必须变通之处，由总局约集各商总酌议。所议如出自下情，总局代达官府；如出自官论，亦由总局转论商家。"②而且，宋育仁还对商办公司的运营提出"预筹销路"的规划，要求在各重要通商口岸设立转运、制造分公司，由总局来处理分公司与地方机构的交涉。"商业须预筹销路。拟由商务局派设宜昌、汉口、上海等处转运、制造分公司，其与各地方衙门及海关交涉事件，由总局咨请本省各衙门，分别咨详各省督抚关道立案。"③这充分体现了宋育仁欲利用商务局的职能来为兴办公司保驾护航，进而促进商业发展的思想。

除上述各项之外，宋育仁对各分公司的具体职责以及人事任命、经费来源等情况也做了详细规定，而且还提出了发行股票的具体做法，对股票票面的内容、领股息的办法，以及对公司的财务问题，诸如货本、人工、运价、开销、利润等也做了详细规划，尤其值得一提的是，他还提出了保护专利的主张，但同时建议公司在享受专利一年之后要推广专利，对自恃专利为私有而不予推广的公司，总局予以督查。"援照商例，酌予专利年限，别

---

①宋育仁：《附设四川商务局招设公司十五条》，载于宋育仁：《经世财政学》卷四附篇，上海同文书社1905年版，第9页。

②宋育仁：《附设四川商务局招设公司十五条》，载于宋育仁：《经世财政学》卷四附篇，上海同文书社1905年版，第9页。

③宋育仁：《附设四川商务局招设公司十五条》，载于宋育仁：《经世财政学》卷四附篇，上海同文书社1905年版，第9页。

家不得仿造；如苟图专利，无意推广者，应由总局随时督查，以昭公允。"①这说明宋育仁已认识到源自西方的专利制度在工商业发展中的重要性，确实，专利制度作为商品经济发展的产物，它把发明创作作为一种财产权予以法律保护，有效地保护了发明创造人的利益，对于个人或者企业从事创造或者创新活动都产生了积极的刺激作用，极大地调动了个人的创造热情，也有利于调动企业的技术创新，促进企业乃至带动整个工商业的发展。

综上所述，宋育仁对创办公司做了周密细致的规划，体现出他对发展民族工商业的高度重视，可谓用心良苦，他对公司及公司制度的一些看法在今天也具有启示意义。宋育仁不仅积极介绍西方公司及公司制度，而且还把它与当时中国的国情结合起来，他在借鉴洋务派所办的官办以及官督商办企业经验教训的基础上，亲自订立四川商务公司章程，鼓励华商积极投资办公司，主张筹建股份制公司。在他的主持下，四川第一批近代民族工商企业得以创建，极大地促进了川渝地区民族资本主义经济的发展。宋育仁无愧于"川渝地区民族工商业创始人"的称号。对于公司这种工商业发展的组织形式，维新派人士中对其重视者不乏其人。以陈炽为例，他在甲午战争之前就认识到了公司的重要作用，对西方强国依靠公司力量富强深有感触，指出"公司一事，乃富国强兵之实际，亦长驾远驭之宏规"。②他后又在《续富国策》中对公司制度的优点予以专门论述，还呼吁通过设立商律来维护公司的发展，并且还提到了企业文化建设问题。陈炽与宋育仁的公司思想相比，相同之处在于二人均对公司制度予以高度重视与充分肯定，都对公司制度如何有效运行做了详尽的规划；不

---

①宋育仁：《附设四川商务局招设公司十五条》，载于宋育仁：《经世财政学》卷四附篇，第10页。

②陈炽：《庸书·公司》，载于赵树贵、曾丽雅编：《陈炽集》，中华书局1997年版，第97~98页。

同之处在于：二人对公司制度论述的侧重点有所不同，宋育仁主要结合其亲身创办公司的实践，从宏观与微观两个方面着眼对公司及公司制度进行论述，涉及创办公司的宗旨、公司的人事任命、公司的类别、公司的具体事务、公司的经费等诸方面；陈炽则主要侧重于对公司制度的宏观思考，如公司的优点、公司的作用、公司的信誉问题等。此外，宋育仁有着主持商务、创办公司的亲身经历，而陈炽却只是从理论上对公司制度予以阐述。因此，宋育仁既有对公司制度的理论宣传和理论构建，又有亲身创办公司的实践活动，比陈炽更胜一筹。

总之，宋育仁的工商思想体现了他对中国民族工商业问题的深入思考和细致观察，其工商思想也是生于国力衰弱的晚清社会的他内心浓厚忧患意识和爱国情结的产物。他的工商思想是对早期维新派工商思想的继承和发展，是近代经济思想宝库中的重要组成部分。他不仅口头呼吁重视发展工商业，而且亲身实践，维新运动期间受命在巴蜀地区创办工商业，将自己的工商思想付诸实践，为发展四川地区民族工商业积极奔走呼号，身先士卒，充当了促进民族工商业发展的宣传者和"四川民族工商业创办者"的双重角色。

第四节 税制思想

近代中国税制繁杂，税种名目众多，极大地阻碍了民族资本主义的发展，也给民众的生计带来了负面影响。近代不少有识之士对税制问题高度关注，提出了一些整顿税制的举措，宋育仁便是其中一位对税制问题予以高度重视和认真思考的思想家，他既严厉抨击了中国税制存在的严重弊端，又对症下药，为极不合理的病态税制体系开了一副祛除病根的良药。

一、比较中西　中繁西简

在近代中国，发展民族工商业遇到许多阻碍和困难，其中不合理的关税制度尤其是厘金制度就是重要阻力之一。此外，海关税实为"协定关税"，由于不平等条约的签订，其早已丧失了保护本国民族工商业的作用。外国商品来华不仅享受低于本国商品税率的优待，而且还享有许多免税特权，中国商人则长期承受"逢关纳税，过卡抽厘"的极为苛刻、繁杂的征税体制，中国商人负担极其沉重。而且近代中国海关进口税低，出口税重，利于洋商，危于华商。国货销售到各地，除了交纳繁杂的税收外，还要抽取数量不菲的厘金，商人因此而备受盘剥，不堪重负，民族工商业的发展遭到极大的阻滞。面对不合理的税收体制，早期维新派代表人士要求改革税制和废除厘金，主张实行关税保护，轻征华商，重征洋商，马建忠的观点颇具有代表性："华商为我国之民，故轻其赋税，洋商夺我国之利，故重其征科。"①

宋育仁也以敏锐的眼光观察到了当时中国关税体制之弊端，一方面，他实事求是地对中国关税体制中存在的这些弊端进行了细致的阐述，表明自己的态度，并且对症下药，提出了改革关税体制的具体举措；另一方面，他介绍了西方关税征收体制的相关情况。在介绍西方关税体制的同时，他对中西关税体制进行了对比，对西方关税制度的赞扬之意尽显其中，认为西方的税收体制明显优于中国的税收体制。

针对当时国内关税征收不合理的实际情况，宋育仁直截了当、一针见血地指出其弊端所在，他认为，中国关税在征收过程中漏洞极多，丰厚的关税收入被征税部门的冗官冗员中饱私囊，尽情挥霍，商人却饱受"人为刀俎，我为鱼肉"之苦："中国之

---

①马建忠：《适可斋记言》，载于中国史学会编：《戊戌变法》（一），《中国近代史资料丛刊》之一，神州国光社1953年版，第176页。

关税似密而实疏。商不困于征,而困于旅食;不耗于正税,而耗于中饱矣!诡漏之途愈兴,关讥中设愈密。一局则委员、管记、吏胥以数十计,既靡费正等,而侵渔又倍矣焉。名与实交失,其何取于此?"①可见,在宋育仁看来,中国关税似密实疏,名实并不相符。

宋育仁在批评中国关税弊端的同时,还介绍了西方关税的征收情况:"外洋诸国于税务,惟征于所产之地,核于出关之始,税于所鬻之乡。凡三则已。与之质剂,听其行远。关则有讥而无征,取税之途,既简而易稽。司关又绝其入财之路,则诡漏者少,而中饱亦无藉可施。"②可见,在宋育仁看来,外国关税不仅种类简单,易于征收,而且杜绝了征税过程中征税人员中饱私囊的弊端。此外,宋育仁还夸赞了西方国家赋税征收的其他优点,如专门设立总会计官来稽查税收征收情况,提前做好税收预算,此举有效克服了税官中饱私囊以及被征税之人逃税之弊;相比之下,他认为中国对税收的督查却甚不合理,比如忽略了对征税过程的监督,以至于百弊丛生,危害甚多。"俄美及泰西诸国,每一都会宽乡,其民产岁若干镑及先令法郎卢布,皆有简稽,职于总司会计度支官,而质成于户部。视今岁之所入,量来岁之所出,以为赋税增减之数,故不得遁,而不得中饱,取之裕如。今中国乃稽于临取之时,与既取之后,谓之比校,此庸有及乎?虽严罚厚赏,犹不能禁,况赏罚皆有常宪,恒不逮其所获,则何为哉?即诚有竭力奉公,而有资于上,或重困于下,何则?未得其轻重之实也。"③宋育仁在介绍西洋诸国税务简单易稽的

---

①宋育仁:《时务论》,载于于宝轩主编:《皇朝蓄艾文编》卷二·通论二,上海官书局1903年版,第23页。

②宋育仁:《时务论》,载于于宝轩主编:《皇朝蓄艾文编》卷二·通论二,上海官书局1903年版,第23页。

③宋育仁:《时务论》,载于于宝轩主编:《皇朝蓄艾文编》卷二·通论二,上海官书局1903年版,第23页。

优点时，还进行了中西税制的比较，通过比较，反衬出中国税收征收名实皆失的弊病，体现出他对税收问题的高度关注与深入思考。

宋育仁进一步直接指出中外税收制度的最主要区别即"中繁西简"，并以中外关税为对象，深入分析了中外税制各自的特点。他认为中国陆地关税不征落地税，导致弊端丛生，商民备受折磨，为其所害。"中国税务繁苛，而外国税务简易。今中国既广远，辗转贩鬻，道里悬绝，不取落地税，则中途贸转者利厚，地道采买者利微，本处之货不自行销，而民业为商民所病。"相反，和中国的征税方式相比，西方国家则是本国货物出关时不征税，而对于进入本国海关的进口货物则予以重税。"今外洋本国小而属地远，利于揽利权，无取于徕远货，故出关不税，入关而重征，及其鬻而按取之，其实即落地税也。"①比较中西关税制度的区别，宋育仁对中国关税繁杂之批评和对西方关税简明的赞扬之意已显然流露出来，不过，宋育仁虽然已经了解到西方国家对于入关之货重收其税的现实情况，但他并未及时地进行进一步的深入探讨和思考造成这一现象的原因，这说明他对西方国家所实行的关税保护政策以及其背后的关税保护理论并没有弄清楚。这就使得他在阐述西方关税情况时如同隔雾看山，虽然大体见其轮廓，却不能清晰视之。

宋育仁还把批评的矛头指向中国海关不合理的征税机制，指出中国海关税中的弊端。在他看来，中国海关除不征收落地税之外，出关、入关均征税，而且关卡林立，税收种类极为繁杂。"中国海关出入兼征，独不取落地税，无所统宿，乃步步为之关卡，局税烦苛而取多。"相比之下，洋人把持下的海关税收征收

---

① 本段注释均出自——宋育仁：《时务论》，载于于宝轩主编：《皇朝蓄艾文编》卷二·通论二，上海官书局1903年版，第31页。

手续简练、高效，导致商户云集，以至于洋海关征收了数额丰厚的商税，获利颇丰。"洋关简易而取少，势不驱天下之商税，尽入于洋关不止。"另外，对于被列强把持的中国海关，宋育仁极为痛恨，揭露其弊端之深，危害之大。"洋关税项，虽仍归朝廷，而耗于海防出使洋务局者大半，存者仅为朽蠹，不转注于别省。上徒见洋关之日益，而不问各省之日消，外省既绌于经费，又设法以别取于民，民生日困，且财入人手，把持之局已成。常则以公帑权利息，供洋党烹分；变则挑衅启戎，恫喝勒索之谋作，是我守籍而人食租也。"宋育仁的这番话揭露了中国海关被洋人把持之弊端，诸如洋关税收多数都用在了洋务事业上，而用于各省的数目却甚少；在洋人把持下的中国海关中，洋员大量侵吞中国海关的关税收入，仗势欺人，横行跋扈，动辄行威胁勒索之举等。与宋育仁相同，早期维新派人士也强烈反对列强把持中国海关这一极度不合理的现象，他们指出，一方面，海关大权被洋人操纵；另一方面，由于海关进口税轻，国货出口税重，导致严重出超，进而造成本国民族工商业从业者无法与外商竞争。到甲午战争后，清政府为偿还巨额赔款，大肆举借外债，巨额贷款均以海关税收为担保，这种受制于人的不利局面，导致洋人把持中国海关更加有恃无恐，被洋人控制的中国海关更有利于列强的经济侵略，而对中国民族资本主义的发展却造成极大的阻碍。

此外，宋育仁还严厉地抨击了厘金制度之弊端，他认识到各省厘局开支庞大，数额惊人，就这一弊政，进行了猛烈的抨击："今之局务开销亦极弗正等矣，合各省厘局薪饷度支以千万计，税项即绌于曩时。"①宋育仁所揭露出的厘局开支过度以及厘金人员薪水过高的现象，始终是厘政的一大难题。由于厘金归地方征收支配，地方政府拥有很大的支配权，缺乏有效的监督制衡机

---

①本段注释均出自——宋育仁：《时务论》，载于于宝轩主编：《皇朝蓄艾文编》卷二·通论二，上海官书局1903年版，第31页。

制，以至于征厘制度漏洞百出，加之厘局经费开支无度等诸多原因，厘金中饱之风愈演愈烈。

甲午战争以后，庞大的外债负担都以关税作为担保，故而中国关税问题更为严重，这一现象引起了不少有识之士的热切关注；到维新运动期间，改革关税的呼声更日益高涨，其中改革不合理的厘金制度即成为朝野共识，康有为就曾奏请裁撤厘金，光绪帝也决心"行新政就绪，即决裁撤厘金"。但最终厘金制度并未废除，究其原因，其一，维新派没有提出一套切实可行的能代替厘金制度的征税方案；其二，厘金作为地方财政的重要来源，地方督抚视之为摇钱树，为厘金的废除设置重重阻力。实际上，厘金制度之所以难以废除，最关键的问题在于清政府并没有真心想废除它，究其原因，甲午战争以后清政府财政赤字庞大，厘金作为一笔丰厚而稳定的财政收入，有助于缓解空前严重的财政危机，因此，清政府绝不会轻易将其裁撤。

二、整顿税制　化繁为简

宋育仁一方面严厉抨击了中国税收征收体制中的若干弊病，另一方面他又满怀赞美之意介绍了西方税收征收的情况，字里行间流露出对西方税收体制的向往。比较中西征税情况之异同，宋育仁说明不改革税制危害性巨大，而改革税制则效果立显，既可以激发商人兴商报国之热情，又可以克服征税过程中税官贪污中饱之弊政："夫利害之相形则易明也，取多则商顾而之他，取少则商聚而归我。税轻而人不扰，则隐漏者稀，局少而事易稽，虽有侵渔者盖寡矣！"[①]言语中体现了宋育仁以抵御列强经济侵略、与列强争夺利权为宗旨重视关税改革的思想。

---

① 宋育仁：《时务论》，载于于宝轩主编：《皇朝蓄艾文编》卷二·通论二，上海官书局1903年版，第31页。

至于如何进行税制改革，宋育仁建议首先从负责征收税务之税局切入，改变税局征税之复杂程序，化繁为简，这样就能一举两得。"则何不变通税局，同于海关之简易；既除积弊，又收成效。"①另外，针对各省厘局奢侈浪费、挥霍无度的腐败现象，宋育仁提出了裁撤厘局的主张，认为唯有此举方能克服厘局人员过度浪费之弊，进而使得出入持平。"裁撤诸局，省极縻费，补苴亦略相当矣。"②宋育仁正是出于对征厘制度危害性的充分认识，才促使他产生了裁撤厘局的主张，这与当时许多进步人士的主张相一致，反映了时代的呼声，把握住了时代进步的脉搏。与宋育仁相同，早期维新派其他人士也对烦琐的税收制度以及不合理的厘金制度深恶痛绝，他们极力主张清政府实行关税保护政策，提倡政府加征海关税，废除厘金制度，并深刻揭露了厘金的危害性，甚至认为厘金不撤则商务不兴。"厘捐不撤，商务难以振兴。"③正是由于对当时税收体制弊端丛生局面的认识，宋育仁提出了对税务之源进行清理的主张，并认为清源之后，天下税务情况会极大地有所好转。"夫欲行简易之治者，宜先清其源也。税务之源既清，天下之大关、津之远征科可坐而定也。"④

总之，宋育仁主张改革税制尤其希望简化关税、废除厘金的目的一方面希望以此来减轻国内商人的负担，促进民族工商业的发展，另一方面也希望通过此举来与列强争夺利权，进而抵御列强的经济侵略。他呼吁改革税制的主张切中时弊，具有值得肯定

---

①宋育仁：《时务论》，载于宝轩主编：《皇朝蓄艾文编》卷二·通论二，上海官书局1903年版，第31页。

②宋育仁：《时务论》，载于宝轩主编：《皇朝蓄艾文编》卷二·通论二，上海官书局1903年版，第31页。

③郑观应：《盛世危言·厘捐》，载于夏东元编，郑观应著：《郑观应集》上册，上海人民出版社1982年版，第557页。

④宋育仁：《时务论》，载于宝轩主编：《皇朝蓄艾文编》卷二·通论二，上海官书局1903年版，第31页。

的积极意义。只是他改革税制的主张停留在言论呼吁层面，未被最高统治者采纳并付诸实践，但其对税收征收体制中不合理现象的关注与思考，尤其是对海关为洋人把持局面的不满和对中国关税体制弊端的抨击，颇具进步意义。宋育仁的税制思想作为其经济思想中的重要组成部分，其内涵基本上代表了同时代有识之士之共识，顺应了历史潮流。

第五节 交通思想

近代中国交通发展极为滞后，改善交通是中国近代化历程中需要解决的重要问题，直到19世纪90年代初，还没有一条由国人自办的铁路。对于这种落后状况，有学者曾指出："落后的交通运输（很费钱和时间）、不相适应的信贷和银行条件、中国通货的混乱状况，都阻碍了国内一体化市场的发展（即使这里也有政治文化原因），严重妨碍了中国商人去打破欧美贸易的外国垄断。"[①]这段话中，把近代中国落后的交通状况看作妨碍华商同外商竞争的首要条件，足见交通与商务的关系极为密切。近代不少有识之士也已经意识到，要振兴商务，就必须先得改变交通落后的状况。宋育仁就是主张大力发展交通事业的进步知识分子之一，他认识到了发展交通对于富国强民的重要意义，并提出发展交通的具体举措：提高交通工具的性能、平治道路、整顿船政、发展铁路。这些见解在当时难能可贵，颇具远见卓识。

一、重视交通 多策并举

在甲午战争之前，宋育仁就认识到了发展交通事业对于富国

[①] ［美］柯文著，雷颐、罗检秋译：《在传统与现代性之间——王韬与晚清改革》，江苏人民出版社1995年版，第183页。

强民的重要性，主张大力发展交通业，并且对症下药，提出了发展交通的具体策略，倡导多策并举，改进交通工具、兴修道路、变通南方船政等。

宋育仁对于交通工具的重要性有着深刻的认识，他深深地认识到交通工具的改善能够极大地改进交通状况。甲午战争之前，宋育仁就注意到京城周边各省车之用途较广，而民间所造之车既笨又差，根本无法满足需求。他还注意到了西方由民间公司制造交通工具的情况："工无冗事，意在养民而费已节矣。外国之车政咸划一矣，其自火车、马车、载车、东洋人车，皆作于公司，车出而税入，车厂不掌于官而各公司以会为联。"①比较中西之后，宋育仁提出应专设车厂以专门造车，并督选良工巧匠负责造车相关事宜。"近京各省，车用甚广，宜专立一厂，聚工而作。今市民所造车笨滞而无度，惟以任载耳。宜择司员通晓其务者，督选良工，因就式而损益。"②他还建议将车厂所造之车分为官车与民用车两类，官车又分为四种，主张禁止民间生产官车，更不能在市面销售，民用乘车则任由民间自行生产，并任其销售，认为如此以后，既不夺民业，又可以生财，一举两得。

除重视交通工具的作用，主张设专厂造车之外，宋育仁还认识到了筑路对于便利交通出行、促进商品流通的重要性，《时务论》中他表述了对这一问题的看法及其建议，并以修整车政为切入点，指明平治道路对于兴办车政的重要性，认为"道途治则举车政矣"，并提出具体平治道路的方式，建议首先从京城开始，先对京城的道路进行平治，然后再扩展到外省，采取广集民间资本、官督商办的方式。"顾船政、车政虽同时采工，而为之必有

---

① 宋育仁：《时务论》，载于于宝轩主编：《皇朝蓄艾文编》卷二·通论二，上海官书局1903年版，第22页。

② 宋育仁：《时务论》，载于于宝轩主编：《皇朝蓄艾文编》卷二·通论二，上海官书局1903年版，第28页。

次第，经国自京师始则车政为先，欲修理工车则必先平治道路。今治道途先自京师，宜参复徭役过更之法，分段按户集财兴工，民自举董而工官督之，道途治而举政车矣。外省省会及通衢，令先平治马路，同时立厂，国保其专利，官民集股，工食料条如京师之制。"①

另外，针对南方船只用途广泛，尤其是长江沿岸通商口岸密集的特点，宋育仁提出变通南方船政的变法，即"以长江为纲，于湖北设厂"，并详细阐述了他对造船的具体主张："南省船之用途广于车。长江首尾七省，南通湘而北通汉，自重庆至上海，处处皆通商之码头，诚水道之交衢，商旅之富薮，湖北又当上下江之中，湘汉之交，为诸省之会。今修船政则必以长江为纲，规划长江，则必于湖北立厂。议造船三等：机艇一式为一等。官舫深底高舱，大小二式，为一等；商船深底低仓，俱一式为一等。于吴淞、镇江、江宁、芜湖、安庆、安庆、湖口、九江、汉口、荆河口、沙市、宜昌皆修码头，每一码头安设机艇若干，官舫、商船皆五倍之。其近游商旅，则听招商轮船行之矣，江船利风，其行亦驶，至彼一顿风利，则自行一顿。不需传带，常令机艇上风带下船。下风带上船。帆船可省半程之费，则途旅悦从，而洋轮之利可夺。"②可见，宋育仁主张大力发展水运交通运输业的目的，除了便利民众之外，更重要的目的在于企图以此来打破自第二次鸦片战争以来列强对我国航运业的垄断，进而通过发展航运业，与列强争夺航运利权，甚至可以达到抵御列强经济侵略之效。

宋育仁对于交通问题一直予以持续关注和认真思考。甲午

---

① 宋育仁：《时务论》，载于于宝轩主编：《皇朝蓄艾文编》卷二·通论二，上海官书局1903年版，第29~30页。

② 宋育仁：《时务论》，载于于宝轩主编：《皇朝蓄艾文编》卷二·通论二，上海官书局1903年版，第29页。

战争期间，他正好以驻英二等参赞官的身份出使英国，驻节伦敦，其间他注意到了西方国家重视道路建设、交通工具的制造及通讯建设的现象，并且对建设过程以及由此而带来的便捷之处进行了评述。"先修治街衢道路，令整洁；饰车马，使华美。耳目一新，使人乐于行游。其地相距或远，往返费时，行者亦倦，转货维艰，器物多鬻，故为之铁路、电轮，使人乐其便速，数数往还，不以为难。"①他甚至认为："外国夸富尚奢，先从整顿地面起度。"②规划道路、发展交通无疑是西方整顿地面的重要组成部分，宋育仁对西方注重整顿地面的现象予以高度评价，这也反映出他对道路建设重要性的认识比出国之前的认识更为深入。

宋育仁对于近代交通运输业的重视，一方面体现出他的交通近代化思想，另一方面也体现出他内心深处与列强争夺利权、抵制列强经济侵略的浓郁的爱国情结。此外，宋育仁重视交通的观念也暗含了他对商品流通过程的高度重视，探其渊源，他的交通思想继承和发展了早期维新派提出的若干发展交通以及保证商品畅行的主张。

二、盛赞铁路　力主兴建

对于发展近代交通运输业，宋育仁除了主张平治道路、兴办路政与整顿船政、发展航运之外，在兴建铁路的问题上，他也持坚定支持的态度。

宋育仁以辩证的眼光着重对兴建铁路的利弊进行了分析，

---

①宋育仁：《泰西各国采风记》，载于钱锺书主编，朱维铮执行主编：《中国近代学术名著丛书》之一《郭嵩焘等使西纪六种》，三联书店1998年版，第390页。

②宋育仁：《泰西各国采风记》，载于钱锺书主编，朱维铮执行主编：《中国近代学术名著丛书》之一《郭嵩焘等使西纪六种》，三联书店1998年版，第391页。

认为建设铁路有十三个优点、三条弊病，并且详细地对这些利弊优缺进行了合情合理的阐析，颇具说服力。对于兴建铁路的优点，宋育仁主要是从建设铁路有利于发展工商业、利于救灾、保护行旅安全、传递信息、便于出行、便于游学等几个方面进行了分析，阐述得有理有据、头头是道。"铁路之利凡十有三，而其弊亦有三端。商贾运货，往来便速，可省程本；所省运费，即以坿益置货程本，增益愈多，商务愈盛，利一。往还迅速，省行路旷时，商可兼理数市，士可兼课数塾，贩可日赴远厘，便其生计，工可家食厂作，室家相依，佣可转移执事，各业流通，钱币自无偏壅，利二。有分地，无分产，源源转注，日行为常，水旱偏灾，无须荒策，利三。百里之内，瞬息而至，水火之警，易资救护，利四。数里为车栈，每栈设巡捕，沿途罗列路灯，行旅无抢劫之患，利五。军旅征调转饷，千里之遥，朝发夕至，不虑兵单饷绝，利六。平时公私信函，利于速达，声息灵通，事机无误，利七。林园别墅会场，距市每远，有火车便于往返，人喜出游，流通钱币，以资铁路生息，利八。城市人烟稠密，樵牧农圃俱在远乡，利于运供给；英伦三岛，牧畜不足自给，兼取于阿非利加属地，非速不济，利九。工作盛兴，成器充牣，利在远售；各国铁路，毗壤相接，便于行商，利十；风气正开，才智相角，引长较胜，事资周历，便于游学，利十一。教会分步，声气相联，便于传教，利十二。异国之人，共联社会；其人藉以广声气，公家即藉以合邦交，便于往来，利十三。"[①]能够列举出铁路如此多的优点，可见，出使英国期间的宋育仁必然亲自考察和研究过英国铁路建设的情况，足见他对建设铁路的高度关注与深入思考，从一

---

① 宋育仁：《泰西各国采风记》，载于钱锺书主编，朱维铮执行主编：《中国近代学术名著丛书》之一《郭嵩焘等使西纪六种》，三联书店1998年版，第366页。

个侧面反映了他对兴建铁路的向往之意。尤其难能可贵的是，他能高瞻远瞩，从经济、军事、文化、信息交流等多方面宣扬修建铁路的重大意义，足见其看问题的眼界颇为开阔，而且富有远见卓识，不愧为同时代中能够紧扣时代脉搏，较快学习和接受新鲜事物的杰出人士。对于建设铁路的这十三条优点，宋育仁还分类进行了分析评价，认为前七种优点为中外相同，而后六种优点则只为西方国家所独有，并且科学地预言了只有建立起四通八达的铁路网络后，才能够享受铁路带来的便利。"其前七种，中外所同，其后六利，外洋所独。然所享之利，须在四路告成，八达通轨以后，偏为一处，利只一隅，而费已不赀；既非交衢，必少行旅，孳息不敷，经费久而必废。"①

宋育仁在详细分析了建设铁路的优点之后，又进一步指出，像兴办铁路这样的大型工程必须要通过招商集股、专门设立公司才能办成，进而又列举了铁路建成之后可能会导致的三种弊端，即：其一，会导致富人愈富，贫人益贫；其二，更有利于列强侵略我国；其三，不适宜中国人好静不好动的性格。"欲全享其利，必招商股，又听民间集股，自设公司，非富有力者不能为。铁路成而利厚，商业日盛，兼并之家日多。虽铁路兴而马车不减，担负歇而仆御须人，本不夺民，且改轻业，而富人之坐享日增，贫人之艰食如故，徒益末商，有防治本，其弊一。设有兵事，我固利于征兵转饷，彼亦利于因利乘便；假如隘口失防，夺路长驱，向时相隔十程，今则一期而至，即或轨道异式，仍虑依式造车，出我不意，其弊二。西人喜动，中国喜静；西人以行为常，中国以居为常；西人男女一律，中国女不出门；火车来往，妇女罕行，岁入生息已减其半，经费

---

①宋育仁：《泰西各国采风记》，载于钱锺书主编，朱维铮执行主编：《中国近代学术名著丛书》之一《郭嵩焘等使西纪六种》，三联书店1998年版，第366页。

既绌，事渐废弛，如倍取其资，益令裹足，其弊三。"①在宋育仁所列举的三条修建铁路会造成的弊端中，只有第二条所言"建造铁路便于列强侵略我国而对我之防范极为不利"较有说服力，符合实际且切中要害，体现出他强烈的爱国情怀和忧患意识，其余两条未免有些主观臆断，牵强附会，说服力不足。

宋育仁在对修建铁路的利弊进行了理性、辩证的分析之后，权衡利弊，最终认为，虽然修建铁路会带来一些弊端，但与之优点相比较，仍为利大于弊，而且这些弊端尚有补救之法。不过宋育仁认为只有在修好道路、改革币制、治理传舍之后，才能修建铁路，否则铁路带来的弊端数量必然会比三个更多。"顾此三端之弊，尚有补救之方，挈短较长，仍然利多害少。惟此事须在钱币既改，货币有余以后，又必先修平途，治传舍，稽行旅之数，以权程本孳息之差。若庐舍、道途、钱币三者未改弦更张，而先修铁路，则其利未收效，而弊且在三端之外矣。"②晚清交通落后，有远见卓识的进步人士大多数都主张兴建铁路，改善交通。除宋育仁外，洪仁玕、李鸿章、丁日昌、王韬、张德彝、薛福成、马建忠等人都发出过兴建铁路的呼声。可见，至19世纪末期，铁路问题已经引起了不少有识之士的重视，他们根据各自的认识阐述了建设铁路的利弊。在维新派人士中，以马建忠与陈炽、郑观应对铁路建设的认识为例，他们与宋育仁的相同之处在于，都对兴建铁路的用途做了细致的分析，都认为兴建铁路利大于弊；不同之处在于，马、陈、郑三人比宋育仁的思考更进一步，他们探讨了如何修筑铁路的问题，郑观应主张建设铁路的方式为商办，陈炽则对采取官办的方式来修建铁路的主张表示赞

---

① 宋育仁：《泰西各国采风记》，载于钱锺书主编，朱维铮执行主编：《中国近代学术名著丛书》之一《郭嵩焘等使西纪六种》，三联书店1998年版，第367页。

② 宋育仁：《泰西各国采风记》，载于钱锺书主编，朱维铮执行主编：《中国近代学术名著丛书》之一《郭嵩焘等使西纪六种》，三联书店1998年版，第367页。

同，马建忠则认为由官商合办的方式来建设铁路为宜。

上述关于宋育仁交通思想的阐析主要体现了他对发展近代交通运输业的看法，其交通思想的内涵主要为他在甲午战争之前以及出使英国期间所构建的。维新运动期间，宋育仁在四川办理商务期间，也对发展近代交通业颇为重视，而且，趁此难得的机会，他将自己关于发展交通的想法付诸实践，于是他"受事即决以筑路、行车利交通为先务，而以当道掣肘，事权不属，乃仅得于省会创设人力车，以导先路，逮后，去职而人力车亦旋废矣"。[①]可见，宋育仁竭力主张发展交通业的构想并不为当时地方官员所认同和支持，这从一个侧面映射出近代中国交通事业所面临的阻力之大，以至于近代交通业发展缓慢，举步维艰。

总之，宋育仁交通思想所体现出来的重视发展交通的思想积极、进步、可取，顺应了时代进步的潮流。要想富，先修路。发展高效快捷便利的交通工具、修筑铁路、平治道路与经济发展、国富民强之间的关系不言而明。宋育仁在一百多年前能把发展交通与国家兴衰的关系密切联系起来考虑，发人深省，启人深思，充分体现了他对发展交通意义的深刻认识，其远见卓识尤为难得可贵，值得充分肯定。

第六节　重农论与理财观

宋育仁的经济思想内涵丰富，除了包括前几节中所论述的内容之外，还包括其他方面的内容，重农论与理财观也是宋育仁经济思想体系中的组成部分。宋育仁不仅对经济问题予以细致观察，深入思考，而且积极献言献策，提出自己对改革经济的

[①] 宋维彝等：《宋芸子先生行状》，北平石老娘胡同傅沅林先生捐，中国国家图书馆分馆藏，1931年印。

见解，寄希望于清政府通过经济改革实现富国强国，而且还充当了西方经济学知识传播者的角色。如在清末新政期间，宋育仁在其于1905年完成的经济学著作《经世财政学》中，对西方近代经济学知识做了较为详尽的阐述，介绍了西方经济学理论中有关农业、工商业、货币、度量衡、银行等方面的知识，并提出了一些关于经济改革的见解，比如重农论、富国观等，体现了他对经济问题的深入思考。

一、重农论

中国是一个以农业立国的传统农业大国，自古以农立国，"国以民为本，民以食为天"，古代中国是一个典型的以自给自足的小农经济为主导的农业社会。历代封建统治者都十分重视发展农业，中国古代先民们对农业生产也尤为重视，因此，古代中国农业素称发达。时至近代，由于外国资本主义的入侵，造成对中国传统自然经济的巨大冲击，尤其对农村经济的影响颇大，传统农业逐渐开始衰落，这种现象引起了一些有识之士的忧虑和关注，宋育仁便是其中一人。宋育仁作为有过出国经历的维新思想家，他对农业问题的认识没有被传统的农本思想所束缚，而是在广泛借鉴近代西方经济学知识和理论的基础上，超越了古代中国农本思想的藩篱，形成自己对农业的认识，即"重农论"。

宋育仁高度重视农业生产的重要性，认识到了农业在整个国民经济体系中的重要地位，"农事乃中国立国之本"，[①]提出了优先发展农业的思想主张，并旗帜鲜明地指出要"立农为本"。[②]他还进一步认为农业为民生之本，并阐述了农业与工商之间的关系，还引用日本学者的观点说明了发展农业的重要意

[①] 宋育仁：《经世财政学》卷二·"权工商"，上海同文书社1905年版，第2页。
[②] 宋育仁：《经世财政学》卷二·"权工商"，上海同文书社1905年版，第2页。

义。"夫农为国计民生之本,随处见生利之效,又为工商之源,有益而无损。举日本葛冈氏之言:一能节省物质;二能平均物质;三能矫垄断之弊;四能竞进艺学;五能坚固民信。"①从中可以看出,宋育仁对农业的阐述运用了西方近代经济学的理论与知识,与传统的农本论有所不同,在认识的深度上明显超越了传统的农本论。此外,他还提出通过提高农产品价格来改善农民的收益,调动其从事农业生产的积极性的见解,并对当时的农业生产率做了乐观的估计,对农业的概念做了广义的解释等。②

面对传统农业生产停滞不前、农村经济陷入凋敝的局面,近代中国不少有识之士也呼吁国家重视和发展农业,并提出发展农业的具体举措,如陈炽、薛福成、麦孟华、郑观应、张謇、梁启超、孙中山等人都强调过发展农业的重要性。发展新型农业成为19世纪末20世纪初不少有识之士主张的一股新潮流,宋育仁对农业问题的看法显然顺应了时代进步的潮流。近代呼吁重视发展农业的进步人士的见识中,以陈炽的农业思想较为全面与深刻。宋育仁除了指出发展农业是商业发展的基础外,"商之本在农,农

---

① 宋育仁:《经世财政学》卷二·"权工商",上海同文书社1905年版,第4页。
② 在钟祥财先生撰写的《宋育仁的经济思想》一文中(此文载于《经济科学》1994年第2期),专门有一部分对宋育仁的"本农食论"进行了论述(论述所依赖的史料来源主要出自《经世财政学》一书)。文中阐述了宋育仁对农业概念的解释,并分析了宋育仁对当时农业凋敝原因的看法,还分析了宋育仁要求提高农产品价格的合理性与不足之处等,并对宋育仁的"本农食论"进行了评价:"宋育仁对改革我国的农业生产模式并没有提出切实合理的政策思路,但是他意识到了农业凋敝对国民经济的不利影响,主张采取优惠扶植政策(提高农产品价格)以促进农业生产,其主观目的是可取的,理论上亦有可供借鉴启迪之处。他所提出的劳动价值论与对农业生产率的估算,也都带有明显的近代色彩。"(载于钟祥财:《宋育仁的经济思想》,《经济科学》,1994年第2期,第75页。)总之,钟先生从经济学的角度对宋育仁农业观做了阐述、研究,基本上抓住了其中的主要问题,故笔者在论述宋育仁的农业思想时,对于钟先生论述详细的问题则尽量从简,对于他所忽略或者论述简单的问题,如宋育仁与近代其他呼吁发展农业的人士之重农观的比较予以较多笔墨。

事兴则百物蕃，而利源可浚"，①还极力呼吁政府重视农业，强调对农业进行改革，把农业近代化作为国家振兴的基础，提出兴修水利、科教兴农、发展农业机械化等发展农业的具体措施。与陈炽相比，宋育仁主要运用西方近代经济学观点对农业问题做了理论层面的阐释，而对如何发展近代农业，他的思考不如陈炽深入、具体、全面，这种状况与陈炽多年在户部任职有着便于了解农业的有利条件密切相关。

二、理财观

宋育仁作为经济素养较为深厚的维新思想家，对理财问题有着比较深刻的认识，理财观是宋育仁经济思想体系中的重要组成部分。宋育仁对理财问题高度重视，他不仅在其编著的经济学专著《经世财政学》中专门阐述了其对理财问题的认识与思考，而且还于1896年和1901年，专门给清廷上了两道理财折，旨在应对当时清政府面临的空前严重的财政危机。

甲午战争后，清政府遭遇了空前严重的财政危机，为缓解财政危局，朝廷令百官献筹款理财之策，不少官员奏请加大税收力度。鉴于此，宋育仁也上书陈见，提出他对理财的看法。他认识到，国家为筹饷兴工，已经向老百姓征收不少款项，百姓已生计困难，财力空虚，捉襟见肘，不堪重负，加大税收力度以及开征新税的做法弊多利少，只会益于上而损于下，因此，宋育仁明确主张"今日理财不可但言加取必谋"，"民间久病钱荒，兼以筹兵筹饷，兴工修路又在在需财，不能不取之于民，国之取用又加，而民之生财如故，既贷于洋以偿倭，一去不返回，必取于国，以偿债，搜刮无余，民间已空虚，财源将立涸。诸臣先后条

---

①陈炽：《续富国策·创立商部说》，载于赵树贵、曾丽雅编：《陈炽集》，中华书局1997年版，第232页。

陈理财之策，如邮政税、印花税、加抽盐斤，重税烟酒诸条，不过别立名目，其实此盈则彼虚，名为取其有，余其实，益上则损下，至推广捐例指捐商富诸条，所入既无多，流弊又甚大，故今日理财不可但言加取必谋"。①由此可见，宋育仁站在维护老百姓利益的立场来考虑重税之危害性，坚决反对通过加重税收、对百姓横征暴敛的方式来进行理财，体现出他对百姓生计的切实体察与真诚关心，反映了他体恤民情、关心民生疾苦的情怀。

在另外一篇专论理财问题的奏折中，宋育仁更深刻地阐述了对理财之道、富国之策的看法，他对加税、勒捐此类不合理做法所导致的弊端做了深刻的剖析："力戒征敛以收民心，而固国本，窃维理财之道，重在生财，不重在加取；富国之策，重在国计，尤重在民生。今议理财者，非加税即勒捐，动曰凑少成多，事轻易举，不知涓涓所入，皆取于比户之行销，滴滴归源，皆由于民力所自出，益上则损下，此盈则彼虚，细水长流，江河亦竭。民生日困，则国用何所取资？窃以国计与民生，不可误分为二事，理财与聚敛不可误认为一事。"②从中可以看出，宋育仁对理财、富国问题的看法颇为深刻，他对主张加税和勒捐者的批评沿袭了他在《翰林院代奏呈请理财折》中的批判风格，体现出他对民生问题的高度关注与百姓生活艰辛的深切同情，此次他的批评力度较之前更为深刻，他对理财之道与富国之策的看法，即对生财与加取、国计与民生两组概念的分析合乎情理，独具慧眼。至于该如何理财，宋育仁提出了具体措施，他认为："求理财之要术，惟有劝工商以寓富于民，治圜法以利用于国两端而

---

①宋育仁：《翰林院代奏呈请理财折》，载于宋育仁：《经世财政学》卷五附篇，上海同文书社1905年版，第1页。

②宋育仁：《请理财以疏国困折》，载于宋育仁：《经世财政学》卷五附篇，上海同文书社1905年版，第8页。

已,两端相为表里。"①其中"劝工商"的主张与他自甲午战争以来就重视发展民族工商业的思想一脉相承,而此时他主要从富民的角度予以强调"劝工商"的积极意义,"治圜法"则是针对国内币制混乱的局面所提出的应对之策,而且,他还认为二者之间互为表里,关系密切。

总之,理财观作为宋育仁经济思想体系的组成部分之一,主要体现了甲午战争之后宋育仁对经济问题的深入思考,是他对西方财政理论的学以致用,也体现出他对富强之路的寻求与探索。在宋育仁的理财观中,要求发展农工商各业,寓富于民,改善民生,体现了甲午战争后民族资本主义发展的时代要求。此外,宋育仁将币制改革作为理财要术之一,体现出他寄希望于利用货币手段解决财政危机、进行合理理财的理想,其要求统一国家币制的主张,顺应了时代发展的潮流,具有一定的进步意义。

---

① 宋育仁:《请理财以疏国困折》,载于宋育仁:《经世财政学》卷五附篇,上海同文书社1905年版,第8页。

第四章 宋育仁维新思想形成与发展的背景

第一节 日益恶化时局的影响

从某种意义上讲，宋育仁的维新思想是近代中国社会变迁的产物，其形成与发展必然会受到他所生存时代的影响。宋育仁生活的年代，正值社会动荡、变动剧烈的晚清民国之际，此间时局呈现出日益恶化的态势。从外部因素来看，中华民族遭遇到前所未有的来自外部的挑战，列强掀起了新一轮的殖民扩张热潮，对华侵略的程度日益加深，古老中国所面临的生存危机日趋严峻。面对来自外部的强烈冲击，自林则徐、魏源以来，不少有远见卓识的仁人志士与先进思想家们，无不呕心沥血寻求救国之策与兴国之道。正如一位日本学者所说，中国近代"是中国倾其悠久文明的总力拼命奋战的时代"。[①]宋育仁的一生，就是一个这种"总力拼命奋战"的例子，尽管他遭受了不少挫折与失败，但是他还是一直为寻求救国之策而执着奋斗和不懈努力着。

一、列强侵略不断加深

列强侵略不断加深所导致的近代中国时局日益恶化，是包括宋育仁在内的倡导维新之士者维新思想产生的重要外在原因之一。以近代中国的几次大规模对外战争后时人的反应为例。自1840年始，英国凭借其坚船利炮打败了清王朝，国门由此而洞开，虽然战后随着战火的平息以及《南京条约》等一系列不平等条约的签订，朝野上下仿佛又恢复了昔日的平静，但是战争中所

[①] [日] 三石善吉：《中国的千年王国·后记》，上海三联书店1997年版，第206页。

暴露出来的中国方面存在的劣势已经被极少数进步人士所觉察。林则徐在鸦片战争前线通过目睹西方军事力量的强大而提出"师敌长技以制敌",魏源则进一步发展了林则徐的主张,提出"师夷长技而制夷"的主张,虽然当时他们对西方的认识仅限于军事技术领域,但毕竟明确主张要学习西方,进行变革。可悲的是,绝大多数中国人并没有从鸦片战争中看到中西之间的差距,并没有被战争的炮声惊醒,颟顸的心态并没有因为战争失败、赔款割地而得到根本的改变,最高统治者也未在战后采取任何学习西方的改革措施。在通向近代化的历程中,中国白白浪费了20年时间,1840年至1860年,往往被称之为"二十年的延误"。[①]直到经历了第二次鸦片战争的重创与19世纪中期农民起义的强烈冲击,到19世纪60年代,在以曾国藩、李鸿章、左宗棠等为代表的洋务派人士的推动下,一场以"求强"、"求富"为宗旨的改革运动——洋务运动才得以实施,近代中国在实践层面的改革才真正得以启动。

到19世纪70年代以来,边疆危机日趋恶化,日本和美国侵犯台湾,英国与俄国垂涎西藏等,边疆地区成为列强竞相争夺的肥肉,直至中法战争爆发,中国再一次惨败于西方,批评旧制度而倡导维新变法之有识之士也越来越多。在他们当中,既有一批接受过较多西方资本主义文明熏陶乃至系统学习过西学的知识分子,如王韬、何启、胡礼垣,也有一些背离了儒家传统思想的士大夫,宋育仁就属于此类人员中的一员,其他代表人物还有汤震、陈炽、陈虬、宋恕等人;还有一类是从洋务运动中分化出来的洋务官僚,如薛福成、马建忠、郑观应等。这三类人员都属于甲午战争之前倡导改革的早期维新派人士,尽管他们产生维新思想的具体原因、动力有所不同,但是,自鸦片战争以来由于列强

[①]蒋廷黻:《中国近代史》第一章,岳麓书社1987年版。

侵略日益加深而导致民族危机不断恶化，应当是他们呼吁维新、倡导变革的主要原因之一。到19世纪八九十年代初，时局较鸦片战争刚结束后更为恶化，也就是在此期间，宋育仁于1891年完成体现其维新思想的极为重要的代表作之一《时务论》，这标志着宋育仁维新思想体系的初步形成。随后的1893年，宋育仁写成了主要论述处理西南、西北边患问题的著作《守御论》。体现宋育仁早期维新思想的其他著作也多写成于19世纪八九十年代间，由此足见列强侵略不断加深的危重时局对宋育仁思想影响之大。

笔者认为，一个人思想观念的养成与其所处的外部环境密切相关，宋育仁维新思想的形成除了受到全国范围内列强侵略不断加深的影响外，还与近代以来宋育仁家乡四川省时局的日益恶化不无关系。巴蜀地区虽地处内地，比较闭塞，与东南沿海城市相比较而言，其所受列强的侵略程度以及欧风美雨的浸淫要轻微一些，但是，民族危机与阶级矛盾并不轻缓，反清政府与反帝国主义的反抗运动风起云涌，接连不断，其中咸丰八年（1858年）至光绪二十年（1894年）长达三十多年间，巴蜀各地爆发了"教案"数十起；另外，受太平天国农民起义与义和团运动的影响，四川还爆发了1859年蓝大顺、李短搭领导的农民起义以及成都石头滩农民廖九妹率领的农民起义，1895年至1898年大足县余栋臣领导的反帝农民起义烽烟遍及川东、川南，波及区域较大，对当地的影响不小。

实际上，列强对四川垂涎已久。早在1865年，法国设在越南的总督就派遣了一个探测队，由云南出发行进到四川宜宾、重庆，再顺长江而下经上海回到越南西贡，其间在四川进行了查矿的探测活动，并写成相关的许多记录。随后1877年，英国又派贝德禄到四川"查看商务"，此人到川后两次借游历为名，到乐山、康定等处，详细地绘画了所到之处的地图。曾任英国驻渝领事霍西也很注意"研究"四川省的盐务，并著有《中华盐政概论》。德、美、日、比等国的所谓探险者也相继进入四川，他们进入四川的目的表面上为游历、探险，实际上则是以游历、探险为幌子，目的在于为了弄清四川的矿藏资源、山川地理状况等信息，为其所在国家提供情报。因此，这些进入四川的洋旅游者和探险者在一定程度上充当了侵略先导的角色。

二、民族危机日趋严重

宋育仁的维新思想从形成到发展以及不断深化，还与甲午战争对于中国社会的影响密切相关。甲午战争加速了国人的觉醒。可以说，甲午战争是近代中国剧变的分界线，也是近代中华民族觉醒的真正发端。陈旭麓先生认为："1840年以来，中国因外患而遭受的每一次失败都产生过体现警悟的先觉者。但他们的周围和身后没有社会意义的群体，他们走得越远越是孤独。甲午大败，'成中国之巨祸'，中国的民族具有群体意义的觉醒也因此而开始。"[1]甲午战争期间，宋育仁正值以驻英二等参赞官的身份驻节伦敦，闻国内战事中国方面失利，他即于伦敦竭力主张借洋款、购洋舰，进而招募一支由洋人组成的舰队，由太平洋直袭日本长崎，以出其不意的方式出奇制胜，并积极为之奔走联络，为取信于洋人，"（他）竟请以身为质军中，与舰共存亡。（不幸）议定而和局成，计遂寝"。[2]文字中体现出宋育仁强烈的爱国精神与炽热的救国之心。

甲午战争，中国战败，朝野震惊，举国悲恸，身处异域他乡的宋育仁闻之亦伤心欲绝，肝肠痛断，有诗为证："万马渡辽河，三军夜枕戈。城亡诸将在，律丧两师和。抚阙书何用？忧时

---

[1]陈旭麓：《近代中国社会的新陈代谢》，上海人民出版社1992年版，第15页。
[2]宋维彝等：《宋芸子先生行状》，北平石老娘胡同傅沅林先生捐，中国国家图书馆分馆藏，1931年印。

泪苦多。节旄真脱尽,归雁望云罗。不见榆关隘,千营溃一惊。潜师谋郑管,赠策失秦庭。星火催和约,楼船息战声。如何闻越甲,不耻向君鸣?"①在诗中宋育仁形象生动地描述了他想象出来的壮观激烈的战争场面,一方面反映了底层官兵们浴血沙场、马革裹尸的感人场景;另一方面深刻揭露了清政府高层的腐败无能以及对于军队的指挥不力,对战争中贪生怕死的懦弱将领也予以辛辣的讽刺,宋育仁内心深处的忧国忧民之情与无尽悲伤之意尽显其中。又曰:"投笔一书生,今朝请定缨。孤愤先心死,艰难愧位轻。闻鸡中夜起,未悔弃承明。""万里望君门,论都已枉论。呕心余有血,夜作海涛翻。诏书迟不报,命下乃蹉跎。不恤军需急,宁输岁币多。"②其中既嘲讽了清政府的软弱无能,也表明了宋育仁立志报效祖国的坚定决心,同时他因密谋袭日的潜师之谋流产而内心失意的心情也于其中表露无疑。

甲午战争之后,一向以天朝大国自居的中国竟然败于一直以来被国人认为是"弹丸之地"、"撮尔小国"日本的事实,唤发起不少爱国进步人士极其深重的民族危机感,同时也促成以救亡图存为宗旨的维新变法思潮的兴起。甲午战争中中国的失败给国人以前所未有的刺激,梁启超惊呼:"唤起吾国四千年之大梦,实自甲午一役始也。"③《马关条约》的签订更引起了人们对国家民族以及个人命运的担忧。战争结束后,人们痛定思痛,在战争创伤还未愈合的情况下,除了抨击统治者腐败无能、指挥无方之外,还对战争中中国惨败的原因展开探讨,同时对祖国和民族

---

①宋育仁著,秦嵩年编:《哀怨集》(附《城南词》一卷),羊鸣山房校印,1910年版。

②宋育仁著,秦嵩年编:《哀怨集》(附《城南词》一卷),羊鸣山房校印,1910年版,第1页。

③梁启超:《戊戌政变记》,载于中国史学会主编:《戊戌变法》(三),《中国近代史资料丛刊》之一,神州国光社1953年版,第249页。

的前途与命运也进行思索。一方面，中国惨败引发了人们对于持续三十多年的洋务运动的质疑；另一方面，甲午战争日本获胜则从反面论证了变法维新的合理性和必要性。关心祖国命运的有识之士，在批判洋务运动之余，极力主张中国立即变法自强，维新改良，疾呼："变亦变，不变亦变。"①"能变则全，不变则亡；全变则强，小变仍亡。"②"变法强国"成为甲午战争之后的一种社会共识。正如葛兆光先生所认为的："面对西方文明的强力冲击时，1895年前的中国人大体上是坚持'在传统中变'；而在1895年以后，出现了'在传统外变'的趋向。很多人开始废弃传统旧学转向西洋新知。"③

客观而论，甲午战争后中国社会面临的处境的确空前严重、前所未有。一方面，甲午战后民族危机空前严重，列强通过政治贷款、金融投资、在华设厂等手段，加深了对中国的经济侵略，同时在中国强占租借地，争夺筑路、开矿利权，划分势力范围，使中国面临瓜分豆剖之险，"人为刀俎而我为鱼肉"之势愈演愈烈；另一方面，国内阶级矛盾亦异常激化，处于社会底层的广大老百姓，尚未医治好战争带来的创伤，铺天盖地的赔款摊派和名目繁务的苛捐杂税纷拥而至，令他们雪上加霜，以至于"民自穷匮，乞丐遍地，群盗满山，即无外衅，精华已竭，将有他变"，"揭竿斩木，已有忧危"。④救亡图存成为甲午战争后的时代主

---

①梁启超：《论不变法之害》，载于中国史学会编：《戊戌变法》（三），《中国近代史资料丛刊》之一，神州国光社1953年版，第18页。

②康有为：《上清帝第二书》，载于中国史学会编：《戊戌变法》（二），《中国近代史资料丛刊》之一，神州国光社1953年版，第197页。

③葛兆光：《中国思想史——七世纪至十九世纪中国的知识、思想与信仰》（第二卷），复旦大学出版社2000年版，第682～683页。

④康有为：《上清帝第二书》，载于汤志钧编：《康有为政论集》上册，中华书局1981年版，第122页。

题，维新变法迫在眉睫，亟不可待。

正是在甲午战争之后全社会都弥漫着浓厚的维新变法思潮的社会大背景下，宋育仁的维新思想得到了进一步的深化、发展。不仅他在甲午战争之前所形成的维新思想得以深化，而且他还将其维新思想付诸实践，积极从事维新变法的实践活动，为救亡图存而尽心竭力，通过亲身参与维新实践，宋育仁将维新变法的理论与实践结合起来。1895年他一回国，即受聘为北京强学会都讲，主讲"自强之学"，大力宣传其维新思想，呼吁变法自强。1896年，宋育仁积极响应清廷鼓励官员上折挽救危急时局诏书的号召，上书清政府，提出理财四策，要求"开矿禁，制金币，设银行，行币票"。[①]虽然宋育仁所提出来的理财主张没有被朝廷采纳，但他此举体现了急切要求变革现状、维新图强的进步思想及积极参与维新运动的满腔热情。

维新运动期间，维新派掀起的积极救亡运动也极大地促进了宋育仁维新思想及实践的发展深化，维新志士为了救亡启蒙而奔走呼吁，创办报刊，译印西书，兴学育才，组织学会，鼓吹变法，使维新运动蓬勃发展起来。宋育仁在深感国内局势恶化的同时，也颇受维新派进行维新活动的影响，维新派力度较强的舆论宣传更加坚定了宋育仁要求变法维新的决心。比如，维新派高度重视舆论宣传工作，通过建立学会、创办报刊来宣扬变法，宋育仁也积极予以响应。1897年11月（光绪二十三年农历十月）上旬，他与友人在重庆创办《渝报》，内容以介绍西方文化教育和科学技术材料的内容为主。在《学报序例》中，宋育仁明确阐明其办报宗旨："乃就邦人士谋兴学报。先即重庆通衢开馆，为风教之先。"并且说："今日约同志论撰博采，而必反于经论。

[①] 宋维彝等：《宋芸子先生行状》，北平石老娘胡同傅沅林先生捐，中国国家图书馆分馆藏，1931年印。

以列举四端：一曰教；二曰政；三曰学；四曰业，而归重以明政为要。"①他还极力主张"通经致用"。可见，甲午战争之后救时之亟已使宋育仁将办报与严峻危急的政治时局紧密联系起来，办报成为他力图救亡图存、挽救民族危机的手段之一。除办报之外，宋育仁还积极创办学会，以启迪民智，传播西方文明，推动维新变法。1898年，宋育仁在成都发起成立蜀学会，并创办《蜀学报》，印行《蜀学丛书》，大力宣扬西方科学技术及教育、文化和政治制度等。维新运动期间，宋育仁还受聘为尊经书院山长，主持尊经书院工作期间，他在书院中设伦理、政治、格致三门课程，大力传播西方自然科学知识及资产阶级政治学说，议论时政，抨击时弊，呼吁变法自强。宋育仁不仅创办报纸，建立学会，主持书院，传播西学，而且还积极撰写宣扬维新变法的文章，他先后发表《本报序例》《复古即所以维新论》《原学校》《债式议》等文章，系统阐述了他的维新变法主张，并且将他在甲午战争之前已写成的著作《时务论》《守御论》等重新在他创办的《渝报》《蜀学报》上发表。②

总之，维新运动期间，宋育仁积极主持商务、创建学会、兴办报纸、译印西学丛书等，大力宣扬其维新思想，以丰富的亲身实践参与到了救亡图存的维新运动中，身先士卒，以身作则，扮演了维新思想家和实践家的双重角色，不愧为杰出的维新志士。他创办的蜀学会定期集会讲学，内容多以通经致用为主，讲求实学，这对于改变四川读书人的知识结构，洗刷蒙昧闭塞、开阔眼

---

① 宋育仁：《蜀学会章程》，《蜀学报》第一册，光绪二十四年闰三月出版。转引自汤志钧：《戊戌变法史》，人民出版社1984年版，第244页。

② 在撰写本书的过程中，笔者虽然竭力寻求《渝报》《蜀学报》和《蜀学丛书》这些反映宋育仁维新思想的第一手史料，但是正值其收藏地闭馆装修，因此，很遗憾没有能亲眼目睹这些宋育仁一手创办的报纸和编印的图书，这对于研究宋育仁的维新思想实为缺憾，日后有机会一定会进行增补式研究，请读者见谅。

界起到了很大作用。此外，宋育仁创办的报纸极大地促进了四川维新运动的开展，开通了四川的风气。以驻外使节而论，就宋育仁的实践活动来说，他在维新运动中也曾上书言事，要求清政府进行改革，尤其建议清廷在经济方面改弦更张，维新变法，虽然他的主张并未引起光绪帝的重视，但对推动维新运动的发展和扩大运动的声势，仍然起到了积极的作用。

到20世纪初，清政府经历了八国联军入侵，首都再次沦陷的重创后，最终被迫签订了晚清以来丧权辱国程度最为严重的《辛丑条约》，民族危机更趋深重。一批忧国忧民之士感忧时事之艰，奋起为国家前途寻求出路，以梁启超为代表的维新派人士则认为，要挽救深重的民族危机，就必须改弦更张，实行立宪。值此国难空前严重之际，宋育仁也积极谋求救亡之策，清末新政伊始，他即上奏朝廷，要求改革学务和财政以及币制，可惜他的要求并未被朝廷采纳，自此后宋育仁游走于京内外，主要从事教育与经济、学术方面的工作。①

特别值得一提的是，宋育仁对于经济方面的维新变革尤为重视，20世纪初他就经济变革的问题（以币制改革问题为最多）多次上奏朝廷，阐述他的变法主张。宋育仁还专门撰写了经济学著作——《经世财政学》，其中运用了西方近代经济学理论与方法对中国的农业、工商业、造币、度量衡进行了深入详细的分析，并介绍了西方的相关情况，在比较中西之基础上，提出了重农、重工商、改革币制、规范度量衡等主张，体现了他在经济学方面的不凡素养与探求经济变革方案的热忱。对于《经世财政学》一书的写作背景，宋育仁颇为感慨地记述道："庚子丧乱以来，国债亟亦。乃间关归行在，以制币广国用，苏民困为请，朝议施行

---

① 有关宋育仁在20世纪初的活动情况，在本书第一章第一节"生平主要经历"部分有比较详细的论述，故此处不再赘述。

而不尽用也。久之乃试行铜圆一议，数年以来，外洋之赔款，各省之外销稍弛，担负者，铜圆之羡余，实主之顾用其一，缓；其二，不知其终不可以持久也，于是发愤作财政学，举先后之言于当事者。"①可见，庚子以来空前严重的民族危机激发出宋育仁内心深处极其强烈的爱国情感与忧国忧民情怀，这也是他尽心竭力在20世纪初继续寻求维新之策的重要推动力。在政治主张方面，宋育仁也融入君主立宪思潮之中，1911年，他与劳乃宣等发起成立了帝国宪政实进会，坚持君主立宪主张，支持立宪运动。

第二节　就读尊经书院所受影响

宋育仁于1876年至1879年期间就读于四川当时的著名学府——尊经书院。这段不平凡的求学经历，使他接触到一种与传统书院有所不同的教育环境，浸淫其中的他备受熏陶，耳濡目染，必然会受到书院教育宗旨与教学内容的影响。此外，在尊经书院就学期间，他还结识了一些卓有成就、在近代史上扮演过重要角色的著名人物，如张之洞、王闿运、杨锐、廖平等，并与之建立起师生之情或同窗之谊，这些人对宋育仁的思想言行产生了一定的积极影响。1891年，以《时务论》初稿的写成为标志，宋育仁的维新思想初步形成，而之前他在尊经书院中度过四年的时间，因此，笔者认为，考察宋育仁维新思想形成的背景，其在尊经书院求学期间所受的影响不可不谈。

一、尊经书院整体环境的熏陶

尊经书院的建立是四川传统教育改革的起点。在尊经书院建

---

①宋育仁：《经世财政学》卷五，"制泉币"第五，上海同文书社1905年版，第3页。

立之前，四川的书院均以研习制艺八股为主课，以考取科举获得功名为教学目标，学风浮华，崇尚虚文，弄虚作假，缺乏实用，书院的管理也十分混乱。当时有识之士对四川的士林风气进行了如实客观的阐述，并进行了严厉的批评："川省僻处西陇，人文未盛，士林之所驰骛，率不出帖括章句之图。"① "蜀士多聪敏，有才智而习尚浮谫，专以时文帖括，苟取科名为事，凡经史子集四部之书多束而不观，间有向学者亦苦无师资，茫然不得其途径。"②

四川书院以及教育制度的转变与张之洞的到来密切相关。1873年10月，张之洞受命担任四川学政，他的到来，极大地推进了尊经书院的建立。张之洞到四川就任后，深感四川省教育的没落，决定改革教育制度，培养实用人才。当时与张之洞同朝为官的侍郎薛焕正在家乡四川丁忧，他也建议张之洞改革四川的教育制度，培养懂时务的新型时务人才而非只知埋头科举的书呆子。在张之洞的大力推动下，尊经书院于1875年建成。尊经书院创办的目的就是要建立一个通省性的模范书院，作为各州县书院的楷模，培养一批"通博之士，致用之才"。从首批学生的选拔上，足可以看出创办者对于书院的高度重视。尊经书院首批学生由担任四川学政的张之洞亲自从全川百余州县的3万余名生员中，按照学问人品高下，择优录取，共选拔了100名各地的高才生在此学习；在师资方面，书院聘请知名学者，分科讲授。宋育仁凭借其卓越的才华于次年被幸运地选入尊经书院就读，成为尊经书院中的一员。

尊经书院在课程设置、教学方法、学习内容、学习风气等方

---

①张之洞：《张文襄公全集》第一册，中国书店1990年版，第15册。

②赵尔巽：《赵尔巽奏折》，载于张之洞：《张文襄公全集》第一册，中国书店1990年版，第5~7页。

面与其他传统书院有着明显的区别。首先，在学习内容方面，书院严禁学生学习时文帖括，研习八股文被排斥在课程表之外，而书院要求学生学习的内容以儒家的经典著作为主，旁及经史。由于学习内容不同于其他书院，因此，与其他书院相比，尊经书院培养出来的学生素质也大为提高。以宋育仁为例，其扎实深厚的儒学素养的形成必然与尊经书院要求学生研习儒学经典的教学方式有紧密关系。此外，在尊经书院就读期间，宋育仁除了学习经史等传统学问之外，也接触到了一些西学知识，这与尊经书院尊经阁与尊经书局的建立是分不开的。在创建尊经书院后不久，在张之洞的主持下随即建立了尊经阁，其中收藏有陆续从外省购买的大批图书典籍，内容涉及中西时务书报、挂图、仪器、标本，各个类别均甚丰富。后又开设了尊经书局，先后刊印了百余种书籍，除经史、小学、舆地等方面的书籍外，还刊印了部分有关时务的著作和西方学者的著作。首先，尊经书院的兴办把新知识、新思想引进了四川知识界，极大地开阔了尊经书院学生的视野，使四川士人的思想和知识结构、价值观念均随之发生了变化，知道了在八股之外还有其他学问，也为维新运动在四川的展开奠定了基础。其次，在学习风气方面，尊经书院建立起了崇实去浮、沉静好学、钻研学术、学以致用的学风，学生志趣广泛，博览群书，博通古今，见解独到。再次，尊经书院历任山长与主讲均为博学之士，如著名学者、经学大师王闿运曾两度担任书院的山长（分别为1878年至1882年与1884年至1887年），他执掌书院期间，对于书院的发展做出了重要贡献。

宋育仁所就读的尊经书院进行的教育改革虽然并没有完全超出传统教育体制改革的范围，但这对晚清的四川社会还是产生了巨大影响。首先，尊经书院对四川士林风气的整肃以及蜀学的振兴起到了重要的促进作用。尊经书院自建立起就成为四川的教育中心和学术中心，其对四川各地的学术教育起到了楷模和表率作用。由于尊经书院主张崇实去浮，反对空谈，认真读书，深研学问，四川士林风气随之有了很大改变。其次，尊经书院自成立以后便成为培养四川人才的摇篮，促进了四川早期近代知识分子的产生。自尊经书院建立起，就把四川各地最优秀的人才汇集在一起，给他们创造了良好的学习环境，并以严格的教育方式来砥砺他们的意志，培养出一批又一批的杰出人物，使得四川的旧知识界发生巨大的变化，四川士林界一直以来闭塞沉闷的状况开始被打破。尊经书院以其卓尔不凡的教学宗旨和强大的教学实力，培养出大量人才。在尊经书院存在的二十多年中，除了培养出大批一般层次的知识分子外，还先后培养了一批在近代史上如雷贯耳、成就不凡的杰出人士，宋育仁就是其中一人，另外还有杨锐、廖平、骆成骧、蒲殿俊、张澜、吴玉章等，其中不仅有全国知名的大学者、大诗人，也有著名的改革者、教育家、革命家，这些出自尊经书院的杰出人才对四川乃至于全国都产生了重要影响。

综上所述，人的思想观念的养成必然会受到其所处的外部环境的熏陶，能在尊经书院这所当时四川开一代新风的全省最优秀的学府中读书，这段不平凡的经历，对于宋育仁维新思想的形成和发展必然会产生积极有力的影响。比如，宋育仁对现实问题高度关注，做事务实忌虚，这应该是受到尊经书院崇实去浮、经世致用学风的影响；另外，宋育仁深厚的儒学素养是其所宣扬的"复古改制"思想的重要理论支持，而他在经学方面的深厚素养必然得益于尊经书院重视对学生经学训练的教学方式。

二、尊经书院杰出师友的影响

除受尊经书院整体环境的影响之外，宋育仁维新思想的形成与深化还受到尊经书院所结识师友的影响。就读尊经书院期间，宋育仁与近代史上的两位著名人士——张之洞与王闿运建立起了师生情谊，授业于二位老师门下，二位老师的思想言行不可避免地对他产生了影响。

（一）与王闿运

宋育仁所秉持的经世致用观念是其维新思想产生的重要推进剂，而他经世观念的形成与其在尊经书院求学期间所受的教育密切相关，其中王闿运对宋育仁的影响对于其维新思想形成的作用不可忽视。王闿运是近代著名学者，今文经学大师，在晚清社会变革的历史背景之下，他对书院用力尤多，而且具有经世之志，高度关心政局，具有强烈的忧国忧民意识。王闿运的教育思想具有明显的经世致用特征，即学以见行，学以成事，通经致用，扶倾救弊。1878年底，王闿运应四川总督丁宝桢之邀来川主持尊经书院，任尊经书院山长，任职时间为1878年至1882这四年，其间，宋育仁正好就读于此。王闿运对宋育仁的才华颇为赏识，有言为证："王闿运来主讲尊经，尤见推重"，[①]"湘潭王壬秋太夫子来主讲席，特见推许，称为蜀士"。[②]宋育仁授业于王闿运这位近代史上赫赫有名的大儒门下，必然会受其影响。

笔者认为，宋育仁受王闿运的影响可能表现在如下几个方面。其一，受王闿运所宣传的经世致用思潮的影响。虽然说，鸦片战争前后，以龚自珍、魏源为代表的有识之士所倡导的经世致用思潮已经兴起，但对地处内陆的四川省而言，经世致用思潮并未在此产生多大影响。王闿运在担任尊经书院山长期间，把经世致用思潮也带入了书院，强调通经致用、经学经世，痛斥空疏，讲求实学，倡导时务，号召士子们抵御外侮，改革社会，注

[①]萧月高：《宋芸子先生传》，载于江兆镛纂录：《碑传集三编》卷三五，《儒林》四，明文书局1985年版，第235页。

[②]宋维彝等：《宋芸子先生行状》，北平石老娘胡同傅沅林先生捐，中国国家图书馆分馆藏，1931年印。

意研究现实问题。此种思潮一经在尊经书院中传开，立即对学生们产生了深刻的影响，他们改变了原来只知埋头苦读的习气，转而开始关注时事，留心政治，并激烈地抨击时弊，尤其对腐败透顶的吏治予以严厉斥责。"胥吏虎狼，砺齿磨牙，择人而食，一饱百家；什邡文雅，书生满衙，鸮化为鸾，诗礼为家。"①当沙俄侵占中国新疆领土伊犁时，包括宋育仁在内的尊经书院的学生们异常愤慨，他们满怀激愤、义正词严地谴责了沙俄对中国的侵略，并热情地歌颂了在对敌斗争最前线"誓灭贼而朝食"的爱国将士，表现出强烈的爱国主义情感。经世致用思潮在四川的广泛传播，引起了很大的反响，宋育仁是将其师思想发扬光大的佼佼者。他将王闿运思想体系中的经世致用思想加以吸收和改进，推衍出"复古改制"的理论，为维新变法思想在四川的产生和传播奠定了理论基础。其二，受王闿运今文经学思想的影响。王闿运是清代著名的今文经学家，善讲经世致用，其所宣讲的今文经学中所包含的政治微言大义与维新派所主张的社会变革思想有着一定程度的合拍之处。而且，今文经学中本身包含着极其丰富的变易思想，认为历史是一个无限变化的过程，其中的"三世"、"三统"说，就是其历史变化观。宋育仁在王闿运门下受业长达四年之久，受王闿运今文经学变易观之影响也属情理之中之事。

  宋育仁不仅在尊经书院求学期间，在耳濡目染、潜移默化中受到王闿运经世致用观念及今文经学思想之影响，而且他在离开尊经书院之后，他与恩师王闿运之间的交往也一直延续着。1895年宋育仁从海外归国，王闿运得知宋育仁在英国担任外交官期间筹划的"潜师之谋"失败，非常同情，便写信安慰爱徒宋育仁曰："海外之谋，闻者壮之，事幸不成，吾弟可以自慰，惟当饮

---

① 毛翰丰：《蜀中循吏赞》，《蜀秀集》卷五。转引自隗瀛涛：《四川近代史稿》，四川人民出版社1990年版，第271页。

酒读《离骚》耳！"①言语之中尽显对爱徒的关心安慰之意。到民国初年，王闿运被聘请为国史馆馆长，而宋育仁当时正好在四川老家赋闲，王闿运便写信邀宋育仁来京共同修史，接到恩师的信，宋育仁欣然应邀赴京。到京城后，在王闿运的举荐下，宋育仁被任命为国史馆修纂。入国史馆任职不久，由于宋育仁上书袁世凯，要其效仿周公辅佐溥仪，因此被舆论界误认为复辟帝制，宋育仁因之惹祸上身，被逮入步军统领衙门。王闿运得知爱徒身陷囹圄后，立即利用自身的名望和人际关系，多方奔走，积极营救，最终将宋育仁救出，为安全起见，王闿运亲自把宋育仁送出京城以避难。由此可见，宋育仁与王闿运的交情确实非同一般。即使在与宋育仁的书信往来中，王闿运也对宋育仁给予很高的评价："夫高才，年少盛名，早科，操行狷纯，卓卓然不随流俗。古今文儒，其能得比者，盖亦鲜矣！"②同样，宋育仁对恩师也颇为尊崇，足见二人师生之谊深厚。

（二）与张之洞

宋育仁是时任四川学政张之洞在创办尊经书院时，从四川全省众多生员中选拔出来的入读尊经书院的学生之一，从此宋育仁与张之洞建立起师生关系。张之洞对宋育仁的才华颇为赏识，"张文襄督蜀学，颇欢异焉"。③从尊经书院创办之初至1876年底张之洞从四川学政官位上离任，其间张之洞为尊经书院倾注了大量心血。他亲自为尊经书院制定了教学方针、教学内容等相关规章制度，还在书院中专门设置了香堂，祀奉四川当地有名的先

---

① 宋育仁：《哀怨集》（附《城南词》一卷），羊鸣山房校印，线装书，1910年版，第7页。
② 王闿运：《湘绮楼笺启·与宋生》，载于沈云龙主编：《近代中国史料丛刊》第18辑，文海出版社1968年版，第42页。
③ 萧月高：《宋芸子先生传》，载于江兆镛纂录：《碑传集三编》，卷三五《儒林》四，明文书局1985年版，第235页。

贤，以示对先贤的尊崇和敬仰，同时也是在告诫士子们不忘前贤。张之洞一反四川当地原有的锦江书院等旧式书院的传统办学方法，不以脱离实用的八股文为教学内容，大刀阔斧地在教学目标、课程设置、教学方法等方面加以改革，以使尊经书院区别于传统旧式书院。张之洞主张尊经书院中学生的读书内容以经史为主，但并不拘泥于此，他本计划在尊经书院中开设天文、地理、格致、算术等经史之外的实用性课程，无奈因蜀中风气未开，师资缺乏，经费困难，再加上反对者多，阻力太大而导致天文、地理等课程的开设暂时"不能办也"。为指导尊经书院学生读书，张之洞还专门撰写《书目答问》与《輶轩语》两书。此外，张之洞还为尊经书院的学生制定了十八条章程，旨在教育学生们不可只埋头故纸堆迷醉于八股文，而要学以致用，关心时事。张之洞的教育思想对于尊经书院的学生产生了直接的影响，他对尊经书院学子的严格要求，对于尊经书院建立起崇实去浮、沉静好学、钻研学术、学以致用的学风起到了极大的促进作用。

1879年首次参加乡试的宋育仁便高中举人，中举后，他虽然离开了尊经书院，但他与张之洞之间的交往并没有因此而中断。甲午战争期间，宋育仁在伦敦计划借洋款、募洋兵，奇袭日本。为此，他利用和张之洞的师生关系，专门致电张之洞，期望得到恩师的支持与相助。"密电文襄，谋借外款购英吉利、智利等国舰用，编练一舰队由太平洋直袭长崎。"[①]但是，浸淫官场多年、洞悉世故、深谙官场之道的张之洞以一名老练政治家的"韬略"，深知明哲保身的重要性，因此，他并未答应支持宋育仁的做法。[②]不过，这并不影响二人之间的继

---

① 宋维彝等：《宋芸子先生行状》，北平石老娘胡同傅沅林先生捐，中国国家图书馆分馆藏，1931年印。

② 笔者仔细查阅了《张之洞全集》，也未发现其中收录与宋育仁的往来书信，笔者猜想：以张之洞丰富的从政经验和敏锐的政治头脑，他肯定不会保留此类信件，以免惹祸上身，很可能在当时就予以销毁，保存下来的可能性极小。

续交往。1897年夏天和十月份，张之洞两次通过宋育仁给廖平传话，严厉告诫廖平改变经学第二变的观点。其后，在百日维新期间，随着变法运动的不断深入，尤其是全国各种倡导维新变法报刊营造的舆论日益激烈，张之洞凭其宦海生涯多年的经验似乎觉察到了形势不妙，于八月初九日发信于宋育仁，指责宋育仁创办的《蜀学报》言辞过于激烈，应当立即予以更正或者删除其中言辞激烈部分，并告诫宋育仁务必要对他的提醒高度注意，当心招来大祸，信曰："《蜀学报》第五册'封列国以保护中国论'，又第八册'五月学会讲议'，悖谬骇闻，亟应删毁更正，此外各报缪说尚多，不可枚举，此后立言选报，予务须斟酌，否则必招大祸，切宜儆戒，佳。"①虽然说，《蜀学报》中宣扬的某些观点言辞激烈，与张之洞的观念并不相符，超过了他的接受程度，但他对宋育仁的关心以及对其处境安危之担心，无疑是他给宋育仁写信的重要原因之一。

20世纪初期，清廷在经历了八国联军入侵及首都沦陷的重创后实行新政，此间宋育仁赋闲在京，未被朝廷起用，时任湖广总督的张之洞爱惜其才，得知宋育仁赋闲无事，主动邀请他加入其幕府中，并向清廷保奏推荐宋育仁。在张之洞的保举下，宋育仁被清廷授予道员头衔，在张之洞门下听候调遣，张之洞熟知宋育仁在经济方面颇有才能，于是任命其主管湖北全省的土药税务。不久，由于宋育仁在湖北省土药税务主管职上清明廉洁、洁身自好，与贪污腐化、阿谀奉承的官僚圈子格格不入，遭到湖北官僚集团中同僚的嫉妒和仇恨。同僚屡次向张之洞参奏宋育仁，导致宋育仁在湖北官场中的处境日益艰难，这也使作为湖北官僚集团之首的湖广总督张之洞颇感棘手。为了维护湖北官僚集团的

---

① 张之洞：《致成都宋芸子》[光绪二十四年（1898年）八月初九日亥刻发]，《张之洞书牍》，载于杨家骆主编：《戊戌变法文献汇编》（二），《中国近代文献汇编之一》之一，鼎文书局印行，中华民国六十二年版（1973年），第615页。

平衡，平息宋育仁不断被湖北官员参奏的风波，也出于对处境艰难的宋育仁的考虑和保护，张之洞欲在适当时机将宋育仁调离湖北。正逢朝廷开设经济特科，要求三品以上的朝廷内外尚书、督抚等大员推荐"通晓实学"的人才来京应试，张之洞趁机保举有实干能力的宋育仁入都应考，宋育仁借此机会离开了给他徒增烦恼、甚至让他处于四面楚歌境地的湖北官场，虽然失去了湖北土药税务主管的职位，但对于他来说，此时离开湖北无疑是一种解脱。

（三）与学友

在尊经书院求学期间的宋育仁，除了和王闿运、张之洞这些近代史上的风云人物结下深厚的师生之谊外，还结交了一些在近代史上颇有影响、大有作为的同窗学友，其中以廖平、杨锐、吴之英最具有代表性。廖平为学凡六变的经学大师，倡导今文经学，主张历史的变易观，为康有为变法根据"三世""三统"说产生的启发者；杨锐乃为主张维新变法，并为之献出宝贵生命的"戊戌六君子"之一；吴之英则为杰出的维新志士，维新运动期间，与宋育仁一起投身于四川维新运动。宋育仁与廖平、杨锐、吴之英四人同为尊经书院的同批学生，四人合称为"尊经四杰"，"宋与名山吴之英伯竭、井研廖登庭季平并称高弟"。[①]四人均为尊经书院创办之初从四川各地遴选的高才生，他们才识过人，超乎常人，自然共同语言甚多，宋育仁与廖平、杨锐、吴之英同窗五载，结下了深厚的学友情谊，交情甚好，交往过程中彼此间耳濡目染，一定会互相产生影响，维新运动期间四人均积极参与维新运动之中，彼此之间密切配合，志同道合，这也正是四人友情深厚的印证。

---

① 萧月高：《宋芸子先生传》，载于汪兆镛纂录：《碑传集三编》，卷三五，《儒林》四，明文书局1985年版，第235页。

第四章 宋育仁维新思想形成与发展的背景

维新运动期间，宋育仁作为四川维新运动的领袖人物，在自己积极参与维新运动的同时，约请同学好友共同投身于轰轰烈烈的维新运动当中。1898年4月，宋育仁受聘为尊经书院山长后便立即邀请老同学廖平来书院讲学。同年5月5日，宣传维新变法的《蜀学报》创刊，宋育仁自任总理（即报社社长），他特意聘请了同窗好友吴之英担任《蜀学报》主笔，廖平为总纂，同学三人组成《蜀学报》最核心的中坚力量。《蜀学报》在内容上延续了《渝报》以政论文章为主的特点，但质量比《渝报》上了一个台阶，其中不仅刊载维新变法的文章，而且还刊登与老百姓生活息息相关的文章，如吴之英在《蜀学报》上发表了名为《春秋书日食释义》的文章，文中讲述了日食形成的科学道理，旨在破除迷信。宋育仁和廖平、吴之英同窗三人同心协力，劲儿往一处使，和报社其余同仁一起努力，将报纸办得有声有色，使该报成为西南地区传播西学知识、宣扬维新变法的重要阵地。宋育仁去世后，吴之英对同窗挚友宋育仁的一生予以高度评价："生年不满百而历千秋，足长不及咫尺而行五洲，身不满七尺而上舆天游。生于晚近，而效前修。吾友谓似三间，人之传问琴阁主。自题：于学，无所不能；于文，无体不工。知之者以为圣译，不知者以为文雄"。①从吴之英对宋育仁的充分赞誉和高度评价中，也能感觉到他对宋育仁的了解颇为深入，而这种了解必然建立在二人之间深厚友情的基础上。

维新运动期间，宋育仁和杨锐也志同道合，政治态度趋于一致，同为维新运动期间大力宣扬维新变法的四川籍维新志士，二人分处四川与京城从事维新活动，彼此间密切关注，遥相呼应。1898年初，各省在京人士掀起一股纷纷成立学会的热潮，旨在以

---

①吴之英：《宋育仁相赞》，载于宋维彝等：《宋芸子先生行状》，北平石老娘胡同傅沅林先生捐，中国国家图书馆分馆藏，1931年印。

此来推动维新变法的开展,一时间粤学会、闽学会、关学会等纷纷成立。时任内阁侍读的维新志士杨锐不甘落后,他联合翰林院修撰骆成骧、刑部主事乔树楠等川籍官员,于1898年2月在京城发起成立蜀学会,并选择京城的四川同乡会公所观善堂作为蜀学会集会的场所,提出"讲新学、开风气,为近今自强之策"的号召,定期集会,宣扬维新变法,讨论国家大事。①宋育仁虽然身处四川,但他对京城维新运动的进展密切关注,与好友杨锐的书信往来亦非常频繁,借助杨锐的来信,宋育仁对京城维新运动的进展及时掌握,这极大地激发了他投身维新运动的激情与动力。1898年5月初,在杨锐于京城创办蜀学会以及京城维新运动不断高涨态势的感召下,宋育仁联合同窗好友吴之英以及邓镕等川籍维新志士,在成都成立了四川地区第一个有着明确政治倾向、宣传维新变法的团体——蜀学会。该学会的宗旨为"以通经致用为主,以扶圣教而济时艰",学会以演讲集会为主要活动形式,宋育仁、吴之英、廖平承担了学会的大部分演讲工作。从蜀学会的宗旨与活动形式看,宋育仁创办蜀学会明显受到了其同窗好友杨锐在京城创办蜀学会的感召和影响。

总之,在同窗好友的影响和帮助下,维新运动期间宋育仁维新实践的内容呈现出多样化的特点,其维新思想及理论的内涵较之前也得以更加丰富,可见,宋育仁维新思想的深化,其同窗好友功不可没。

---

① 伍奕、多一木:《宋育仁:隐没的传奇》,四川文艺出版社、成都时代出版社2013年版,第106~107页。

第三节　出使西方经历的推进

一、考察西方　撰《采风记》

宋育仁维新思想的深化与发展还与其出使英国担任外交官的特殊经历有着密切的关系。1894年，宋育仁奉命以外交官特殊身份，名义上出使英、法、意、比四国，实际上，宋育仁主要出使国家为英国，并且常驻英国首都伦敦。虽然宋育仁担任外交官的时间仅为短暂的一年多，但这段不同寻常的特殊经历为他维新思想的深化与发展提供了重要契机。自幼在父亲及伯父的教导下饱读经书，且经过科举正途跻身于朝士行列的宋育仁，首次走出国门，踏上陌生的异国土地，亲身接触到西方资本主义国家的种种事物，一切都觉得无比新鲜，所见所闻极大地冲击着他的感官，极大地丰富了他对西方资本主义社会的感性认识。同时第一次出国也使他开阔了眼界，增长了见识，他不自觉地将目睹的西方资本主义社会的发达景象与国内极度贫困衰落的局面进行比较，比较后内心产生了极大的震动。虽然宋育仁在出国之前就学习了介绍西方情况的书籍，对西方社会有了初步的间接了解，但在目睹西方社会的运行状况之后，他对西方社会的认识更直接、更感性、更深入，对西方国家的评价以及对待西方人的态度更趋向于理性。"窃观今日之西戎，国富兵强，人和政理，有制度、文章、聘盟、朝会，俘人之君必加礼，灭人之国必复封，与水草游牧蛮夷无道者迥殊。但可视为春秋之吴楚，而不能待之以春秋之潞狄。"[①]从中可以看出，宋育仁不仅承认西方的强大富裕，而且也观察到了西方注重礼仪的一面，认识到西方人与中国历史上被称为"蛮夷之邦"的游牧民族确实有本质的差别。和颠顶地秉持"夷夏观念"

[①]宋育仁：《泰西各国采风记》，载于钱锺书主编，朱维铮执行主编：《中国近代学术名著丛书》之一《郭嵩焘等使西纪六种》，三联书店1998年版，第407页。

的顽固派人士相比，宋育仁对西方社会及西方文明的认识深度和认同感更加进步，也更符合历史实际。

清帝国外交官的特殊身份，使宋育仁得以生平有机会第一次近距离接近西方社会，观察西方国家的权力运作状况，得以连续俯瞰西方工业化世界的社会生活概貌，得以经常接触具有不同影响力的政客、官僚、贵族、财阀以及学者、文士等。此外，借走出国门的机会，宋育仁与一些知名人士如英国政治家麦格、牛津大学博士麻利公爵、日本政治家望月小太郎、日本名记者下田歌子等认识并交往。此外，宋育仁凭借着外交官的特殊身份出入英国议院、学校和工商界，其间他并非走马观花，而是着意考察了英国的社会风俗、文教制度、政治体制、宗教信仰、外交法则等。考察之余，他勤思多写，将出国所见所闻所想撰写成《泰西各国采风记》一书，分"政术、学校、礼俗、公法、教门"五个类别，对西方社会尤其以他接触最多、了解最深的英国为例进行了详细阐述，言语中蕴含着他对西方近代文明的肯定和向往，称赞、推崇之意在不经意间流露于字里行间。在《泰西各国采风记》中，宋育仁介绍西方政治、经济、外交、军事、教育制度的同时，不时地对中国的相关情况进行阐述，还多次进行中西之间的比较，尤其是不厌其烦地拿西方的制度同中国古制进行比较，甚至频繁地拿经义做尺度来比较中西，以表明他认为西方的先进制度源自于中国古代的想法。

宋育仁在《泰西各国采风记》中比附中西的同时也穿插着阐述了自己的维新变法主张，但西强中弱的实际情况还是使他不得不承认中世纪式的中国体制，确实有不如西方近代化体制的地方。在比较中西之后，宋育仁感慨曰："夷法虽不如圣治文情之周至，但实能得治国之本源。"[1]可见，出使西方的经历使宋育仁对西方社会以及西

---

[1] 宋育仁：《泰西各国采风记》，载于钱锺书主编，朱维铮执行主编：《中国近代学术名著丛书》之一《郭嵩焘等使西纪六种》，三联书店1998年版，第345页。

方文明有了感性、直观、深刻的认识,比较《泰西各国采风记》与《时务论》中宋育仁对西学阐述的深度与广度可知,前者明显要胜于后者,这说明,出使西方的经历极大地提高了宋育仁的西学素养,他对西方政治、经济、军事、教育、文化等方面的认识与理解较出国之前要深刻得多,反观中国当时与之对应的相关状况,比较中西之后,宋育仁对中国落后的感受更为强烈,要求维新变革的思想也因之愈发强烈。可见,出使西方的经历,一方面,促进了宋育仁对西方了解的深入,丰富了宋育仁西学涵养;另一方面,出国的经历对于宋育仁维新思想的深化与发展也起到了积极的促进作用,尤其通过目睹西方社会和西方文明,亲身感受到中西现状的差距后,宋育仁的内心产生了前有未有的震撼,出国经历有力地加深了他对变革中国现状重要性的认识。

在近代中国,与宋育仁的经历相似,在亲自接触西方文明之后而深受其影响的人士较多,西方文明对他们确实产生了较大的冲击。以近代出洋人员为例,近代首次走出国门的出洋人员对于异国他乡无不充满好奇之心,他们走访所到之国的议院、学校、博物馆、工厂、医院等,在走访、考察的同时,他们勤于思考和记录,将所见所闻及时记录下来,留下了大量游记。这些游记介绍了西方国家的民主制度、风土人情、文化教育、科技知识、经济状况等方面的情况,同时也记载了他们初出国门的感受和随想。从近代中国出洋人员留下的游记或日记来看,他们大都突破了华夏文化中心论的陈旧观念,开始认识到了资本主义制度与西方资本主义国家的先进性。作为近代中国首任驻外使节的郭嵩焘在踏出国门后,经实地考察,比较中西后,认为西方以议会为中心的资产阶级民主制度比儒家政治的最高理想"三代之治"更胜一筹,进而对封建主义与传统文化产生了怀疑,进一步提出对中国进行变革的长远计划,如开办新式学堂、发展科技等。郭嵩焘明确指出:"西洋立国二千年,政教修明,具有本末;与辽、金崛起一时，倏盛倏衰，情形绝异。"①通过耳闻目睹和不自觉地进行中西比较及深入思考，郭嵩焘认为西方治国有法度，不能再以夷狄视之。总而言之，出使英国的经历极大地促进了郭嵩焘了解和认识西方、学习西方的进程，从此之后他便开始购买和阅读介绍西学之书，并且开始大力宣讲西学。还有的使臣在走出国门踏上异国土地后，面对西方资本主义国家的繁华发达，不禁感慨："繁华富庶，笔难尽述。"②同样，作为维新运动旗手的康有为在1879年游历作为英国殖民地的香港时，才第一次对西方文明有了直观、感性的感受。可见，近代中国人在目睹西方资本主义国家的繁荣富强之后，多数人会首先从直观感性方面受到强烈的冲击，反观当时落后贫弱的国内境况，比较中西，他们会认为西方资本主义国家确实比当时的中国先进、发达，因此，主张向西方学习，改革中国现状，呼吁维新变法，便成为近代中国多数爱国人士目睹西方繁荣昌盛之后的共同心声。

二、借款购舰 密谋袭日

宋育仁出使期间，除考察西方文明，撰成《泰西各国采风记》外，特别值得充分肯定和予以高度评价的是他的"借款购舰，密谋袭日"之举，此举的破产极大程度上伤害了他的爱国之心，也使他对中日之间的实力差距，尤其对清政府的腐败无能以及中国的衰弱贫乏等情况认识得更为深刻，同时促进了他维新思想的进一步深化。

宋育仁出使西方期间，正好是甲午战争爆发之际。他虽然身处异地外域，却及时密切关注国内战事发展的状况，并积极上书言事，为战胜日军献计献策。战事刚起，他即给当时的朝中重

---

① 郭嵩焘：《伦敦与巴黎日记》，岳麓书社1984年版，第66页。
② 刘瑞芬：《西轺纪略》，光绪丙申年刻本，第1页。转引自杨易：《晚清外交官及其著述》，《北京档案史料》，1999年第1期。

臣军机大臣帝师翁同龢和兵部尚书孙毓汶上书。"光绪二十年七月，闻倭军事起，上书常熟、济宁两尚书。"①对于日本首先挑起战端的野蛮侵略行径，宋育仁义愤填膺，一针见血地指出其发动侵略战争的原因即在于蓄谋已久，乘虚而入。"倭变法从西，励精养锐二十年，不敢争于西，乃逞志于东，境逼强俄，危不自存，则思乘我之虚以肆其恃。"②宋育仁还理性地分析了中日双方的军事实力，认识到，自明治维新以来日本经过上下一心的海军建设，其海军实力超过了中国海军，中国军队要想在海上取胜极为不易，但日本的陆军实力相对较弱，远离本土作战使日军的补给线拉得太长，因此其后勤给养能力有限。鉴于日军的这些特点，宋育仁对症下药，提出了抗日保国的系列主张："我海军不足恃，万不能与争于海上，惟饬南北合台闽相连为守，重扼旅顺、威海、烟台、辽东、台湾，以固津沽，卫京师，而从陆路进兵，与为持久之计。我军非练不能用，非久练不能精，倭兵少财之，持久足以困之，计莫如因此大修武备，重治东三省，为目前困倭之谋，异日防俄之计。"③言论中体现了宋育仁对于日军优缺点以及清军军事力量薄弱之处的清醒认识，表现出他"知己知彼，扬长避短"的军事思想以及主张联合御敌、重点防守、打持久战、将重点放在陆地防御的战略思想。

但是，战势不断恶化，局势恶化之速度完全出乎了宋育仁的意料，令国人也为之咋舌。在日军面前，清军的战斗力相形见绌，中日交兵，清军节节败退，而日军却连战连捷，贪得无厌的日本陆军得寸进尺，步步紧逼，不仅通过平壤之战占领了朝鲜全境，还趁势攻破了清军部署在位于中朝之间的鸭绿江防线，很快日军就打到了中国领土，在日本海军的帮助下，日本陆军很快就

---

① 宋育仁：《借筹记》，线装单行本，1895年版，第1页。
② 宋育仁：《借筹记》，线装单行本，1895年版，第1页。
③ 宋育仁：《借筹记》，线装单行本，1895年版，第1页。

抢占了中国东北的重要战略要地旅顺口。"未省，北洋电使者，平壤兵到恐迟，牙山军单可虑，既而牙山、平壤败，闻倭军趋渡鸭绿江。"①清军的败退速度大大超乎了宋育仁的想象，他构想的以清政府陆军为重点御敌力量、以陆地防御为主的战略，因为清军指挥部的懦弱无能和军队战斗力软弱而完全失效，日军侵入中国内地的领土不断增多，事态日趋严重，要想解围当前的危局，扭转日军嚣张、清军败弱的局面，就必须要出奇招，方能出其不意，转败为胜。宋育仁敏锐地认识到，日军全力进攻中国本土使得其本土军力相对薄弱，即便中国军队无法抵挡日军的野蛮进攻，但如果能派一支部队奇袭日本本土，定能出其不意，大获全胜，还可以吸引进攻中国的日军回师救援，方可使国内敌情得以解围，甚至可转败为胜。宋育仁考虑到当时制海权为日军所控制，依靠中国军队和舰船袭击日本极不现实，于是，宋育仁便萌发了借洋款、购洋舰、招募一支由洋人组成的雇佣军，从菲律宾群岛直接北上偷袭日本重要港口城市长崎的想法。

  宋育仁积极地为实现他奇袭日本长崎的想法四处奔走于各方间，周旋交涉，寻求帮助，他利用自己代理清政府驻英公使的特殊身份，②通过联系前美国海军将领夹甫士、前智利海军将领麦福尔、英国候补议员安杰华、前北洋水师总教习等有一定话语权的洋人，依靠他们从中穿针引线。最终，为了筹措购买军舰、招募洋兵、补充弹药等费用，经夹甫士介绍，宋育仁向英国康迪克特银行借款200万英镑，并且决定用此款项中的一部分向智利和阿根廷购买10艘军舰和2艘运输船，组成一支小型舰队，计划打着澳洲商会的旗号，万里奔袭长崎。除了在英国积极奔走联络之外，宋育仁还利用他和张之洞的私人关系，将自己在海外密谋突

---

① 宋育仁：《借筹记》，线装单行本，1895年版，第1页。
② 1894年10月下旬，清政府驻英公使龚照瑗突然被清政府召回国述职，宋育仁暂时受命担任清政府驻英公使一职。

袭日本的想法告诉恩师，企图得到恩师的帮助和支持，"密电文襄，谋借外款购英吉利、智利等国舰用，编练一舰队由太平洋直袭长崎。"①为了能得到来自国内的支持。以便内外团结一心，抗敌御辱，宋育仁积极寻求国内高官大吏及志同道合者的支持，为此他频繁地以费用高的电报与国内进行联络，自掏腰包，慷慨解囊，即便花费重金，亦在所不惜。"电传往复，私费六百余金。"②但宋育仁从海外传来的救国疾呼如石沉大海，他企图奇袭日本本土以救国的良苦用心丝毫未得到国内身居高位者的回应与支持。宋育仁并未因此而受到打击，他仍然坚持自己的想法并为之积极奔走努力。就在他一手谋划的袭击长崎的准备工作即将妥当的时候，公使龚照瑗突然返回伦敦，得知宋育仁借款购舰、密谋袭日的所作所为后，立即电告清廷。清政府获悉后传来电令，将宋育仁罢职，并命他即刻回国，宋育仁密谋袭日的想法也就此被迫中止，最终，《马关条约》的签订彻底粉碎了他的潜师之谋。

甲午战争期间，宋育仁除了计划借款购舰、招募洋兵远渡重洋袭击日本长崎之外，还把目光转向了国内，针对清政府军事薄弱的现状，提出了整顿军队的主张，旨在强军御辱。"治军旅宜先办民团，收游勇会匪入团伍，消隐患而化为有用，筹饷而劝捐所能济。宜急设官银行，行银票，以资转饷，既收出入转汇之利，流通不穷，且七成实银，参用三成虚票，即为筹饷之大宗。"③另外，他还主张各省向西方列强借款用以筹集军饷，整顿军事，并且一针见血地指出了户部无力筹措军饷的事实："凡

---

①宋维彝等：《宋芸子先生行状》，北平石老娘胡同傅沅林先生捐，中国国家图书馆分馆藏，1931年版。

②吴之英：《问琴阁文录·序》，载于宋育仁：《问琴阁文录》，1912年版，线装本。

③宋育仁：《借筹记》，线装单行本，1895年版，第1页。

借款为公用非私用，无论户部署外省，何分此疆彼界？户部能应军饷，外省何必另借？"①言语中表现出他极力主张借筹以御辱以及对军费重要性的深刻认识。

就对付嚣张跋扈、贪得无厌的日军而言，甲午战争期间的宋育仁借款购舰、直袭长崎的潜师之谋和主张借款筹军饷以整顿军队的借筹之计均有些脱离现实，未免不切实际，这体现出宋育仁较浓的书生意气，但值得肯定的是他此番言行中所蕴含的强烈的爱国热情和民族责任感。出使西方期间宋育仁的非凡言行为他赢得了良好的声誉和极好的口碑，从英国归来后，他即被聘为北京强学会都讲，主讲自强之学。甲午战争期间，与宋育仁潜师之谋持有相似救国主张者有容闳。甲午期间，容闳身在海外，却屡屡规划"战争"，提出过两项建议：其一，速向英国借款，购置铁甲舰，由太平洋偷袭日本后方，使其首尾不得相顾，此举与宋育仁潜师之谋有相似之处，表现出海外爱国人士谋求抗日之计在某种程度上的不谋而合，二者实有异曲同工之效。其二，将台湾作为抵押，向美国等西方国家筹款四万美金，作为全国海陆军军费开支，与日本继续作战。这一主张虽然在向西方借款、计划与日军打持久战方面同宋育仁的主张有相通之处，但在对待祖国领土的态度上，宋育仁坚决主张捍卫祖国领土完整，主张寸土必守、寸土必争，绝不可放弃一寸国土，较之容闳，宋育仁捍卫国家领土主权的意识更强，他对捍卫祖国领土完整重要性有着更为深刻的认识。此外，和宋育仁相比，容闳在甲午战争期间提出的对付日军的主张主要停留在舆论呼吁层面，他个人并未为之积极奔走呼号，而宋育仁却是言行并用的理论家兼实践家。为了实现借西款、购洋舰、募洋兵、袭长崎的想法，为了达到出奇兵抗日御辱的梦想，他几乎竭尽全力，付出了极大的心血和精力，内心也承

---

①宋育仁：《借筹记》，线装单行本，1895年版，第4页。

受了超乎常人的压力和煎熬，从这个意义上而言，宋育仁不愧为晚清历史上唯一一个谋划袭击日本本土并努力付诸实践的人。

综上所述，甲午战争期间宋育仁出使西方的经历是他人生中一段极为重要的特殊历程，这段不平凡的经历对其维新思想的深化与发展起到了颇为重要的促进作用。一方面，走出国门担任外交官的难得机会让宋育仁对西方社会有了更具体、更直观、更深入的认识，同时浸淫西方社会之中，生性好学的他抓住这难得的机会来考察研究西方的政治、经济、教育、军事等情况，这使他的西学素养得到极大的提升，这也加深了他对西方国家及西方文明的进一步理解；另一方面，出使期间，身处外域的宋育仁对于甲午战争从始至终一直予以密切关注，深怀爱国之心，为杀敌御辱，出奇制胜，宋育仁积极筹划以"借洋款、募西兵、袭长崎"为内容的潜师之谋，通过对甲午战争势态的积极关注，加之借筹御辱过程中联络交涉的切身感受，宋育仁对中国贫穷衰弱的国情以及清政府腐败无能的本质有了更为深刻的认识。总之，出使西方的经历使宋育仁对西方国家强大发达和中国落后贫弱之现状的感受更为深切，要求维新变革现状之心也因之愈加迫切。

第四节 进步人士与民族资本主义发展的影响

甲午战争之后，宋育仁的维新思想与实践均获得了很大发展，他积极投入到维新运动这场声势浩大的救亡运动中来，扮演着维新理论家与实践家的双重角色。1895年，他从英国归来后即受聘为北京强学会都讲，主讲维新自强之学；1896年，宋育仁积极响应清廷要求官员上自强折的号召，上奏清廷，主张变革经济制度；同年，宋育仁因其善于工商之学之名而在时任翰林院祭酒张百熙的举荐下，受清政府委派回四川办理商务、矿务，回川后即在重庆主持商务局事宜，在巴蜀地区大力发展资本主义，对四川及重庆民族资本工商业的发展做出重要贡献；此外，维新运动期间，宋育仁作为川渝地区维新运动的领袖人物，身先士卒，积极参与到了维新运动的实践中去，创办《渝报》与《蜀学报》，并于其中发表了大量宣传维新变法的文章，还成立蜀学会以广为传播维新思想，编印《蜀学丛书》，主讲西学于尊经书院等。

笔者认为，一个人思想观念的形成与深化与其交往对象的影响密切相关，宋育仁维新思想的深化与参与维新实践内容的多样性，除了受甲午战争后空前严重民族危机的刺激之外，也不可避免地受到他所交往的维新人士与主张改革的官员的影响。此外，国内维新派人士积极从事上书、创报刊、建学会、办学堂等维新变法的理论宣传与实践活动，对宋育仁产生了极大的精神感召作用，激发了他投身维新运动的热情与动力，维新运动期间维新派的言行也对其维新思想的发展起到了推波助澜的促进作用。甲午战争后民族资本主义的快速发展也是宋育仁维新思想深化的一个重要原因。

一、与进步人士交往所受影响

（一）与维新人士交往所受影响

宋育仁善于交际，与不少维新之士均有交往。甲午战争后，维新变法成为时代共识。宋育仁与陈炽、汪康年、梁启超、黄遵宪、刘光第、潘清荫、梅际郁、丁树衡、张百熙等爱国之士皆力主维新变法，虽然他们的经历及具体维新变法见解不同，但是同为维新志士的身份与共同的使命感将他们紧紧联系在一起。

与陈炽。宋育仁与陈炽可谓交情深厚，志同道合。宋育仁的《泰西各国采风记》写成后，在官书局刻印，陈炽亲自为之校订，并推崇备至；而陈炽的《庸书》著成后，求序于宋育仁，宋育仁亦欣然答应，为之作序，其写就的《庸书·序》对陈炽予以高度评价，称"陈次亮农部，湛深经世之学，明当世之事"。①宋育仁还将陈炽比作历史上以智慧超群而闻名的人物贾谊、王符，认为陈炽在《庸书》中所阐述的见解都颇有新意，而且评价陈炽具有忧国忧民的高尚品质。"潜夫贾谊论俱新，危苦忧时自累身。"②同样，维新运动期间，陈炽得知宋育仁奉命回四川主持商务之时，立即写信给他，信中对宋育仁予以高度评价，甚至将宋育仁比作春秋时期的管仲和三国时期的诸葛亮，对于宋育仁这样一位有经天纬地之才的大才子仅被委任为"四川商务监督"这一官品低的职务，陈炽认为实乃大材小用，深感可惜。"谓（宋育仁）管子天下才，诸葛真王佐。以一隅商务小用，可惜云云。"③

"物以类聚，人以群分"，维新变法是维新志士们共同的理想和追求，在共同理想信念的感召下，宋育仁与汪康年、梁启超、黄遵宪、刘光第等赞同维新之士也有交往。汪康年是晚清的自改革论者、报人和社会活动家。他积极参与维新运动，主持《时务报》工作，并发表文章呼吁维新变法，实为一名倡导维新的言论家和活动家。汪康年与好多维新派人士交往甚深，宋育仁便是其中一人。宋育仁与维新运动时期声名鹊起的梁启超也有所交往。1897年，宋育仁在重庆创办《渝报》，而汪康年、梁启超则在上海创办《时务报》，为了扩大维新运动在四川的声势，宋育仁遂于当年12月14日主动与汪康年、梁启超联系，要求代售送抵四川之《时务报》。"《蜀报》固不如《时务报》之美，

---

①宋育仁：《庸书·序》，光绪二十二年夏四月（1896年）写，载于赵树贵、曾丽雅编：《陈炽集》，中华书局1997年版，第3页。

②宋育仁：《感旧诗三十四首》，载于宋育仁：《哀怨集》（附《城南词》一卷），羊鸣山房校印，线装书，1910年版，第9页。

③宋育仁：《感旧诗三十四首》，载于宋育仁：《哀怨集》（附《城南词》一卷），羊鸣山房校印，线装书，1910年版，第9页。

但西南仅此发端，拟祈定力为助，以广边隅风气。可否贵报一律行蜀者，交渝报馆代售？在省寄省，则人皆一取两得。"①汪康年、梁启超非常爽快地答应了宋育仁的请求，从此，闻名全国的维新报纸《时务论》经《渝报》馆的代销，在四川和重庆地区畅行无阻，《时务论》中宣传的维新变法思想及西学知识也在巴蜀大地传播开来。宋育仁与黄遵宪、刘光第这些近代史上知名的维新派人士也有交往。刘光第与宋育仁同为四川籍维新志士，他们既有同乡之谊，又为志同道合的维新人士，共同的理想追求使他们结下了深厚的友谊。1894年，宋育仁受命出使英、法、意、比四国，临行之时，刘光第亲自相送，并写诗以示离别之情："苍茫家国无穷意，挥手春流散马蹄。"诗中既表达了对衰弱贫困祖国之忧伤，也显示出对友人远去异域他乡之深切留恋。②后来刘光第因为参与百日维新而不幸在"戊戌政变"中惨遭杀害，成为名垂青史的"戊戌六君子"之一。刘光第不幸遇难后，其生前好友为了纪念他，将刘光第的诗文结集出版，宋育仁还特意为好友刘光第的诗文集作序，以寄托对好友的哀思和对好友在天之灵的告慰。③黄遵宪则为另一名与宋育仁交情颇深的维新志士。宋育仁1895年从海外归国，正巧遇到黄遵宪，宋育仁便赠诗四首予他，表达了出使期间他对友人的思念以及久别重逢后的激动心情。"明灯清酒照金徽，海客新从海外归。丝竹能陶君且听，新亭对景莫沾衣。"④

---

①宋育仁：《致汪康年、梁启超的信》，载于上海图书馆编：《汪康年师友书札》（一），上海古籍出版社1986年版，第543页。

②刘光第：《送宋检讨充英法等国参赞》，载于《近代巴蜀诗钞》编委会编：《近代巴蜀诗钞》（上），四川出版集团、巴蜀书社2005年联合出版，第675页。

③宋育仁：《刘舍人遗集·序》，载于宋育仁：《问琴阁文录》（共两卷），1912年版，线装书。

④宋育仁：《归国遇黄公度赋赠四首》，载于宋育仁：《哀怨集》（附《城南词》一卷），羊鸣山房校印，线装书，1910年版，第1页。

（二）与支持改革的官员交往所受感染

与恭亲王奕䜣。恭亲王奕䜣是晚清一位颇具有改革思想的亲王，是洋务运动在清政府高层中的积极倡导者和支持者。甲午战争后，宋育仁从海外归国后即上书恭亲王奕䜣，提出改革财政、改革科举制度等建议，虽然宋育仁这次上书并未通过恭亲王而对最高统治者产生影响，但宋育仁的这次上书无疑给恭亲王奕䜣留下了深刻的印象。1896年初，宋育仁受命回四川办理商务、矿务，恭亲王奕䜣得知后，则令四川总督鹿传霖鼎力协助宋育仁，凡事予以方便，不可为难。宋育仁赴川上任临行前，恭亲王奕䜣召见了他，并语重心长地告诫他此行务必不负重托，不辱使命："此事虽有旨与川督讲求，事实依汝办。奉赠两言：曰有操守，曰有担当。"体现出恭亲王奕䜣对宋育仁的重视和关怀之意。对恭亲王的临别赠语，宋育仁恭敬谦卑地回应曰："操守素不敢苟，仰体王德，意益加慎；至于担当二字，名微位卑，尚未敢承。"恭亲王奕䜣听后，颇能理解他的苦衷，立即安慰他压力不必太大，告之已安排四川总督与之分忧："然正惟其难，故同日有旨与川督，乃欲其和衷共济也。"宋育仁到四川后，还与恭亲王保持书信联系，书信中有"身在江湖，心非木石"之类的话，表达了他对恭亲王的思念。恭亲王奕䜣去世后，宋育仁闻信，悲痛万分。"顿足叹曰：'大局从此危矣！'夜被酒，悲不自胜，痛苦达旦。"[①]由此足见宋育仁与恭亲王之情谊深厚，二人都具有改变现状的改革思想，恭亲王为当时统治集团高层中具有改革思想的代表人物，宋育仁则以倡导维新变法而知名于时，因此，二者在某些问题上可谓志同道合，故而能结交为友。

与翁同龢。翁同龢为晚清重臣，曾为"同治、光绪两朝帝

[①]此段中所有引文均出自——宋育仁：《哀怨集》（附《城南词》一卷），羊鸣山房校印，线装书，1910年版，第8页。

师，十载枢臣"，他身份尊贵，但为人谦和，善于招贤纳士，非常赏识有才之士，不少中下层京官都成其门客，宋育仁也有幸成为其中一员。光绪十四年七月二十七日（1888年9月），宋育仁首次拜访翁同龢，在拜访的过程中，宋育仁针对如何解决国家财政窘迫问题提出自己的主张，这给翁同龢留下了深刻印象。据史料记载，初次来访的宋育仁的确给翁同龢留下了非常好的印象，在当天的日记中，身居高位、日理万机的翁同龢还专门记载了宋育仁来拜访的这件事，日记中对宋育仁予以较高评价："此人王壬秋之高弟，善词章，其言欲令各省解金以为饷，而国家持之以取利，计一年可得数百万。"①这次会面之后，宋育仁还多次拜访了翁同龢。同年十一月份，宋育仁再次拜见了翁同龢。②三年后（1891年），宋育仁升任为翰林院检讨，此时的翁同龢贵为帝师，在他的引荐下，宋育仁得以觐见光绪帝，光绪帝颇赏识宋育仁的才华，任命他为当年广西乡试的副主考官，③从中可见翁同龢对宋育仁的赏识及提携。对于翁同龢的知遇之恩，宋育仁铭记在心，时刻感恩思报。1894年，宋育仁被任命为驻英、法、意、比四国外交官，临出国上任前，他专门去看望翁同龢，并把刚刚修订好的阐述自己维新变法思想的代表作《时务论》送给翁同龢，翁同龢阅读后对宋育仁的才华予以高度评价，认为宋育仁为不可多得的奇才，但对宋育仁《时务论》中的改革主张并不

---

① 美国中文资料中心编辑部编：《翁同龢日记排印本（附索引）》第4册，艾文博主编：《中文研究资料中心研究资料丛书》之第六种，台北成文出版社1979年版，第1556页。

② 美国中文资料中心编辑部编：《翁同龢日记排印本（附索引）》第4册，艾文博主编：《中文研究资料中心研究资料丛书》之第六种，台北成文出版社1979年版，第1566页。

③ 美国中文资料中心编辑部编：《翁同龢日记排印本（附索引）》第4册，艾文博主编：《中文研究资料中心研究资料丛书》之第六种，台北成文出版社1979年版，第1713页。

完全赞同。"此人亦奇才,惟改制度,用术数,恐能言不能行耳!"①即便宋育仁在出使期间,仍然惦记着翁同龢,不忘写信于翁氏。收到宋育仁的海外来信后,翁同龢随即记录在了当天的日记里,并对宋育仁予以高度赞誉:"夜阴,得陈炽电,宋育仁信件(英国来),皆论时事,二君皆通才也。"②1896年,宋育仁即将赴川上任四川商务主持前,也不忘到翁同龢家专门辞行,对于上门行告别之礼的后生晚辈,翁同龢以一副长者的姿态,凭着自己身处宦海多年及丰富的人生阅历,语重心长地告诫宋育仁:"勿以钦差自居,勿擅绅董权利。"③从中足见宋育仁对翁同龢的敬重和信任以及翁同龢对宋育仁的赏识和关心。兹将笔者所找到的有关翁同龢和宋育仁两人的交往情况列表如下:

时间	翁同龢与宋育仁交往情况
光绪十四年七月二十七日 (1888年9月3日)	"丙戌庶宋育仁来见,此人王壬秋之高弟,善词章,其言欲令各省解金以为饷,而国家持之以取利,计一年可得数百万。"
光绪十四年十一月初 (1888年12月)	"宋芸子来见。"
光绪十七年五月十二日 (1891年6月18日)	"引见广西宋育仁、刘玉珂。"

---

① 美国中文资料中心编辑部编:《翁同龢日记排印本(附索引)》第4册,艾文博主编:《中文研究资料中心研究资料丛书》之第六种,台北成文出版社1979年版,第1865页。

② 美国中文资料中心编辑部编:《翁同龢日记排印本(附索引)》第4册,艾文博主编:《中文研究资料中心研究资料丛书》之第六种,台北成文出版社1979年版,第1937页。

③ 美国中文资料中心编辑部编:《翁同龢日记排印本(附索引)》第4册,艾文博主编:《中文研究资料中心研究资料丛书》之第六种,台北成文出版社1979年版,第2024页。

续表

时间	翁同龢与宋育仁交往情况
光绪二十年正月二十日（1894年2月）	"宋芸子编修（育仁）来，伊充英法参赞，即日往上海，随龚君展轮矣，以所作时务论数万言见示。此人亦奇杰，惟改制度、用术数，恐能言不能行耳。"
光绪二十一年正月十三日（1895年2月7日）	"夜阴，得陈炽电（上海发昨日到），宋育仁信（英国来），皆论时事，二君皆通才也。"
光绪二十二年二月初十（1896年3月23日）	"杨楷丁士钧来，皆有所陈说，而宋育仁同，定遭其骂耳。"
光绪二十二年四月初一（1896年5月13日）	"午正归，宋芸子检讨来（张百熙保办川中商务，廷寄发往，令鹿传霖与商，并如何任用）。"
光绪二十二年五月初三（1896年6月13日）	"宋芸子编修来辞行（归四川办商务矿务），戒其勿以钦使自居，勿擅绅董权利。"

（资料来源：美国中文资料中心编辑部编：《翁同龢日记排印本（附索引）》第4册、第5册，艾文博主编：《中文研究资料中心研究资料丛书》之第六种，台北成文出版社1979年版。）

综上所述，面对内忧外患的严峻局势，宋育仁所交往的进步人士都不约而同地产生了维新变革思想，他们无不身怀忧国忧民之心，以"天下兴亡，匹夫有责"的爱国热忱探讨着国家和民族的前途，思考着救国救民之策，宋育仁也成为其中的一分子。"近朱者赤，近墨者黑"，一个人思想观念的形成必然会受到他交往圈子的影响，因此，宋育仁的维新思想能得以形成和发展，并不是他自己闭门造车的产物，而一定与他所交往的人的思想观念的影响有关。同时，宋育仁维新思想的形成与发展也是晚清中国亟须维新变革的真实反映。

（三） 维新运动中维新派之精神感召

维新运动期间，维新派所进行的关于维新变法的理论宣传与不断掀起的维新实践活动，对宋育仁起到了极大的感召作用，也促进了他维新思想的深化与发展。

甲午战争之后，有感于民族危机的空前严重，康有为撰成《上清帝第二书》，并发起组织了"公车上书"运动，揭开了维新运动的序幕。宋育仁自海外归国后，有感于国家极度贫困衰弱的窘困状况，同时受国内不断高涨的维新运动的影响，于1896年上书朝廷，要求对经济制度进行改革，提出"开矿禁、铸金币、设银行、行币票"的经济改革主张。维新派一方面努力策动社会上层，企图通过赢得清政府最高统治者的支持来实行自上而下的改革，康有为历次上清帝书以及大量关于维新变法的奏折，正是出于此意；另一方面，维新派也从未放弃"自下而上"的活动，主要体现为三个方面：改造传统以"四书五经"为主要教学内容、以科举取士为主要目的书院，创立传播西学的新学堂，著名的有万木草堂、广仁学堂、南洋公学、时务学堂等；建立以民主参政为主要目标的学会，自1895年康有为在北京成立强学会到"百日维新"失败为止，全国共成立各种学会68个；[①]创办传播新思想、新知识和民众舆论的新式报纸，据统计，1895—1898年期间，全国各地共创办报刊39种，这些报刊的共同点就是宣传维新变法，对维新变法思潮的蓬勃发展做出了重要贡献。[②]

受国内康有为、梁启超等维新派人士借助创报刊、建学会、兴学堂等手段宣传维新变法主张的影响，维新运动期间的宋育仁

[①]张玉法：《戊戌时期的学会（1895—1898）》，载于王晓秋主编：《戊戌维新与近代中国的改革——戊戌维新一百周年学术讨论会论文集》，社会科学文献出版社2000年版，第284~285页。

[②]吴雁南等主编：《中国近代社会思潮》（第一卷），湖南教育出版社1998年版，第229~230页。

也与报刊、学会、学堂结下不解之缘。1897年11月，宋育仁联合一批具有维新思想的知识分子，在重庆创办了四川近代史上第一家具有维新倾向的报纸《渝报》。《渝报》以介绍国内外政治经济形势，宣传维新思想为己任，其与全国主要维新报纸都有业务联系，办报方针也直接效仿当时闻名全国的维新报纸《时务报》与《湘学报》，可见，宋育仁办报之举受到了维新派利用报纸宣传维新思想的影响。宋育仁不仅是《渝报》的创始人，而且还在该报上发表了大量宣传维新变法的文章，除了将其在甲午战争之前撰成的宣扬维新思想的文章如《时务论》（1891年著成初稿）、《守御论》（1893年著）登载于此报外，还发表了《车里界议》《学报序例》《复古即维新论》《原学校》《翰林院代奏呈请理财折》《宋检讨育仁债式议》等文章，大力宣扬他的维新主张。

宋育仁主持下的《渝报》以其鲜明的维新色彩，与维新运动期间维新派创办的大量报刊一样，在宣传维新、抨击时弊、传播西学、开通风气等方面做出了重要贡献，对于川渝地区维新运动的开展起到了推波助澜的积极作用。1898年初，宋育仁由重庆赴成都，成立蜀学会，以"振兴蜀学，通经致用"为主，以集会讲学为主要活动形式，讲习内容分为格致、伦理、政事三门，宋育仁与廖平、吴之英都担任过主讲，蜀学会是一个有着较强政治倾向的维新变法团体。同年5月，宋育仁创办了《蜀学报》，以昌明蜀学、推动四川省进步为宗旨，以宣传维新变法、救亡图存和传播西学为内容，以推行适用洋务和探究边事为特色，以政论、评论为舆论宣传的主要形式，成为戊戌年四川维新变法事业的重要宣传阵地，并在启迪民智、发展经济、解放思想等方面发挥了重要作用。[①]为了扩大维新宣传的影响力，宋育仁将其在《渝报》

[①]《渝报》和《蜀学报》是维新运动期间在全国有一定影响的报纸以及川蜀地区近代报纸的发端，学者对其较为重视，已有研究成果较多，参见本书绪论部分"研究现状"一节中的相关论述。

上未刊登完的《时务论》的剩余部分于《蜀学报》上连载完毕。

维新运动期间，宋育仁除了办报刊、创学会、编印西学书籍外，还十分重视新式教育改革，并且身体力行，参与其中。1898年4月，宋育仁受聘为母校尊经书院的山长，全面主持尊经书院。其间，他以"发扬圣道，讲求实学"为办学宗旨，设置了伦理、政事、格致三大类课程，大力传播西方自然科学及政治学说，积极宣扬维新变法思想。在宋育仁主持下的尊经书院，实行了与之前有所区别的独特的教育方针和教学内容，使四川长久以来信息闭塞、文化科技落后的境况得以改善。在宋育仁主持的尊经书院的影响下，四川各地创办了不少新式学校。[1]

总之，维新运动期间，宋育仁积极地参与到了维新运动之中，他从事的维新实践活动门类诸多，包括积极上书言事，办报刊，建学会，编印西学丛书，担任尊经书院山长及主讲，大力宣扬其维新变法主张，充当了四川维新运动的领袖人物，不愧为集维新理论家与实践家于一身的杰出维新志士。维新运动期间，宋育仁内容丰富的维新实践活动与他本身的爱国热情密不可分，但当时康有为、梁启超等维新派所营造出来的以上书言事、创报刊、建学会、办学堂为内容的推进维新变法运动的方式，必然对他产生了积极影响，成为他参与维新运动中所效仿的对象。

二、民族资本主义发展的刺激

甲午后国内民族资本主义的初步发展和民族资产阶级的形成，为宋育仁维新思想及实践的深化与发展提供了物质基础和阶级基础，尤其对宋育仁维新思想的深化起到了刺激作用。

---

[1]当时四川各地创办的新式学校主要有：崇实学堂（蓬溪）、中西学堂（成都）、新亚书院（荣县）、紫金精舍（广安）等，具体内容请参阅第一章第一节"生平主要经历"中的相关阐述。

虽然从19世纪70年代起就出现了近代中国最早的民族资本主义，但民族资本主义从诞生起就处于本国封建主义和外国资本主义夹缝中生存的艰难处境，发展极为缓慢。据统计，自1872年至1894年的20余年间，中国有资本额可查的近代厂矿企业共计72家，其中由民间商人投资创办的有53家，数量虽多，但资本额为4704千元；官办、官督商办企业仅有19家，虽然数量不及商办企业多，但资本额却达16208千元，①远胜前者。换句话说，甲午前20多年商办企业的资本额只占这一时期总资本额的22.4%，而官办及官督商办企业的资本额却占到了77.6%，商办企业的比重与官办及官督商办企业比起来，差距悬殊。

到甲午战后，由于清政府的经济政策发生改变，允许国内民间设厂，还逐步采取了一系列有利于民族工商业发展的举措，诸如制定并颁行有关发展民族工商业的章程、设立农工商局、支持新建铁路与开矿、发展纺织业、创办银行、消除官商之间的隔膜等，遂使中国民族工商业有了快速发展的机会。据统计，从1895年到1900年，中国新设工矿企业共计122家，其中商办企业达107家，资本额为20265千元，占总资本额的83.3%，②数据有力地说明：甲午战争后至20世纪初这几年中，商办企业资本额在总资本额中所占比重要比官办企业资本额在总资本额中的比重大得多，数量也更多。以工业门类来说，丝织业、缫丝业、轮船运输业发展速度尤其快。随着民族工业发展的规模越来越大，大机器生产的使用越来越广泛和普遍，这种现象引起了人们思想意识的明显变化，人们由对机器生产的疑惧、反对转而变为普遍接受。大机器生产的优越性促使人们改变了传统的陈旧观念，极大地激发起

---

① 严中平等编：《中国近代经济史统计资料选辑》，科学出版社1955年版，第93页。

② 杜恂诚：《民族资本主义与旧中国政府（1840—1937）》，上海社会科学出版社1991年版，第33页。

一些进步人士认识西方和学习西方的热情。

因此，甲午战争后民族资本主义的发展不仅为维新运动的开展奠定了物质基础，而且还为维新运动的兴起奠定了思想基础，蓄积了民众力量。随着民族资本主义的发展，新兴民族资产阶级的力量也逐渐成长起来，尤其是其中上层力量的壮大更为迅速和明显，他们迫切要求挣脱帝国主义和封建主义势力的双重压迫和束缚，大力呼吁为中国民族资本主义的发展开辟道路，甲午战争后兴起的维新变法思潮，从根本上来说反映的正是日益壮大的民族资产阶级上层的愿望和呼声。宋育仁本人并非民族资产阶级上层的一分子，但作为一名在一定程度上背离传统墨守成规思想的士大夫以及一名倡导变法的维新派人士，他所提倡的维新变法主张却反映了民族资产阶级上层的利益诉求。此外，他积极呼吁清政府实行维新变法，改革现状，向西方学习，大力发展资本主义政治、经济、军事、文化、教育等，从这个角度来说，他又充当了民族资产阶级代言人的角色。

第五章 宋育仁维新思想的特点

人都是时代的产物，每一个人的思想言行都会被打上深深的时代烙印，正如黑格尔所说："没有人能够超越他的时代，正如没有人能超越他的皮肤一样。个人作为时代的产儿，更不是站在他的时代以外。"①宋育仁作为近代中国的一位历史人物，不可避免地要受到中国近代整体历史环境的影响，他的思想中带有独特的中国近代痕迹也属于情理之中，一方面宋育仁具有近代人物所具有的共性，另一方面由于人物的个性差异，他也有自身独有的特点。同时，宋育仁的维新思想既有其进步与不凡之处，也存在一定的局限性。

第一节　西学中源　复古改制

一、倡"西学中源"说

宋育仁积极主张维新变法，向西方学习，对现存制度从政治、经济、军事、教育、文化等方面进行革新。政治方面，他严厉抨击君主专制制度下官僚制度的弊端，提出均官制、整顿吏治的主张，要求效仿西方设立议院制度，并且提出了设立议院的具体方案；经济方面，宋育仁要求大力发展民族资本主义工商业，呼吁进行币制、盐政、税制改革，提倡兴建铁路、兴办公司、发

---

① ［德］黑格尔著，贺麟、王大庆译：《哲学史讲演录》第1卷，商务印书馆1959年版，第56~57页。

展交通事业、设立银行等；军事方面，他提出以西方军事体制为榜样，通过改革兵制、创办军事学堂来培养近代军事人才；教育方面，宋育仁主张改革传统教育制度，对科举制度进行改革，改变科举制度务虚不务实的教学风格，主张兴办新式学堂，向学生不仅传授中学还要传授西学等。但是，在对待西学和中学的态度上，宋育仁持坚定的"西学中源"说，在他心目中，不仅西学的源头在中学，而且中学还优于西学。为证明中学比西学更优越，宋育仁积极倡导明末清初就已经开始传播的"西学中源"说。他认为，不仅西学源自于中国，就连西器、西艺、西政、西教以及西方的语言文字都根源于中国。为证明自己的观点，宋育仁在论述西学或者西方有关情况的时候，总要有意识地主动进行中西之间的比附，以此来证明西学确实源自于中国古代，传统文化的优越感在宋育仁身上得到了充分的体现。

宋育仁所宣扬的"西学中源"说是一种肇始于明末清初，前后持续了二百年之久，至少在19世纪末20世纪初仍然流行的文化观。这种文化观在明末清初形成之后，随着清代中叶中西文化交流的中断，曾一度消沉。自近代以来，随着西方列强的武力入侵，大规模的西学东渐从此伊始，中西文化再次发生激烈的冲突与交融，中国人不得不开始重新面对西方文化，于是，作为中国人早期认知西学时所持的"西学中源"说又再度出现。这种文化观虽然对于认同西学、复兴古学、会通中西文化、引进西学起到一定的积极作用，但它毕竟是一种"一源辐射"的文化传播观与非科学的方法论，而且它把中国文化视为西方文化的源头，视西学为中学的衍生，牵强附会地比附中学和西学，将古与今混为一谈，旨在极力维护中学的文化中心地位。近代以来，持"西学中源"说者不乏其人。鸦片战争前后的林昌彝、邹伯奇、梁廷枏、陈澧均持"西学中源"说。到19世纪60年代以后，随着"中体西用"思想的萌生与传播，"西学中源"的观点亦日渐盛行。之后，各个派别中持"西学中源"说者不乏其人。如洋务派领袖奕䜣在驳斥倭仁反对在同文馆增设天文算学馆时，就以"西学中源"说作为依据，宣称："查西术之借根，实本于中术之无元，彼西土犹且为东来法。其实法固中国之法也。中国创其法，西人袭之。"①早期维新派代表人士如王韬、薛福成、汤震、陈炽、郑观应等均持"西学中源"观。康有为、梁启超、唐才常等戊戌维新派人士也均信奉"西学中源"。到20世纪初年，革命派中倡导"西学中源"说之人亦不乏其人，如刘师培就秉持"西学中源"的观点，专门写了一部《中国民约精义》，旨在论证以卢梭《民约论》为代表的西方近代民主思想，在中国古代典籍中都能找到对应的出处，很显然，这是其"西学中源"说的具体应用。可以说，"西学中源"说是晚清思想界认知中西文化关系的主流观点。

宋育仁便是坚定的"西学中源"说者，他的著作中体现出明显的"西学中源"色彩。以体现他维新变法思想的名著为例，在《时务论》（此书为宋育仁在甲午战争之前写成的倡导维新变法的名著）、《泰西各国采风记》（宋育仁出使英国期间写就的随笔）、《庸书·序》（维新运动期间宋育仁为陈炽《庸书》所写的序言）、《经术公理学》与《经世财政学》（清末新政期间宋育仁完成的两部维新著作）中，均贯穿了宋育仁强烈的"西学中源"说。

近代有识之士在对西学的认知过程中，发现西学之理与《周礼》多暗合相通，于是，就出现了"西学源自《周礼》"之说，宋育仁所提倡的"西学中源"说中就有很大一部分为"西学

---

① 奕䜣等：《同治五年十二月二十三日总理各国事务奕䜣等折》，载于中国史学会编：《洋务运动》（二），《中国近代史资料丛刊》之一，上海人民出版社1961年版，第24页。

源于《周礼》"说。①在《时务论》中，宋育仁在阐述西方因学习中国古代而取得的十三条富强之效时，为了说明他所持的"西学中源"说，不厌其烦地将十三条富强之效逐一进行中西之间的比附，通过比附中西说明西方富强之效均暗合于《周礼》，实际上宋育仁这是在宣扬"西学中源"说。另外，宋育仁在介绍西方议院制度之时，认为西方议院中上下议院的职责与《周礼》中记载的宰夫、司寇的职责分别相对应；在阐述西方学校优点时，他认为："（西方学校）于群萃州处考校谓之成，此犹有乡询众庶贤宾兴贤能之意。古者师道立则善人多，今外夷师道立而能者众。"②宋育仁比附中西的目的在于说明"西学中源"，他既对西方的先进事物进行积极宣传，想博采其所长，为我所用，同时又对传统文化有着强烈的认同感和优越感，并通过比附中西这种方式，不自觉地从传统文化中去寻求西方文明的源头和影子。

在出使期间，宋育仁虽然对西方文明有了近距离的切身体验和感性认识，对西方社会及西方文明的认识深度较出国之前更为深入，但是，植根于他大脑深处的"西学中源"观却并没有因出国而减弱，反有愈加增强之势，表现在他比附中西时，所列举的内容与门类更为具体、详细。比如，在谈到议院制度时，宋育仁认为西方的议院与《周礼》暗合："察议院之制，公举于乡，进而议政，如古之乡校。其上院，则如古世卿。《周礼》询群吏，询万民，朝士掌治朝之位，有众庶在焉。然则周礼并有上议院

---

① 马克锋先生认为："宋育仁是西政暗合《周礼》说的代表人物，而且他还持中西会通的观点。"（参见马克锋：《文化思潮与近代中国》，光明日报出版社2003年版，第123页、第161页）对于马先生所持观点，笔者表示基本赞同。需要强调的是，笔者认为：无论宋育仁主张西政暗合《周礼》说，还是持中西会通观，其对于中西文化最基础的认识还是"西学中源"说，前两种观点均建立在宋育仁"西学中源"说的基础上，因此，笔者在论述宋育仁的文化观时主要以其"西学中源"说为主展开论说。

② 宋育仁：《时务论》，载于于宝轩主编：《皇朝蓄艾文编》卷二·通论二，上海官书局1903年版，第26页。

在，治朝月令，众庶得入而听政，更宽于今之西制。西人略得其意，而不知治本。"①显然，宋育仁在比附中西时，表现出教条化、程式化的特点，在比附中西前，他对两种异质文化是否具有可比性考虑不足，言语中体现出他对中国古代制度的过度赞颂和对西制及西方文明的了解不足。正是在这种"西学中源"心理的支配下，宋育仁甚至自信乐观地认为："中国如设议院，进士流而相与议政，先有礼义为持议之本，遇事奉经制为法守，有疑引圣言为折衷，较外国事易而功倍，三代之治之复，名教之美名益彰。"②并且，他对"欧洲诸国皆由议院制财政"这一现象进行了解读，认为西方国家财政制度源自《周礼》："外国皆以首相兼户部，筦度支，得《周官》冢宰制国用之意。俄国有总司会计官，正如《周礼》之司会。"③至于军事方面，他也乐观地做了中西比附及评论："英德法兵制不出中国经术范围。（西方）额兵之外有备兵：一乡勇，如《周礼》起徒；二民马队，如《周礼》都家之军；三义兵，略如《周礼》羡卒与游阙矣。"④此外，他还认为西方的选士制度以及文字、历法、宗教都与中国传统文化有着千丝万缕的联系，都源自古代中国："外国选士于学合于周

---

①宋育仁：《泰西各国采风记》，载于钱锺书主编，朱维铮执行主编：《中国近代学术名著丛书》之一《郭嵩焘等使西纪六种》，三联书店1998年版，第340页。

②宋育仁：《泰西各国采风记》，载于钱锺书主编，朱维铮执行主编：《中国近代学术名著丛书》之一《郭嵩焘等使西纪六种》，三联书店1998年版，第340页。

③宋育仁：《泰西各国采风记》，载于钱锺书主编，朱维铮执行主编：《中国近代学术名著丛书》之一《郭嵩焘等使西纪六种》，三联书店1998年版，第349页。

④宋育仁：《泰西各国采风记》，载于钱锺书主编，朱维铮执行主编：《中国近代学术名著丛书》之一《郭嵩焘等使西纪六种》，三联书店1998年版，第369页。

礼，"①"西方文字由中国书契改易，"②"西历乃拾中土之遗而背本争胜，"③"耶稣教取法墨氏故流弊同归，"④"西教源于中土古巫教。"⑤总之，与踏出国门之前相比，走出国门担任外交官期间的宋育仁在论及"西学中源"时，比附中西的范围更为扩大，涉及政治、经济、军事、文字、历法、宗教等诸多方面。

宋育仁在阐述西方事物或进行中西比附时持"西学中源"说，这与早期维新派及戊戌维新派有十分相似之处。比如，早期维新派在阐述西方政治体制时，就试图将议院与中国古代政治结合起来，认为议会制度在中国"古已有之"，表现出强烈的"西学中源"观，并以此为理论指南来指引论据论证中国设立议院的合理性与必然性。陈炽、郑观应、薛福成、汤震等均持有类似"西政源自中国"的观点，其中陈炽的观点比较有代表性，他认为："泰西议院之法，本古人悬鞀建铎、闾师党正之遗意，合君民为一体，通上下为一心，即孟子所称'庶人在官'者。"并指出实行议院制度乃西方富强的重要原因："英美各邦所以强兵富国、纵横四海之根源也。"⑥早期维新派的集大成者郑观应为论证议院思想源自中国，而非产自西方，反复引证《尚书》《左传》《孟子》等思想资料，结论为："议院乃上古之意，固

---

① 宋育仁：《泰西各国采风记》，载于钱锺书主编，朱维铮执行主编：《中国近代学术名著丛书》之一《郭嵩焘等使西纪六种》，三联书店1998年版，第379页。
② 宋育仁：《泰西各国采风记》，载于钱锺书主编，朱维铮执行主编：《中国近代学术名著丛书》之一《郭嵩焘等使西纪六种》，三联书店1998年版，第389页。
③ 宋育仁：《泰西各国采风记》，载于钱锺书主编，朱维铮执行主编：《中国近代学术名著丛书》之一《郭嵩焘等使西纪六种》，三联书店1998年版，第386页。
④ 宋育仁：《泰西各国采风记》，载于钱锺书主编，朱维铮执行主编：《中国近代学术名著丛书》之一《郭嵩焘等使西纪六种》，三联书店1998年版，第396页。
⑤ 宋育仁：《泰西各国采风记》，载于钱锺书主编，朱维铮执行主编：《中国近代学术名著丛书》之一《郭嵩焘等使西纪六种》，三联书店1998年版，第394页。
⑥ 陈炽：《陈炽集》，中华书局1997年版，第107页。

非西法。"①早期维新派所持的这种"议院源自中国古代"的观点，对维新运动期间的康有为、梁启超也产生了重要影响。康有为就认为："春秋改制，即立宪法，后王奉之，以至于今。今各国所行，实得吾先圣之经义。"②梁启超还专门写了《古议院考》，对康有为的说法做了进一步发挥和深化，他甚至将儒家经典与西方的上下议院对应起来："《洪范》之卿士，《孟子》之诸大夫，上议院也；《洪范》之庶人，《孟子》之国人，下议院也。"③

综上所述，宋育仁之所以持"西学中源"说，一方面，受他大脑中根深蒂固的"夷夏观念"的影响，同时还受他内心所具有的传统文化心理模式的制约，主要受崇古、法古观念以及传统文化优越感的影响，因此，他在面对西方文化时，不自觉地要将其与中国古制进行比附；另一方面，这与宋育仁自幼所接受严格的以儒学为主的传统文化教育密不可分。由于宋育仁自幼长期受传统文化的熏陶，这就决定其思想根基与思维模式都属于传统型，再加之其中学造诣极其深厚，因此，他在介绍西方制度或宣扬其维新主张时，很自然地从他所熟悉的传统文化中寻求思想根源与立论依托。宋育仁的中学底蕴极其深厚，西学素养相对浅薄，这使得他在面对西学时不可能有过分深入和理性的认识。他大力倡导"西学中源"有利于宣扬其所推崇的复古改制主张，增强民族自信心和对传统文化的认同感，减少输入及宣传、传播西学

---

①郑观应著，夏东元编：《郑观应集》（上），上海人民出版社1982年版，第323页。

②康有为：《请定立宪开国会折》，载于中国史学会编：《戊戌变法》（二），《中国近代史资料丛刊》之一，神州国光社1953年版，第236页。

③转引自马克锋：《文化思潮与近代中国》，光明日报出版社2003年版，第99页。

的阻力，有利于激发国人的爱国热忱及对维新变法的热情支持。但是，物极必反，宋育仁在比附中西的时候，由于过度地提倡"西学中源"而甚至由此引申出"中优西劣"之义，这必然不利于以科学的态度审视西学及西方文明，从而影响到向西方学习的广度和深度。此外，宋育仁过多地拿西学来比附中学，以证明中学优越于西学，这种做法如蔓延开来，则可能导致过度崇古尚古之风。宋育仁虽然积极提倡维新变法，但是头脑中根深蒂固的夷夏观念以及"西学中源"的文化观在他的思想中还占有着重要地位，这直接影响到他认识、学习西学的态度以及其维新思想的深度与广度，对中学的过度自信与迷恋决定了他的维新主张不可能彻底，强烈的"西学中源"观成为他在民国时期思想日趋保守、主张保皇的潜在"推进剂"。

二、持"复古改制"观

在对待中西文化关系的态度上，宋育仁极力倡导"西学中源"；在宣扬维新变法方面，他以"复古改制"为旗帜来大力宣扬其维新变法主张，复古倾向浓厚；崇古、法古的思想深深地植根于他的大脑之中，他的著述中流露出他对以儒学为代表的传统文化由衷的颂扬与溢美之词，即便他在阐述其维新主张时，也时常会自觉地援引三代之盛、孔子之道，甚至以古为宗，来说明其维新思想的合理性。宋育仁这种想借助传统来打破传统的宣传方式，对于宣扬其维新变法思想有一定的积极促进作用，但这也使得他陷入其中而难以自拔，集维新与守旧的矛盾于一身，一方面，宋育仁积极提倡维新变法，其维新思想内涵丰富；另一方面，他深受纲常名教的制约与束缚，常以卫道者而自居，是儒教、圣道的忠实拥护者，他的思想中充满传统与新知、守旧与维新的交织。虽然宋育仁提倡维新变法，向西方学习，但是在宋育仁的维新思想体系中，中学尤其是孔教无疑是其根本，在他眼中，孔教几乎至善至美，其地位绝对不容动摇。

（一）宣扬"复古改制"

虽然宋育仁积极宣传西方的先进制度和先进文化，并大力呼吁维新变法，对现存体制进行变革，但他在宣传"如何变"即考虑变革方法时，十分注重从儒家经典中寻求维新变法的依据。虽然宋育仁非常向往西方文明，极力主张以西方为师，变法自强，但他自幼接受的是以儒学为主体的传统文化教育，与传统文化有着千丝万缕、难以割舍的联系，而且在面对中西文化时，宋育仁秉持坚定的"西学中源"说，在这种文化观的支配下，他提出了"复古改制"的变法主张。

宋育仁在宣扬西学、提倡维新之时，力图说明西学为中国古代所固有。他认为，中国古代圣人所讲之经术，其要旨即为富强之道，西方先进的政治制度和经济政策在中国古代早已有之，并且认为西方所采取的制度与中国古代的儒家经典《周礼》中的记载不谋而合。"以余观圣人之论治，先富而后教，由兵而反礼。其始务在富强，其术具在六经，而周官尤备。外国富强之故，乃隐合于圣人经术之用。"[①]他进一步指出："世徒震惊外国之富强，而不求其所由致。熟知其得力明效，不能出经术范围。"[②]他还充满自信地认为："先王之道则何术不备？"[③]为了证明自己的观念，宋育仁举例进行中西比较以说明西方的先进制度在中国古代早已有之："今外国户部外有又总

[①] 宋育仁：《时务论》，载于于宝轩主编：《皇朝蓄艾文编》卷二·通论二，上海官书局1903年版，第20页。

[②] 宋育仁：《泰西各国采风记》，载于钱锺书主编，朱维铮执行主编：《中国近代学术名著丛书》之一《郭嵩焘等使西纪六种》，三联书店1998年版，第369页。

[③] 宋育仁：《时务论》，载于于宝轩主编：《皇朝蓄艾文编》卷二·通论二，上海官书局1903年版，第24页。

司度司，与古制同。"① "《尚书》则如西国之古律，《周礼》及《仪礼》《礼记》则如西国之通律，《春秋》则如欧洲之公法。"②在《时务论》一书中，宋育仁为了说明外国富强之道取自于中国古代，专门列举了他所认为的西方因学习中国古代而取得的"十三效"，内容包括政治、军事、经济、教育、文化等方面，宋育仁进而感慨道："夫外域未尝闻先王之道，而其效往往合于古时者。"③

此外，宋育仁竟然自认为外国人(主要指西方国家的知识分子)虽然没有读过中国古代圣贤所著的书，但是却领悟到了书中所介绍的富强之道，中国书生虽然自幼饱读经书，却并未领会到其中所蕴含的富强之道。"外国未读中国圣人之书而能得其意，故专勤其始务，而遂收其初效。中国蒙承平而安之既久，书生不问时务，仕者守成法，又不求经术，故习其书乃反忘其意。"④宋育仁还以"富强西国亦师法于古"为由，来证明"贫弱中国更应师法古人"，很明显这是一种"复古改制"的论调："由彼已成之效，求其富强之术。然今中国之患弱而忧贫，路人知之矣。敌国之富强，反求之于古则备。用经术而富强立效，天下大安，敌国怀畏，有长久之福，圣治之名，则何所顾虑而不师于古？"⑤依照宋育仁的看法，既然西方所实行的制度都是向中国古代学习

---

①宋育仁：《时务论》，载于于宝轩主编：《皇朝蓄艾文编》卷二·通论二，上海官书局1903年版，第30页。

②宋育仁：《时务论·序言》，光绪乙未年冬月（1896年），袖海山房石印，线装单行本。

③宋育仁：《时务论》，载于于宝轩主编：《皇朝蓄艾文编》卷二·通论二，上海官书局1903年版，第25页。

④宋育仁：《时务论》，载于于宝轩主编：《皇朝蓄艾文编》卷二·通论二，上海官书局1903年版，第21页。

⑤宋育仁：《时务论》，载于于宝轩主编：《皇朝蓄艾文编》卷二·通论二，上海官书局1903年版，第26页。

的，那么现在中国推行维新变法，师法西洋，则属于找回本属于中国古代文明的东西，这样，于情于理，对于宣传维新变法，较易为思想保守以及有维新思想倾向的士人所接受。

宋育仁反复强调外国富强的原因在于其治国之策与圣人之治术相吻合，言外之意提高了中国古代治国之术的重要地位。在他看来，既然外国富强之策俱备于中国古代圣贤之书，那么"复古"自然而然成为时下救国之良策。"猝见外国之富强，震惑于心目，以为自古所未闻，圣人所不及。是非惟不知圣人之治术，并不知外国之富强何由致也。诚求外国之富强之故，乃隐合于圣人经术之用。则言救时之策者，孰又瘉复古乎？"①此外，宋育仁还从挽救国家贫弱和民族危亡的角度，阐述了进行复古改制的必要性和迫切性："人方日长炎炎，而我日凌夷不振。国贫于上，民匮于下，而官中饱，民不聊生，相激相援。会匪盗徒盈天下，有如往岁美生窃发之计。潜结横煽，伏莽俱起，此时即欲偷安而粉饰。其可得乎？顾议救时而必斤斤复古者，诚见外国之富强，在于法之密而近于古，非因循补苴之治术，所能与之争。周官圣人之经世术，外国略得其意，而其效立目睹。非汉唐以下诸人之所及见。论者不思其本，欲举国效洋，而天下哗哗不服其名，狃于习见，开口不谈，而天下洶洶，交丧其实，孰明乎外国之为治有得失乎？其失者彼夷狄之法，其得者乃古昔圣人之意也。今取证于外国富强之实效而正告天下以复古之美名。名正言顺，事成而天下悦从，而四海无不服，舍此而再思其次，则无策以自救，用此则拨乱而反治，转败而为攻。经术当兴，天故令外夷之悟我中国乎？则何幸有此万期之一时也。"②从这段长论来

---

① 宋育仁：《时务论》，载于于宝轩主编：《皇朝蓄艾文编》卷二·通论二，上海官书局1903年版，第21页。

② 宋育仁：《时务论》，载于于宝轩主编：《皇朝蓄艾文编》卷二·通论二，上海官书局1903年版，第47页。

看，宋育仁既从国家处于内忧外患危局的角度阐述了复古改制的必要性，又从西方列强因学古法古而取得富强的现实效果，以及古代圣贤之道本身具有的优越性的角度，阐述了要维新，非高扬复古之旗帜不可的道理，而且以吹响复古的号角来号召变法，似乎也名正言顺，对自幼饱受传统文化熏陶的士大夫具有一定的感召和吸引作用。宋育仁甚至乐观地预见了国家如果以"复古"之名行维新之法，则可以彻底扭转在对外反侵略战争中的不利地位，转败为胜，变弱为强。

宋育仁之所以宣扬"复古改制"，其中一条重要原因在于：他认为倘以复古之名进行变法，则较易为国人所接受，实际上在他看来，以复古之名，行维新改制之实，即要学习西方，富国强民，就应该"取证于外国富强之实效而正告天下以复古之美名。名正言顺，事成而天下悦从，而四海无不服，舍此而再思其次，则无策以自救，用此则拨乱而反治，转败而为攻"。[1] 就是说，学习西方、维新变法既不能违背儒家传统的"夷夏大防"观念，又符合祖先传统，而不学习西方，墨守成规，则是数典忘祖，不遵古训，实为儒者之耻。与宋育仁相比，维新运动期间，戊戌维新派人士在论证其倡导维新、呼吁变法的合理性和必要性时，也注重从儒家经典中寻求理论支撑和思想来源。比如，康有为撰《孔子改制考》和《新学伪经考》之意图就在于政治而非学术，他的初衷是从学术批判入手宣传"托古改制"之说，故而将孔子装扮成改革家，并在孔子身上寄托了议院、选举、民权、平等一系列资产阶级政治思想。与康有为相比，宋育仁宣扬维新变法的不同之处在于，宋育仁是以复古为幌子，高扬"复古改制"的旗帜，而没有将进

---

[1] 宋育仁：《时务论》，载于于宝轩主编：《皇朝蓄艾文编》卷二·通论二，上海官书局1903年版，第47~48页。

化论同儒家经典结合起来,而戊戌维新派则运用进化论为武器来宣扬维新变法的必然性。例如,康有为在《孔子改制考》中,第一次把进化论引入历史,并且他借用《公羊春秋传》中"据乱世""升平世""太平世"之义来分别对应君主专制、君主立宪、民主共和三种政体。按照这样的联系,外来的进化论赋予了儒学以全新意义,而儒学又使进化论得以中国化。不管是康有为还是宋育仁,他们在提出"复古改制"或者"托古改制"主张之前,都没有亲自考察西方的经历,他们对西方文明的认识都属于间接经验,都欠缺对西方社会及西方文明感性、直观、生动的认识。在变局观方面,宋育仁同早期维新派人士更为接近。早期维新派主张实行变法,但普遍宣扬"西学中源"论,给自己的变法主张披上一层复古的外衣,如陈虬认为,西人擅长之声、光、化、电、汽、热、重、矿诸学,包括"机器制造"在内,"溯其源流,皆仅仅吾周、秦诸子之绪余",均不出"六艺之外",根诸"中学"。①这种"中本西末""西学中源"的论调,使得他所倡导的维新变法主张中复古味道很浓。

  宋育仁提倡"复古改制"的另一个原因在于:他是科甲正途出身,自幼饱读诗书,具有深厚的国学素养,以儒学为核心的中国传统文化体系对其影响极深。同时他又是倾向今文经学的经学家,尤邃于礼学,自认为古圣前贤关于治国的良法美意,在"三《礼》"中已体现无遗。因而他在阐述西方社会政治制度时,常用中国古制与之对比,而且他善于穿凿阐发儒学经典中的所谓微言大义,并且拿西学附会经义发表政见。宋育仁深厚的国学素养使得他在阐述西方政教得失和社会制度等

---

① 陈虬:《论尊孔教以正学术》,载于汤志钧编:《戊戌变法人物传稿》上册,中华书局1961年版,第168页。

时，频繁地引经据典，比较附会，以中学比附西学，故而认为中国若能按照"礼失而求诸野"的古老说法，顺应时势，维新改革，变法图强，则正是复兴在中国早已失落的名教传统的捷径。

(二) 过度尊崇儒教

宋育仁既是倡导维新、呼吁变法的维新思想家和实践家，同时也是一名在政府机构中任职的文职官员，因此，他在充当民族资产阶级上层分子代言人的同时，亦保持其封建士大夫本色，他对两千多年来被奉为官方哲学的儒学，推崇备至，钟爱有加，是一位坚定的文化保守主义者。在他看来，儒学的纲常名教和伦理道德，近乎完美，永不过时，他甚至自信地认为："中国周孔之书，政教该备。"①"言论政教则必归宿于六经。"②他还言简意赅地阐述了孔教的重要作用："有教然后别于禽兽，有名教然后别于夷狄。生民之本，以教为归宿。"③在宋育仁看来，中国数千年的根基集成于孔子之身，而孔子之书中详尽地记载了先王治国之道，乃万世之表率，值得后世效仿。"中国数千年之基，开务于尧舜，集成于孔子，先王之政，备于孔子之书，为万世制作。"④宋育仁进一步夸赞孔子之书的功效，认为孔子之书兼备

---

①宋育仁：《泰西各国采风记》，载于钱锺书主编，朱维铮执行主编：《中国近代学术名著丛书》之一《郭嵩焘等使西纪六种》，三联书店1998年版，第348页。

②宋育仁：《时务论·序言》，光绪乙未年（1896年）冬月，袖海山房石印，线装本。

③宋育仁：《泰西各国采风记》，载于钱锺书主编，朱维铮执行主编：《中国近代学术名著丛书》之一《郭嵩焘等使西纪六种》，三联书店1998年版，第348页。

④宋育仁：《庸书·序》，载于赵树贵、曾丽雅编：《陈炽集》，中华书局1997年版，第2页。

治内与治外之效，后世因违背孔子原意而收效甚寡，因此，清政府应该以古为鉴，充分利用儒家经书以图治国。"夫孔子之书，言政者过半矣。《周官》治内，《春秋》治外，先富而后教，由兵而反礼，则何者不备？岂果迂疏而寡效哉，后世欲任私智，背先王，历朝之效亦可睹，又鉴于今矣。然则舍孔子何法？舍六经何向？"①即使到20世纪初，革命潮流日渐兴起，但宋育仁对儒学孔教的坚定信仰依然毫不动摇，他还专门写就了《经术公理学》一书，充当了极力捍卫传统文化的"卫道士"的角色，书中强调了经学儒术在意识形态中的根本性指导地位以及在整个国家中的重要地位。在此书序言中，宋育仁鲜明地指出，欲明公理必先明经术。"欲明公理则必求之经术矣！夫公理者，天下所同归，放诸四海皆有绳迹之可寻。"②宋育仁对公理的作用做了进一步夸大："据公理以治邦交，为宇宙合群之大事。顾必本公理以正人伦，始能据公理以治其国，推而据公理以正邦交，推而据公理以大一统。"③可见，在宋育仁心目中，儒学及承载儒学的经典之作占有极其重要的地位，尤其是其中所蕴含的治国之道极其富有价值，非常值得统治阶层从中借鉴治国之道。

维新运动期间，宋育仁在充当维新志士的同时，也扮演了儒教弘扬者的角色。一方面，宋育仁积极参与维新运动，发表维新言论，主持商业事务，主讲西学、创办报刊与学会、编印西学书刊等，他在以维新志士身份活动的同时，也充当了西方文明传播者的角色；另一方面，宋育仁把"大兴经术，发扬名教"作为他

---

① 宋育仁：《庸书·序》，载于赵树贵、曾丽雅编：《陈炽集》，中华书局1997年版，第3页。
② 宋育仁：《经术公理学·序言》，上海新马路口总发行社正本学社，上海同文社光绪丙辰年（1904年）铅印本，第7页。
③ 宋育仁：《经术公理学·序言》，上海新马路口总发行社正本学社，上海同文社光绪丙辰年（1904年）铅印本，第4页。

所极力呼吁的救国主张之一。1898年，宋育仁与友人共同创办蜀学会，在《蜀学会章程》中明确提出："同人立社讲学，所以维中夏之教，保中国之民。"①显然，捍卫孔教的牢固地位是他创办蜀学会的重要宗旨之一。他还要求入会者认真研读儒家经书，旨在从中寻求自强之策。"欲求自强，莫如反本，今拟以治律之法治经，先求群经大例数十条毫无疑义者共相遵守，再将曲折疑义，各就所造剖析，讲明利害，以能按切施于实事为主。另参考诸子政治、历代政书、本朝典章等书分业而治。"②另外，宋育仁在《蜀学会章程》中郑重申明创办蜀学会的宗旨和入会条件："以扶圣教而济时艰；入会皆以忠信为本，孝悌为先，尤须讲求气节，忠君亲上，有勇有方，隐为朝廷干城；此会以经训为主，为发扬圣道，以孔子经训为主。"③可见，在创办蜀学会之时，宋育仁首先想到的还是以发扬圣道、大兴经术为宗旨，对儒学经术深信不疑，明确规定了儒学经术对于蜀学会的绝对指导地位，以尊崇儒学这面大旗来号令会众，可谓殚精竭虑来保卫作为"封建圣道"的儒教，并要求入会者将其发扬光大，这体现出作为维新志士的宋育仁还俨然以儒教卫道士自居的一面。

宋育仁这种过分尊崇儒学、捍卫孔教的论调同他积极参与维新运动的实际行动，正好说明宋育仁思想深处维新与守旧、传统与新知的交汇和碰撞，这不仅是宋育仁个人的局限性，也是他所生存的时代的局限性，是和他一样自幼饱受以儒学为核心的传统文化熏陶的士大夫们，在面对中学与西学时难以克服的一种思想

---

① 宋育仁：《时务论·序言》，光绪乙未年（1896年）冬月，袖海山房石印，线装本。

② 宋育仁：《时务论·序言》，光绪乙未年（1896年）冬月，袖海山房石印，线装本。

③ 宋育仁：《蜀学会章程》，《蜀学报》第一期，光绪二十四年闰三月十五出版，转引自汤志钧：《戊戌变法史》，人民出版社1984年版，第208页。

深层次的矛盾状态。虽然说，儒学是中国传统文化的重要组成部分，蕴含着极其丰富的价值，但历史证明，在近代中国，只有积极向西方学习先进的科学文化和政教制度等，才是正确可行的救国出路。儒学已在同西方文化的交锋中败下阵来，本身务虚无实用等弊端早已凸显，自晚清以来就受到有识之士的批判，从儒学中已经很难找到救国救民、强国富国的药方了。

事实表明，像宋育仁这类封建士大夫出身的维新思想家在倡导维新变法之时，很难与他们头脑中根深蒂固的儒学观念彻底决裂，儒学及传统文化在他们的思想深处扎了根。和维新运动期间康有为要求设立孔教会的主张相比，宋育仁尊崇儒学的想法仅限于理论宣传，还未触及具体的实践层面；康有为则不仅大力推崇孔子学说，而且还竭力主张提高其地位，甚至主张将孔子学说定为国教。早在1895年，康有为就在《上清帝第二书》中，明确提出："今宜亟立道学一科，其有讲学大儒，发明孔子之道者，不论资格，并加征礼，量授国子之官，或备学政之选；并令乡落淫祠，悉改为孔子庙，其各善堂会馆俱令独祀孔子，庶以化导愚民，扶圣教而塞异端。"①同年由康有为发起组建的上海强学会宗旨之一就是"以孔子经学为本"，"上以广先圣孔子之教，下以成国家有用之才"。②1897年，康有为于桂林成立圣学会，不仅把"尊孔"确定为宗旨，而且还专门创立了尊孔的仪式，宗教意味十足。在百日维新期间，康有为则更念念不忘振兴孔教，并将其作为维新变法的根本，而且还多次上书光绪帝，具体阐述在中国设立孔教会的方案。康有为振兴孔教的目的主要有两方面：一方面，康有为幻想以孔教来抵御西方侵略，"培养人心，美化风俗"，立功立政；另一方面，为了消除统治者的顾虑，康有为

---

①康有为：《康有为政论集》上册，中华书局1981年版，第132页。

②上海强学会：《上海强学会章程》，载于中国史学会主编：《戊戌变法》（四），《中国近代史资料丛刊》之一，神州国光社1953年版，第389页。

宣称他所设立的孔教会是以纲常名教来支配天下百姓，不会扰乱正常的统治秩序。实际上他所宣扬的孔教完全成为了巩固封建专制统治，维护伦理纲常的精神纽带，康有为思想中笃信封建伦理道德的消极一面暴露无遗。实践证明，孔教是救不了中国的。宋育仁以及其他维新派人士钟情于孔教，企图依靠用它来凝聚人心，吸引信徒，反映了他们在理论上的贫乏和政治上的怯懦。宋育仁等维新派人士之所以对孔教深信不疑，重要原因在于他们自幼饱受以儒学为核心的传统文化的教育，以至于他们同传统文化有着千丝万缕、剪不断理还乱的联系，对维护封建统治意识形态的儒学他们更情有独钟，这导致他们在从事维新变法活动时，把儒学孔教作为号召维新变法的主要思想武器。

  总之，从冯桂芬提出"以中国之伦常名教为原本，辅以诸国富强之术"，到薛福成主张"以西人富强之术以卫我尧舜禹文武汤周公之道"，王韬亦认为"器则取诸西国，道则备当自躬"，再至陈炽坚持"夫道不变者也，器屡变者也"，以及康有为、梁启超、宋育仁等维新派人士，他们在主张维新变法之时，一方面均积极主张以西方为师，向西方学习，另一方面他们对以儒学为核心的传统文化笃信不疑，是儒学孔教的忠实维护者。因此，他们的思想中充满了传统与西学的交织，守旧与维新的矛盾。以宋育仁为例，虽然他主张维新变法，以西方为师，但是同时他也是儒家伦理纲常的坚定维护者和捍卫者。对于西方国家废除君主制度、要求男女平等、婚姻自主等进步现象，宋育仁却深感有悖于儒家伦理纲常，故斥其为谬说。"西教陋弃人伦，无君子，故有废君主、抑父权、男女同例、婚姻自主、亲不共财、贱不下贵诸缪说，陷溺其人心。"[①]此外，宋育仁虽然反对封建君主专制制

---

①宋育仁：《泰西各国采风记》，载于钱锺书主编，朱维铮执行主编：《中国近代学术名著丛书》之一《郭嵩焘等使西纪六种》，三联书店1998年版，第348页。

度，赞赏作为西方政治制度之一的议会制度，但是他却并不认同西方国家所宣扬的自由、平等思想以及作为西方另一种政体的民主共和制度。宋育仁更不主张推翻君主，认为如此做会乱了三纲中的"君为臣纲"。宋育仁虽然羡慕西方在政治、经济、军事、教育、法律等方面的先进之处，但对于西俗却不以为然，认为其鄙俗野蛮，未进文明行列。"顾育仁常从使泰西，观其政，利导整齐，而俗乃鄙倍。夫鄙倍者，戎索之旧，未进于文明。"①

可见，宋育仁与同时代其他具有维新思想的士人相比，他们均一方面倡导学习西方，维新变法，另一方面却又摆脱不了儒家传统伦理道德规范的桎梏，他们与以儒学为核心的传统文化的关系过分密切，导致他们在进行维新变法的理论宣传和实践运作时，其自身深厚的传统文化素养虽然一定程度上充当了他们从事维新运动的手段，但过度地依恋传统必然使他们背负沉重的思想包袱，成为阻碍他们在维新道路上前进的绊脚石。这种背负传统与主张维新交织、矛盾的局限性反映了近代中国知识分子在寻求救国道路上面对中西文化时的迷惘和困惑。人是时代的产物，这种现象不仅仅反映出他们个人的思想局限，更反映了整个时代的局限性。

第二节 关注经济 追求富强

在宋育仁维新思想体系的大厦中，经济思想即侧重于经济方面的维新思想是其中最重要也是所占比例最大的组成部分。宋育仁对经济问题表现出浓厚的兴趣和高度的热忱，用力尤多，思考

---

① 宋育仁：《庸书·序》，载于赵树贵、曾丽雅编：《陈炽集》，中华书局1997年版，第2页。

尤勤，为同时代言经济者中的佼佼者。他不仅撰有大量经济方面的著述，对不少经济问题提出自己的看法，而且还有亲身从事经济工作的丰富经历，对于经济问题可谓做到了理论建构与实践参与的结合。近代中国经济极度贫弱，对于经济问题予以高度关注的宋育仁，把追求富强作为他对经济问题高度重视的重要动力和目标之一，追求富强、关注经济是其维新思想的特点之一。

一、宋育仁关注经济的时代背景

笔者认为，近代有识之士对于经济问题的高度关注是宋育仁维新思想体系内涵侧重于经济方面的大的时代背景，也是其关注经济、追求富强的重要外因。在整个近代中国，追求富强一直是时代发展的重要主题之一，同时也是当时国人的共同愿望。尤其是自19世纪60年代之后，遭受农民起义重创和英法联军蹂躏的国家处境艰难，贫弱状况惹人担忧，当时爱国有识之士对国家的经济状况颇为关注，谈论富强之道者日趋增多。"咸丰庚申变后，忧国者感于时势阽危，经世思想，殆无不集中于富强问题。"[①]的确，中国怎样才能在经济实力方面赶上西方发达资本主义国家？这正是自鸦片战争以来，多少仁人志士历尽千辛万苦，不惜奋斗牺牲一直在寻求解决的问题。不少有识之士从不同角度为解答这一问题提出各种方案、主张，并且为此进行了理论研究与论证，这也构成了中国近代经济思想史的基本内容。近代国人使用"发展"或者"经济发展"之类的词汇，是比较晚的事情。在大多数情况下，人们还是在"富强"或者"富国""富民"之类的口号下，表达发展经济，改变贫困、落后状况的美好愿望。

在近代中国，国家贫弱不堪，备受列强欺凌，国人出于自强御辱的爱国热忱，对富国、富强、富民此类主张的实现，抱有极

---

① 赵丰田：《晚清五十年经济思想史·序》，哈佛大学燕京学社1939年版。

其强烈的愿望。鉴于此，有识之士对于经济问题的关注和探讨，比历史上任何时期都更为强烈。不过，不同派别的人对于经济问题关注的角度以及追寻富强的途径有所不同。洋务运动中，洋务派先后打出"自强"与"求富"的旗号，企图通过发展军事工业与民用工业的实践活动来实现国家经济的发展，以图富强，而对经济活动学理的探研较少；清流派的主要职责虽然为弹劾官吏，举陈弊端，但他们也对如何发展经济予以思考，只不过他们所提出的经济发展之道还局限于屯垦、兴水利、轻徭薄赋、禁奢崇俭等传统的整顿经济措施，对于如何发展真正能提高国家经济实力的现代工商业缺乏关注；顽固派人士则以"忠信为甲胄，礼义为干橹"，把礼义人心作为发展经济、实现自强的理论武器，反对通过修建铁路、兴办现代工商业来促进经济发展的求富活动；早期维新派人士也对国家经济状况非常关注，王韬、薛福成、马建忠、郑观应等人均对如何谋求富强、实现国家经济发展进行过认真思考，并提出"工商立国"的思想，都主张清政府大力发展资本主义工商业，与列强进行"商战"，期望以此来击垮列强，最终实现抵御列强侵略的目的。维新运动期间，康有为、梁启超等戊戌维新派人士对经济问题也予以高度关注，他们把"富国养民"与发展资本主义工商业作为维新变法所计划实施的一项重要内容，并提出了若干发展国家经济的具体主张，如废除厘金、开垦荒地、保护专利、奖励工艺、开设铁轨等举措，体现出康有为等维新派人士对于谋求国家富强的深入思考。

二、言行并用　重视经济

正是在近代中国积贫积弱、备受列强欺凌的时代大背景之下，关注经济、追求富强才成为不少爱国有识之士所提倡和思考的重要课题。宋育仁胸怀爱国忧国之心，自觉地加入到了关心国家经济发展、积极寻求富强之道的有识之士群体之中，自其维新思想初步形成之日起，祖国的经济状况以及如何实现国家富强就成为他所关注与思考的重要目标。

在体现宋育仁早期维新思想的著作《时务论》（写成于1891年）中，就体现出宋育仁对于国家经济问题的深切关注与精心思索。一方面，《时务论》中宋育仁介绍了西方资本主义国家主要是英国的经济发展状况。比如，宋育仁为增强其所宣扬的"复古改制"说的说服力，列举并论证了外国因学习中国古代治国之道而取得富强的事例，具体表现在十三个方面，即宋育仁所说的"十三效"，其中有"九效"属于西方国家在经济方面所取得的成就，宋育仁对此给予很高的评价，他认为："外国之富，在工者四，在商者四，在泉币者一。"①并且，他对外国工商业、货币制度、公司制度、银行制度等与经济相关的情况均做了详细介绍。另一方面，在《时务论》中，宋育仁分析了当时国内工商业状况中的不合理之处，并对症下药，提出发展经济的具体措施，即以西方富强之道为榜样，"在工者四，在商者四，在钱币者一"，这与他对西方工商业状况的阐述遥相呼应。②

到甲午战争时期，宋育仁以外交官的身份出使英国，驻节伦敦，其间他着意考察了英国的经济状况，并将考察过程中的所见所闻所思所想详细记载在《泰西各国采风记》中。其中的记录表明他对英国重商现象进行过细致的观察，并有深切的体会，他还评述了英国银行、钱币、税收、铁路等经济方面的状况，提出设立银行、铸造金币、简化税收、建造铁路等发展经济的措施，显现出他对经济问题的深入思考，与出国之前相比，他对经济在国家综合实力中的重要地位有了更深刻的理解，其经济素养也比出

---

① 宋育仁：《时务论》，载于于宝轩主编：《皇朝蓄艾文编》卷二·通论二，上海官书局1903年版，第21～23页。

② 宋育仁对外国工商业情况的具体介绍及其所提出的发展工商之策，在本书第三章第三节"工商思想"中有详细论述，故本处不在赘述。

国前大为提高。甲午战争后，巨额战争赔款导致国家空前贫弱，严峻的现实使宋育仁敏锐地认识到，国库极度空虚是当时亟待解决的问题。"今日之病在乏财国匮，诚是也。"①这也使得他对经济问题更加关注，1896年他专门就经济问题给清廷上理财折，强烈建议清政府进行经济改革，提出"开矿禁，铸金币，设银行，行币票"的具体改革主张。随后，宋育仁因"善办工商"之名被朝廷任命为四川商务、矿务监督，前往重庆主持兴办四川商务事务，其间他以"抵制利权，商办为主，拒绝洋股"为兴办商务的宗旨，亲自订立《四川商务局招设公司章程》，其中体现了他创办公司的思想主张。②

20世纪初，国家遭受八国联军侵华战争的重创，尤其是《辛丑条约》中规定的空前巨额赔款，将国家的经济状况拖入到极度贫困的境地，此时的宋育仁对于国家经济现状的认识和切身感受更为深刻，振兴国家经济的愿望也更为迫切。此时的他有感于发展经济对于摆脱国家极度贫困状况的重要性之深刻认识，不仅勤于著述，撰写经济学著作，积极上奏朝廷阐述自己的经济改革主张，而且还身体力行，积极参与经济方面的实际工作，期望为振兴国家经济贡献自己的力量。一方面，宋育仁在吸收中国古代传统经济思想与借鉴国外经济学理论知识的基础上，于1905年写成了当时国内为数甚少、质量领先的专门论述经济问题的经济学专著《经世财政学》，对中国社会所面临的农业、工商业、银行、币制、度量衡等经济问题，分门别类从理论上进行了阐述；另一方面，清末新政期间，宋育仁借政府实行经济改革之际，撰写了多篇专论经济改革的奏折上奏朝廷，内容涉及理财、币制、财

---

① 宋育仁：《庸书·序》，载于赵树贵、曾丽雅编：《陈炽集》，中华书局1997年版，第2页。

② 关于宋育仁在四川主持商务期间的具体言行以及宋育仁公司思想的内涵，本书第三章第三节第二小节"对发展工商业的具体构想"中有详细阐述，此处不再赘述。

政、债务、盐政等方面,提出了他对经济改革的诸多主张,尤其以对币制改革的论述为最多。此外,20世纪初的宋育仁在为经济改革问题立言暨进行理论著述时,也时刻不忘身体力行,身先士卒,积极参与到直接与经济相关的工作中。因其超凡出众的经济学理论素养和丰富的从事经济工作的实践经验而接连被各省督抚聘为主管经济事务的官员,在实际的经济工作中实现着自己的经济维新梦。①

综上所论,在笔者看来,关注经济、追求富强是宋育仁维新思想体系的重要特征之一。一方面,宋育仁对经济问题立言颇多,留有大量相关言论和著述。他既对西方经济状况做了宣传和介绍,也剖析了当时中国经济领域中所面临的棘手问题,并结合中国的国情,对症下药,深入思考,提出了当时中国社会所存在的诸多经济问题的解决之道,内容涉及农业、工商业、币制、银行、交通、税制等经济领域,抓住了当时中国社会亟待解决的经济问题,体现出他对经济问题关注视野之宽阔,他关于经济问题的言论中所蕴含的经济思想也颇为丰富。另一方面,宋育仁多次参与经济活动,从事经济工作的经历非常丰富,从维新运动之初赴渝主持四川全省的商务事宜,到20世纪初受聘辗转于各省从事主持财政工作、主管货币局(厂)及税局等工作,并在关于中国币制问题是否自主的对外交涉中,与洋人据理雄辩,积极主张币

---

①据笔者所见,宋育仁上奏清廷的有关经济方面的奏折以及他拟定的经济方面的章程等主要有:《翰林院代奏呈请理财折》《请理财以疏国困折》《覆陈四川商务折》《说帖》《议圜法轻重纲要》《议整顿财政划一圜法章程》《特科策两篇》《议借债之式》《议变盐法设公司》《北洋银币厂改定办法》《造币厂兴替事宜说帖》《制定国币善后事宜说帖》《代拟陈币制折稿》《代前直督拟陈圜法折稿》《决定圜法附议》《议整顿盐政说帖》(资料出自:宋育仁:《经世财政学》之"目录"部分,上海同文书社1905年版)。到晚年之际,宋育仁仍然十分关心币制问题,写有《致省长督理厘正铜币书》(参见《国学月刊》第20期)。有关宋育仁20世纪初从事经济工作的具体情况,参见本书第一章第一节"生平主要经历"部分,本处不再赘述。

制自主，最终说服对方，维护了国家的主权和尊严。可以说，宋育仁对经济问题的关注做到了构建理论与实践躬行的有机结合，像宋育仁这样知行合一、理论和实践均取得丰硕成就的维新志士，在近代中国为数甚少。

第三节 忧患意识 经世观念

一、忧患意识

宋育仁生活的年代正值大动荡、大变革、大转变的晚清民国时期，面对外敌入侵、内政腐败、民族危机日益加深的严峻局面，宋育仁不可避免地受到所处的内忧外患环境的影响。从宋育仁的言行中可以感受到他具有强烈的忧患意识与爱国情怀，其言多为感时、愤事、忧国忧民之作，其行也多属爱国、维新、救国救民之举。促成宋育仁忧患意识形成的原因主要有两个方面：一方面，他的忧患意识是对中国古代文化以及古代知识分子优秀传统的继承。忧患意识是中国古代文化中的精华之一，战国时候出现的儒家经典《易经》中就首次出现"忧患"一词，此后，忧患意识与历史发展的步伐相伴随，绵延不息，成为历代知识分子所具有的优良品质。另一方面，宋育仁具有的忧患意识是近代中国社会现实的真实反映。中国历史步入近代以后，随着西方列强侵略的不断加深，传统官僚体制愈加腐败，再加上天灾人祸等因素，国人生活在内忧外患、国弱家贫的恶劣环境之中，面对每况愈下的生存状况，心怀忧患意识者也不乏其人。

近代中国一批爱国有识之士都胸怀强烈的忧患意识，如魏源、徐继畬、冯桂芬、王韬、薛福成、郑观应、康有为、梁启超、谭嗣同、孙中山、陈天华等人，他们在著述中表达出强烈的忧患意识。魏源是晚清忧患意识的阐发者，徐继畬正是在内心强烈忧患意识的支配下写成《瀛寰志略》。到第二次鸦片战争之后，西方资本主义列强对中国的侵略进一步加强，民族危机因之而日益严峻。在《校邠庐抗议》一书中，冯桂芬详细陈述了当时中国所面临的险恶生存环境，其心中的忧患意识溢于言表。到19世纪八九十年代，民族危机更为严重，列强侵略程度日益加深，传统宗藩体制濒临崩溃，清政府财政状况拮据更甚，贫弱不堪，这些极度不利于中国的状况引起了爱国有识之士的担忧。如郑观应在其名著《盛世危言》（写成于1893年）中，就写有一段痛陈时务的文字，体现出他对当时中国所面临的严峻局势忧心忡忡：“今日事变叠来，未有终极，且将有印度、波兰之惨，固非止某处而已。……则今日固天下臣民所宜同心并力，不能膜为他事待之他人者也。《易》曰：'其亡其亡，系于桑苞。'我国民其何以自处矣！"①

与近代中国身怀忧患意识的爱国有识之士相同，宋育仁也有着强烈的忧患意识，可以说内忧外患的危急时局是他维新思想产生的重要推动力之一，也是他积极参与维新实践（包括撰写维新著作、宣传西方文明、创办报刊学会、主持兴办商务等维新实践活动）、努力寻求救国之路的重要原动力之一。宋育仁的著述言行中体现出浓烈的忧患意识，以其著作《时务论》为例，此书开篇就对当时内忧外患的时局做了深刻地描述："今内则国库空虚，民不安业；会匪潜结，伏莽之戎屡起。虽旋即扑灭，而滋蔓已深；外则先亡琉球，旋失缅甸、印度，近者法夺我越南，英人进规藏卫，朝鲜叛而外附，俄坐收帕米尔地，千里藩属，侵削殆尽。外国富强，中国贫弱，不可以言治；我欲无事，彼屡生衅，不可以为安。"②在书中结尾处，为了强调维新变法的重要性与

---

① 夏东元编：《郑观应集》（上册），上海人民出版社1982年版，第343页。
② 宋育仁：《时务论》，载于于宝轩主编：《皇朝蓄艾文编》卷二·通论二，上海官书局1903年版，第20页。

紧迫性，以警示最高统治者，宋育仁再次以忧虑的口吻描述了敌强我弱、国困民贫的危急时局，与开篇对时局的描述遥相呼应："人方日长炎炎，而我日凌夷不振。国贫于上，民匮于下，而官中饱，民不聊生，相激相煽。"①宋育仁之所以在《时务论》首尾处均对当时的危急时局做了深刻描述，与他发自内心的对国家前途与民族命运担忧的强烈的忧患意识密不可分，而对危急时局的强调，旨在说明维新变法之亟，迫在眉睫。具体来说，宋育仁的忧患意识表现为以下几个方面。

忧边疆危机。鸦片战争后列强加紧了对中国边疆地区的鲸吞蚕食，边疆地区面临前所未有的危机，尤其是19世纪七八十年代以来，边疆危机更趋严重，英国、法国觊觎西南边疆，日本、美国侵犯台湾，俄国侵略西北，日本对中国东北虎视眈眈。面对强敌压境、四面受敌、日益严峻的边疆危机，宋育仁清醒地认识到事态的严重性，他胸怀炽烈的爱国热忱，在1891年写成的《时务论》中，开篇即对中国周边的藩部和属国被列强吞并的事实做了客观陈述："先亡琉球，旋失缅甸、印度，近者法夺我越南，英人进规藏卫，朝鲜叛而外附，俄坐收帕米尔地，千里藩属，侵削殆尽。"②出于对边疆局势的高度关心，1893年，宋育仁还专门写了论述边疆危机的著作《守御论》，详细分析了当时中国边疆所面临的严峻形势，一针见血地指出：当前对中国威胁最大的"敌国外患"是蚕食我国从东北边疆到西南边疆的俄、英、法三国，其次是美、德、日三国。宋育仁认为，列强制造边疆危机的实质在于灭亡中国。对于西南边防，宋育仁尤为重视，他认为在俄、英、法三国对中国及中国周边国家的角逐中，"天下大势

---

①宋育仁：《时务论》，载于于宝轩主编：《皇朝蓄艾文编》卷二·通论二，上海官书局1903年版，第47页。

②宋育仁：《时务论》，载于于宝轩主编：《皇朝蓄艾文编》卷二·通论二，上海官书局1903年版，第20页。

在印度，印度形胜在西藏"，而四川与西藏的关系则"利害相及，休戚相关"。①在分析了严峻边疆局势的基础上，宋育仁提出了建立全国防御体系以抵制列强侵略、捍卫边疆领土安全的主张。②光绪二十年（1894年），中英两国签订《中英滇缅界约》，因边界一块名为"车里"的土地，两国发生争执，对此，宋育仁专门写下《车里界议》一文，文中他义正词严地疾呼："车里不可弃！"这表达了他坚决捍卫边疆领土、维护国家领土完整的坚定态度。宋育仁对边疆危机的密切关注，既体现了他高度的爱国热诚，也反映了其思想中强烈的忧患意识。

忧民生日艰。鸦片战争以来，国家内忧外患日益加深，接二连三的巨额战争赔款以及经常性的自然灾害，导致国弱民贫，城乡经济萧条，百姓生计颇为艰辛。生活在晚清的宋育仁目睹百姓生活之苦，其著述中不时流露出对民生问题的高度关心。19世纪90年代初，宋育仁就对国贫民困而官员中饱的丑陋现象做了深刻地揭露："今国库空虚，民不安业；国贫于上，民匮于下，而官中饱，民不聊生。"③甲午战争之后，宋育仁从英国出使一归来，就给清政府上了一件关于理财问题的奏折，他的上折理由之一就是为应对财政拮据、民生困乏的严峻形势而寻求解决之道，正如他在奏折开篇所写："国用孔殷，民生日困，详筹理财利弊办法，以济时艰事。"④这体现出宋育仁关心百姓生计

---

① 宋育仁：《守御论》，载于于宝轩主编：《皇朝蓄艾文编》卷六·通论六，上海官书局1903年版，第572页。

② 关于宋育仁边疆思想的具体内涵，本书第二章第一节第二小节中对宋育仁关于"保卫边疆，应对侵略"方面的思想主张有详细的阐述和分析，故本处不再赘述。

③ 宋育仁：《时务论》，载于于宝轩主编：《皇朝蓄艾文编》卷二·通论二，上海官书局1903年版，第20页、第47页。

④ 宋育仁：《翰林院代奏呈请理财折》，载于宋育仁：《经世财政学》卷五附篇，上海同文书社1905年版，第1页。

的良苦用心。同时，宋育仁对民间百姓贫弱至极的生存状况也颇为同情，为此，他极力反对加税于民。"国之取用又加，而民之生财如故；民间已空虚，财源将立涸，故今日理财不可但言加取必谋。"①对于百姓的生计问题，宋育仁予以持续关注。20世纪初，宋育仁再次给清廷上理财折，折中他再次强调了民生问题的重要性，并且认为"加税"于民而言实为"困民之举"，并对此举予以严厉斥责，体现出他对百姓疾苦的深切体察和由衷关怀。"富国之策，重在国计，尤重在民生。今议理财者，非加税即勒捐，民生日困，则国用何所取资？窃以国计与民生，不可误分为二事。"②此外，在宋育仁所提出的诸多维新主张中，诸如兴办铁路、简化税收、发展农业与工商业、铸造金币、改善交通、设立银行等，大多蕴含了宋育仁对民生问题的关切，体现了他希望通过将维新主张付诸实践来改善百姓生活、减轻百姓疾苦的良苦用心。

忧利权外溢。自鸦片战争以来，伴随列强入侵的同时，中国逐步沦为列强廉价的原料来源地、商品倾销市场、劳动力市场。而且，列强在华有不平等条约的庇护，对华商品输出的数量日益增多，中国的利权也越来越多地被外人所把控，尤其是甲午战争之后，列强在华获得了一系列新的政治、经济特权，这为它们加强对华经济扩张创造了极为有利的条件。因此，甲午战争后列强对华经济侵略急剧加深，改对华商品输出为资本输出，并且通过积极对华贷款、修筑铁路、投资矿山等手段，导致中国的利权进一步外溢。针对列强日益加深的经济掠夺，早期维新思想家郑观应、马建忠、何启、胡礼垣均提出过"商战"的主张，企图通过

---

① 宋育仁：《翰林院代奏呈请理财折》，载于宋育仁：《经世财政学》卷五附篇，上海同文书社1905年版，第1页。

② 宋育仁：《请理财以疏国困折》，载于宋育仁：《经世财政学》卷五附篇，上海同文书社1905年版，第8页。

大力发展商业来与列强展开竞争，从而实现抵御列强经济侵略、夺回失去利权的目的。尤其在甲午战争之后，由于清政府公开允许列强在华设厂而带来利权大量外溢。面对如此严重不利的局面，清朝统治集团内部部分有识之士也深感忧虑，并呼吁采取应对措施。如给事中褚成博与出使美、日、秘大臣伍廷芳均上奏朝廷，强调维护利权的重要性。清廷最高统治者也认识到了维护利权的重要性，"马关商约于我华民生计，大有关碍，亟宜设法补救，以保利权"。①可见，甲午后利权外溢问题确实极为严峻，引起了朝野有识之士的普遍重视。

祖国利权为列强所操控，宋育仁对此严峻局面予以高度关注。在甲午战争之前，他就认识到了掌握利权对于一国富强与否的重要性。"夫必持天下之利权，始能均天下之贫富。"②并且宋育仁在阐述其维新主张时，专门将各项维新之举与列强争夺利权的事实结合起来进行阐述，比如，他主张大力发展轮船运输业，认为此举若成功，可与洋轮争夺利权。"帆船可省半程之费用，则途旅悦从，而洋轮之利可夺。"③而且，宋育仁还从与列强争夺利权的角度，对列强把持中国海关的不利局面进行了严厉斥责，一针见血地指出了此不利局面给我方造成的严重危害。"把持之局已成，是我守籍而人食租也。"④对于中国因缺少金币而在对外贸易市场上处于弱势地位的现象，宋育仁也从争回利权的角度建议中国应在对外贸易中采用金银作为货币，并且乐观

---

① 中国史学会主编：《戊戌变法》（二），《中国近代史资料丛刊》之一，神州国光社1953年版，第3页。

② 宋育仁：《时务论》，载于于宝轩主编：《皇朝蓄艾文编》卷二·通论二，上海官书局1903年版，第20页、第30页。

③ 宋育仁：《时务论》，载于于宝轩主编：《皇朝蓄艾文编》卷二·通论二，上海官书局1903年版，第29页。

④ 宋育仁：《时务论》，载于于宝轩主编：《皇朝蓄艾文编》卷二·通论二，上海官书局1903年版，第31页。

地预料了如中国的金银货币增多,则"彼之人民为我役,而不致我之人民奔走于洋商;彼之利器为我收,不致日输我之地产以为彼奉"。①甲午战争期间,宋育仁正好以外交官的身份出使英、法、意、比四国,在目睹了西方的繁荣发达后,他对掌握利权的重要性有了更为深刻的认识。他从西方列强因控制利权而处于优势地位的角度阐述了中国自铸金币、设立银行的重要性:"外国铸币、邮政、银行相经纬,故能长驾远驭,隐操地球利权;中国不铸金币,又无银行,通用铜钱,三者皆受人以柄。"②可见,宋育仁对利权外溢的不利局面充满深切忧虑,他甚至以一些已经沦为殖民地的国家和地区被奴役的遭遇为例,以此来强调利权外溢的危害性之大,并且希望清廷统治者能吸取教训,引以为鉴。"(列强)利权在握,故所至皆坐享,而土人为服役;埃及、印度、阿洲、澳洲、南洋各岛,即中国前车之鉴。"③因此,宋育仁积极谋求维新之计,其初衷很大程度上是出于对利权外溢危害性的考虑。在1896年宋育仁给清廷上的奏折中,他再次从与列强争夺利权的角度阐明了设立银行的必要性:"设银行,凡有数利夺银行之势,足以制欧商营运之权。"④1897年,宋育仁受命在重庆设招商局,主持兴办四川商务期间,他把"与列强争夺利权"作为创办商业的宗旨之一,而且乐观地认为,如四川全省的民族工商业办得好,则"利权在我,不致受制于人,其得失盖已

---

①宋育仁:《时务论》,载于于宝轩主编:《皇朝蓄艾文编》卷二·通论二,上海官书局1903年版,第34页。

②宋育仁:《泰西各国采风记》,载于钱锺书主编,朱维铮执行主编:《中国近代学术名著丛书》之一《郭嵩焘等使西纪六种》,三联书店1998年版,第364页。

③宋育仁:《泰西各国采风记》,载于钱锺书主编,朱维铮执行主编:《中国近代学术名著丛书》之一《郭嵩焘等使西纪六种》,三联书店1998年版,第365页。

④宋育仁:《翰林院代奏呈请理财折》,载于宋育仁:《经世财政学》卷五附篇,上海同文书社1905年版,第1页。

较然可见"。①

总之，宋育仁之所以具有强烈的忧患意识，与他自幼接受以儒学为主体的传统文化的熏陶密切相关。此外，以"以天下为己任""天下兴亡，匹夫有责""先天下之忧而忧，后天下之乐而乐"为内涵的中国古代知识分子素有的优良传统对宋育仁产生了积极影响。他经常在诵读顾炎武的名句时悲伤不已，这足以表明其真诚的爱国之心以及对危难时局的强烈忧虑之情。"顾亭林曰：'天下之亡，匹夫与有责焉！'世士闻而歇之，余屡诵其言而悲不自胜也。"②因此，悲愤之余，宋育仁对边疆危机、民生问题、利权外溢、吏治腐败、币制问题、设立银行、发展民族工商业、兴办铁路等关乎国家主权与兴衰存亡的问题表现出强烈的忧患情怀，可谓忧国忧民。在强烈忧患意识的支配下，宋育仁对列强的侵略义愤填膺，对国贫民弱的现实状况亦深感痛心，于是，他积极倡导维新变法，寻求自强御辱之计。宋育仁的忧患意识贯穿于他维新思想体系的各个方面。在政治思想中，他批判腐败的吏治与不合理的官僚制度，主张效法西方，建立上下情通的议院制度，目的之一在于通过政治体制改革，为国家富强提供制度保障；在经济思想中，宋育仁极力反对由列强把持中国海关，反对列强控制中国的金融业，主张大力发展民族工商业、兴办银行、改革币制、建设铁路、发展交通，旨在与列强争夺利权；在军事思想中，他主张以西方在军事方面的先进性为榜样，建立军事学堂，学习西方军制，制造先进武器，培养军事人才，其目的在于希望国家通过发展军事得以强大，进而在对外战争中能够有效抵御列强侵略，胜敌卫国。可以说，强烈的忧患意识是贯穿于

---

①宋育仁：《覆陈四川商务折》，载于宋育仁：《经世财政学》卷六附篇，上海同文书社1905年版，第11页。

②宋育仁：《经术公理学》卷三·"正辞第三"，上海新马路口总发行社正本学社，上海同文书社光绪丙辰年（1904年）铅印本，第4页。

宋育仁维新思想体系的一个重要特征。

二、经世观念

宋育仁除了具有强烈的忧患意识之外，还具有浓厚的经世观念。一方面，宋育仁自幼饱受传统文化的熏陶，而经世思想则是中国传统文化中的精华之一，也是历代知识分子一以贯之的价值取向和优良传统，因此，宋育仁受经世观念的影响当在情理之中。从一定程度上而言，宋育仁的经世观念也是对明末清初诸大儒所倡导的经世学风以及嘉道年间经世致用思潮代表人物龚自珍、魏源、林则徐、包世臣等经世思想的继承与发展。另一方面，宋育仁在尊经书院就读期间也必然受到经世思想的影响，原因在于：其一，经世观念贯穿于尊经书院的办学宗旨和学风中，这对浸淫其中数年的宋育仁必然会产生潜移默化的熏陶和影响；其二，宋育仁的恩师王闿运为近代著名今文经学家，善讲经世致用，宋育仁授业于其门下，必受其影响。

经世观念的一个显著特征就是在看待问题时，从实际出发，直面现实，解决当下存在的现实问题。在体现宋育仁维新思想的著作中，有大量针对现实中存在的问题而提出的批评，并提出问题的解决之道，体现出强烈的经世观念。比如，在《时务论》中，宋育仁对当时中国在政治、经济（包括农业、工业、商业、币制、银行、理财等）、教育、军事、法律、交通诸领域中存在的问题进行了深入的分析和理性的批判，针对这些弊端与不足，宋育仁对症下药，提出了问题的解决之道，即以西方资本主义国家为师，师夷长技，维新变法。以政治领域为例，当时存在乾纲独断的君主专制制度、腐败的吏治以及不合理的官僚制度（如不合理的俸禄制度以及一官多职等现象）、导致冗官成灾的捐纳制度等，政治领域可谓百弊丛生，改革亟待进行。此外，针对19世纪八九十年代日益严峻的边疆危机，宋育仁以抗敌御辱为出发点，进行了深入思考，专门写就《守御论》一文，详细阐述了对付入侵列强、捍卫国家领土之策略，体现出他对边情严峻这一现实问题的密切关注与深入思考。宋育仁对于经济问题一直予以持续关注和深入思考，为了引起最高统治者对国家经济问题的高度重视，他专门给朝廷上了大量论及经济问题的奏折，内容涵盖了当时经济领域中问题较多的门类，诸如货币、农业、工业、商务、银行、财政、盐政、税收、交通等，他指出了这些经济领域中存在的问题，并提出了具体的改革措施。清末新政期间，重视经济问题的宋育仁专门写就《经世财政学》一书，从书名即可看出，宋育仁心怀经世致用之志，具有经世致用思想。书中宋育仁以西方经济学理论和中国传统经济观点为指导，从实际出发，强调了对农业、工商业、货币、银行、税制等经济领域进行改革的重要性，并提出了相应的维新之策。

总之，秉持经世观念的宋育仁与鸦片战争之前持经世致用观念的思想家们虽然都反对空谈，崇尚务实，注重解决现实问题，但是他们所关注的具体问题却有很大差别。鸦片战争之前的经世思想家们主要思考和解决封建社会长期以来经常出现的传统问题，诸如吏治腐败、武备废弛、土地兼并等问题；而宋育仁所处的时代特征与鸦片战争之前的时代特征有很大区别，即使与提倡经世致用观念的龚自珍、魏源、林则徐等人所处的时代相比，也有所不同。宋育仁所处的年代，西学东渐之潮更为汹涌且呈现出愈演愈烈之势，中外交往的增多使得国人有机会迈出国门走向世界，宋育仁也因担任外交官而得以有机会踏出国门，亲临西方使他得以有机会目睹西方文明，这极大地拓宽了他的视野，使他对西方国家的先进性有了更具体、更直观、更深刻的认识。反观中国进而比较中西，中国的落后显而易见，宋育仁于是从理性上加深了对学习西方、维新变法重要性的认识。在探求维新之策时，宋育仁采用了中西结合的方法，即一方面从传统文化资源包括经典古籍中借鉴古圣前贤的治国良策，并主张将此运用到维新改革的实际中去；另一方面，他积极以西方为师，主张学习西方先进的制度、理论、知识等，并以其作为推动维新变法进展的第一动力。宋育仁以博采古今中西之法来寻求解决现实中诸多问题的策略，既推动了经世思想在近代社会条件下内涵的不断更新和丰富，也为其维新思想体系的建构提供了思想源泉和理论指南。

结语

晚清以降，中国遭遇"数千年未有之大变局"，面对前所未有的国内外环境，国家积贫积弱，生存状况每况愈下，危机重重。为了寻求救国之路，爱国的知识分子和士大夫们进行了深入思考，在探寻强国富国之策的道路上展开艰辛的探索。一方面，以倭仁、刘锡鸿等为代表的保守主义势力，对以儒学为核心的传统文化钟爱有加。在他们的价值观中，中学优于西学，因此，他们基本反对学习西方，而主张用中国的传统文化尤其是儒家的纲常名教去应对西方的挑战，进而幻想以此来击败西方，实现强国富国。另一方面，面对灾难深重、国困民贫、日益严峻的危机局面，不少有识之士包括一批批爱国知识分子内心都有着强烈的爱国热忱和忧国忧民的情怀，有感于国家危亡的他们，审时度势，应势而变，秉承"经世致用"的爱国传统，主张向西方学习，艰难地探寻着以强国富国为宗旨的救国之道。从林则徐、魏源开始呼吁"师夷长技以制夷"，到洋务派将学习西方的舆论呼吁真正付诸实践，在实践层面真正开启了中国的近代化，再到康有为、梁启超等维新派人士掀起了轰轰烈烈的维新运动，企图以维新变法的方式实现强国梦，再至立宪派掀起的清末立宪运动，直至以孙中山为代表的革命派以革命的方式实现其救国理想。这其中，从林则徐、魏源、康有为、梁启超、严复到孙中山等，近代中国的爱国知识分子及士大夫们所构想和追求的各种救国方案都代表着向西方学习的进步思潮，代表了时势发展的进步趋势，属于近代思想史中的宝贵精神财富。

作为一名大半生都在追求维新变法的维新思想家和维新

实践家，宋育仁多半生都寄希望于通过维新变法来实现强国富国，实现维新强国的梦想，为此他孜孜不倦地在维新的道路上执着地追求和努力着，宋育仁不愧为近代中国向西方寻求救国真理的先进人物之一。他深究天下利弊，承继儒家经世致用之学，运用他所掌握的西学知识，并结合自幼积淀的深厚国学素养，对吏治、政体、边患、工商业、农业、币制、银行、交通、军事、教育等各领域中亟须解决的问题进行了深入思考，并对症下药，提出详细的解决方案。同时，作为一名级别不高的低级官员，宋育仁胸怀"天下兴亡，匹夫有责"的责任心和强烈的忧患意识，"位卑未敢忘忧国"，努力实现着"先天之忧而忧，后天下之乐而乐"的人生抱负。

虽然长期以来宋育仁在近代史上的名气不像王韬、薛福成、郑观应、马建忠、康有为、梁启超、谭嗣同、严复等维新派人士如雷贯耳，甚至少有人知其人其事，但是他以其门类庞杂的著述、博大精深的维新思想体系与丰富多样的维新实践，不愧为维新运动史及近代思想史中的珍贵精神瑰宝。为实现维新强国的梦想，宋育仁撰写了大量倡导维新之作，在近代中国他较早举起"复古改制"的旗帜，呼吁维新变法，主张学习西方，而且以"谈新政最早"而被时人誉之。早在1885年，宋育仁就写出丛书《周礼十种》，其中《周官图谱》一书，为其"复古改制"思想的产生提供了蓝图，此书的问世比康有为的《孔子改制考》早了十年。宋育仁的维新思想体系庞大，内容丰富，包罗万象，涉及面广，包括政治、经济、军事、教育、外交、法律、出版等诸多领域。由于宋育仁担任外交官的特殊身份和独特经历，使得他的维新思想比那些没有亲历西方、亲眼目睹西方文明的维新思想家更为深邃和富有见地。

与纯粹的维新思想家不同的是，宋育仁不仅是善于建构理论的"坐而言"的维新思想家，而且还是身先士卒、务实肯干的"起而行"的维新实践家。以维新运动期间为例，其间宋育仁在扮演维新思想家角色的同时，还积极参与到维新运动之中，充当了维新实践家的角色。1895年，刚从英国归来的宋育仁出任北京强学会都讲，宣讲自强维新之学；1896年，宋育仁因有精于工商之名而被清廷任命为四川商务监督，赴渝主持四川商务，抵川后他立即亲自着手订立商务章程，创办工商企业，在他的主持下，川渝大地历史上的第一批民族工商企业应运而生，客观而论，对川渝地区民族工商业的发展而言，宋育仁所做的贡献具有里程碑式的重要意义，无愧于他"川渝民族工商业创始人"的称号；维新运动期间，宋育仁积极响应维新派人士创办学会报刊、重视舆论宣传之举，创办了《渝报》《蜀学报》、蜀学会，扮演了"四川报业鼻祖"的角色；此外，他还积极传播西学，主持印行了《蜀学丛书》，亲自为孟德斯鸠的名著《法意》作注，撰成《法意钞案》一书；维新运动期间，宋育仁还受聘为当时四川最高学府尊经书院的山长，全面主持尊经书院，对书院的教学宗旨、课程设置、人才培养等诸多方面进行改革，在书院营造出了学习西学、维新变法的浓厚氛围，在他的主持下，尊经书院成为四川维新变法的大本营。可见，维新运动期间的宋育仁既向国人大力宣传介绍了西方政治、经济、教育、军事、文化等西学知识，扮演了西学传播者的角色，又以宏大的维新思想与丰富的维新实践充当了维新思想家和实践家的角色。相比之下，维新运动期间，比宋育仁成名早、名声大的王韬、马建忠、郑观应却没有像宋育仁这样如此积极参与维新运动的表现。王韬虽然对康有为的维新主张表示赞赏，但并没有参加维新变法运动的实践；马建忠在维新运动中基本没发表过议论，也没有参加维新运动的实践活动；郑观应则在维新运动中持观望态度。

宋育仁对维新事业的追求呈现出持续连贯的特点，作为一名维新派人士，宋育仁依次扮演了早期维新派、戊戌维新派、清末立宪派这三种分别代表近代中国维新运动史上三个不同演进阶段的维新派的角色，其追求维新之路与近代中国维新运动史相伴随。就其维新思想的深度与广度而言，宋育仁的维新思想与早期维新派、戊戌维新派、清末立宪派群体的其他代表人物的维新思想相比，既有共同点，又有差异性。

其一，宋育仁的维新思想同早期维新派其他代表人物的思想相比较而言，二者的共性在于：二者均坚决主张抵御列强侵略和维护国家主权与尊严，并竭力呼吁与列强争夺利权，都具有强烈的爱国主义精神；在变局观方面，二者均持历史变易观；在文化观方面，二者均持强烈的"西学中源"观，笃信封建伦理道德和纲常名教，均对儒家经学高度尊崇；在传播西学方面，二者都对西方文明的先进性有较为深刻的认识，均注重介绍和传播西方文明，均对西方自然科学技术和政治社会学说进行过宣传介绍；在维新思想的具体内涵方面，二者也有很多相同点，如均重视发展商业，都对洋务派和洋务运动的不足之处进行了猛烈的抨击，都要求整顿海关税务，都提倡君主立宪与议会制度而反对平等自由之说，而且宋育仁的议会思想与早期维新派其余代表人士的议会思想颇为相似。

二者的差异性在于：早期维新派其余代表人物对于维新变法的参与热情主要体现在著书立说方面，他们的变法主张仅仅停留在著书立说的理论建构和舆论呼吁层面，他们中直接亲身参与维新运动者甚少，而且他们各自为阵，互不团结，始终没能发起有一定规模的政治运动；而宋育仁则不愧为一名维新运动的积极参与者，他不仅重视维新理论的宣传和构建，而且还积极参与到维新运动中，将维新理论与维新实践结合在一起，身体力行，充当了维新思想家和实践家的角色。维新运动期间，宋育仁积极参与维新运动，怀着一颗强烈的爱国之心，身先士卒，以身作则。在甲午战争期间宋育仁拟借款募兵袭日，回国后正值维新运动初始，他又随即给清廷上理财折，提出了自己对于经济维新方面的主张，即"开矿，铸币，设行，行票"四项主张。维新运动之初，宋育仁受聘为北京强学会都讲，主讲维新变法，进而受命以四川商务监督之职赴渝主持四川商务，其间他积极响应国内维新派重视舆论宣传的维新之举，创办《渝报》《蜀学报》，创建维新团体蜀学会，刊印宣传西方文明的《蜀学丛书》等，主持维新运动期间四川维新运动的大本营——尊经书院，大力宣扬维新变法。虽然宋育仁也是早期维新派的代表人物之一，但宋育仁表面上以复古改制为旗帜宣扬变法，实际上却在极力主张师法西洋，维新变法，从政治、经济、军事、教育、文化等若干方面提出了维新变法的系列主张，其维新思想的深度和广度总体而言胜过了早期维新派其他代表人物。

其二，宋育仁同康有为、梁启超等戊戌维新派人士相比较而言，二者都注重利用报刊、学会等媒介及社团进行维新变法的舆论宣传，都积极传播西学，重视对西方政治制度的介绍，都对本国的政治制度比较关注，重视培养维新人才，都是维新运动的积极参与者，都既是维新思想家，又是维新实践家，都强烈主张中国发展资本主义，强烈呼吁政府即行变法，期望以维新变法为途径达到富国强民之目的。在维新变法的具体主张方面，宋育仁主张整顿吏治、发展工商与交通、建立银行、重视发展农业、改革币制、整顿税务、发展军事工业、尊儒重孔的思想与康有为等戊戌维新派人士的维新思想颇为相似。

二者的区别主要在于：在变局观方面，虽然康有为、梁启超等其他戊戌维新派人士与宋育仁都继承了历史上的"变易观"，都为维新变法摇旗呐喊，都以"托古改制"的方式鼓吹变法，①但康有为等戊戌维新派人士将进化论引入了变法领域，他们把源自西方的社会进化论与传统的历史变易观结合起来，并以此为指导宣扬变法，这要比宋育仁仅信奉历史变易观更为进步；此外，和康有为、梁启超等戊戌维新派人士相比，宋育仁的维新主张多数停留在理论呼吁层面，没有能够转化为朝廷颁布的政策予以实施，他虽然也几次上书最高统治者，阐明自己的维新主张，但未能引起最高统治者的足够重视，没有像康有为、谭嗣同、杨锐等维新派人士那样得到皇帝的信任和重用，直接参与到戊戌维新运动的高潮"百日维新"中，在其中扮演了重要角色，并且他们的维新主张也得到了最高统治者的认可，并得以以变法诏令的形式予以颁布。宋育仁寄希望于维新变法实现救亡图存的良苦用心以及尽心竭力为之努力的维新实践颇为可贵，值得称颂。从思想史的角度而言，宋育仁的维新思想丰富了近代维新思想史及近代思想史的内涵，其中的进步思想应属于近代维新思想及近代思想史宝库中一笔可贵的精神财富。再者，康有为、梁启超、谭嗣同等戊戌维新派人士对封建伦理纲常以及君主专制制度的弊端予以猛烈抨击，而宋育仁则对于封建伦理纲常深信不疑，对于封建君主专制制度批判的力度和深度也不及康有为等维新派人士。总体上，维新运动期间，宋育仁对于维新变法的规划同康有为、梁启超、谭嗣同、严复等戊戌维新派设计的维新变法方案相比而言，后者更显成熟、系统、深入。

其三，与清末立宪派的思想主张相比，宋育仁与其相同之处在于：宋育仁和立宪派人士均坚持实行君主立宪政体，支持立宪派发起的立宪运动，并积极为之奔走呼号，还专门参加了

---

① 宋育仁在宣扬其维新变法主张时，虽然表面上举着"复古改制"的旗帜，但实际上"复古改制"与"托古改制"二者实质相同，都是宣扬维新的手段和策略。

清末立宪团体之一——帝国宪政实进会，还受聘于预备立宪公会，①宣讲西方政法之学。宋育仁与清末立宪派人士的不同之处在于：宋育仁不如张謇、梁启超等立宪派人士对立宪运动参与的程度深。立宪运动期间，宋育仁主要从事经济与教育方面的工作，其间他撰写了《经世财政学》与《经术公理学》两部著作，为其维新思想体系大厦的建构添砖加瓦，其中既宣传了西方近代财政学和金融学的知识与理论，也系统阐述了他对改革当时经济制度（包括财政和金融等经济制度）与教育现状的具体主张。

宋育仁的维新思想体系内容庞杂，涉及门类众多，内涵丰富，其中不仅抓住了晚清以来中国社会亟待解决的现实问题，而且从诸多方面详细阐述了宋育仁维新变革的具体主张。针对国家政体、吏治、边疆、币制、交通、税制、金融、理财、农业、工

---

① 预备立宪公会是清末江浙立宪派为响应清廷预备立宪而设立的立宪团体，是国内出现的第一个立宪团体，也是清末存在时间最长、影响最大的立宪团体。1906年（光绪三十二年）12月16日，预备立宪公会在上海宣告正式成立，之后又在福建、北京等地相继设立分会。其成员大多数属于江苏、浙江、福建的官绅和上层资产阶级知识分子。该会根据朝廷预备立宪上谕所称"使绅民明晰国政以预备立宪"，故定名为"预备立宪公会"。该会以"发愤为学、合群进化"为宗旨，设会长1人，副会长2人，会董12人，名誉会董事若干人，驻办员、书记员、会计员各1人，编辑员、调查员、宣讲员各若干。会长与副会长任期1年，可连选连任。会长郑孝胥，副会长张謇、汤寿潜。该会成员以江浙立宪派为主体，江浙立宪派领袖张謇是该会的核心人物。预备立宪公会的活动以筹办宪政为中心，具体活动内容包括几项：其一，出版书刊，宣传宪政知识；其二，开办法政讲习所，培养宪政人才；其三，编纂商法，促成政府颁布商法；其四，推动地方自治的进行与谘议局的筹办；其五，参与国会请愿运动。1908年，该会联合各省立宪团体组成"国会研究所"，发动国会请愿运动，要求清政府速开国会，实行君主立宪。张謇、孟森等预备立宪公会成员在国会请愿运动中非常活跃。预备立宪公会的活动一直持续到武昌起义之后［参阅陈旭麓、方诗铭、魏建猷主编：《中国近代史词典》，上海辞书出版社1982年版；张海鹏、李细珠：《新政、立宪与辛亥革命（1901—1902）》，中国社会科学院近代史研究所编，张海鹏主编：《中国近代通史》（第五卷），凤凰出版传媒集团、江苏人民出版社2006年版］。

业、商业、交通等多领域存在的"顽疾",他都进行了深入细致的思考,并对症下药,开出了医治"顽疾"的药方。宋育仁所提出的多数维新变法方案,虽然当时没有被最高统治者所认可和采纳,没能转化为国家政策予以颁布实施,但是其寄希望于通过维新变法实现强国富国之梦以及为之执着探索多半生的精神,应予以充分肯定和高度评价。宋育仁的维新思想不愧为近代中国维新思想史以及近代思想史宝库中的一笔财富,其中的某些思想主张对于当下进行的改革开放也有一定的借鉴意义。此外,宋育仁丰富多样的维新实践,体现了他作为维新思想家和实践家,知行合一、用心构建维新思想与积极参与维新实践并行不悖的特点,他身披"四川报业鼻祖""川渝地区民族工商业的创始人""四川维新运动的领袖"这些光环当之无愧。与此同时,宋育仁多次给朝廷上折阐述维新变革之策,多次从事经济、教育方面的工作。总之,宋育仁包罗万象的维新思想和丰富多样的维新实践赢得了他应在近代维新运动史以及近代维新思想史及思想史、近代史上占有重要的一席之地。

宋育仁从政治、经济、教育、军事、法律、文化等若干方面入手,分析了晚清中国社会存在的问题,同时他密切关注国外的相关情况,通过比较中西来阐述自己的维新变法主张,设计出种种维新变法方案,企图以此挽救民族危亡,寻求富国之道。虽然宋育仁的维新方案大都集中于富有实践意义的现实课题,但他在阐述其维新主张之时,要求学习西方之深度、广度有一定局限性。有限的西学知识导致他对西方文明的了解往往如隔纱看日,隐隐绰绰,不得其精髓与实质。尽管宋育仁试图会通中西、糅合新旧以形成自己的理论体系,但限于阶级和历史的局限性,最终只能形成"不中不西,即中即西"的理论形态。这表现在宋育仁在阐述具体变法主张时,经常运用自己积淀深厚、训练有素的传统文化功底,先将中国古代的制度和文化注释一番,然后拿西方的制度同其比附。对西学和西方文明的不甚精通以及对传统文化的过度尊崇，导致宋育仁的维新思想深度不足。如他对西方立宪制度推崇备至，极力主张中国实行君主立宪制，但却坚决反对中国实行民主立宪制度。此外，他一边大力主张中国开设议院，伸张民权，一边又反对自由、平等思想，孰不知西方议会制度正是为保障公民自由、平等权利应运而生的。宋育仁维新思想中的局限性既是其自身的不足，也是同时代其他倡导维新之士所共同存在的不足，更与他所生存的时代局限性有关。

近代中西文化碰撞之际，宋育仁与其他探求救国之路的先进人士一样，对如何实现国家富强进行了种种积极探索。自幼接受儒学教育的他难以摆脱传统对他的影响和束缚，他以"中体西用"作为建构其维新思想及理论的指导原则，对于封建伦理道德、纲常名教，他并没有进行批判，甚至还津津乐道，与何启、胡礼垣、康有为、谭嗣同、严复、梁启超等人对三纲五常的激烈批判相比，宋育仁显得有些落后。此外，为了减轻宣扬维新变法的阻力，宋育仁打着"礼失而求诸野"的旗号，从儒家所颂扬的三代中去寻求维新变法的依据，在阐述其维新主张时不时地比附古今、比附中西、穿凿附会，这体现出宋育仁思想中对传统充满依恋的心理。正如美国学者列文森在剖析中国近代知识分子的思想状态时曾指出："近代中国知识分子在思想转变过程中有一个理智与情感的分离，即在理智上他们毫无疑问地承认西方价值，但在情感上便免不了对儒家旧说缱绻不舍。"[①]不过，我们在对历史人物进行评价时，不应该以今情测古意，过分苛求古人，对其求全责备，而应当抱之以"了解之同情"的态度，结合历史人物所处的时代对其进行评价。正如冯友兰所说："历史学家知人论世，对于历史人物的评价应该着重在超过他的前人之处，不应

---

① 转引自张海林：《王韬评传》，南京大学出版社1993版，第349页。

该纠缠在他不及他的后人之处。历史的发展日新月异，特别在近代尤为迅速，前人不及后人又何待言。"①

总之，由于时代与阶级等多种因素的制约，宋育仁维新思想中的闪光点与局限性并存。宋育仁以其卓尔不凡的言行扮演了多种角色：走出国门的驻外使节、维新思想家、维新实践家、四川和重庆报业鼻祖、川渝民族工商业的创始人、维新运动巴蜀地区领袖、传播西方文明的急先锋、传统文化素养深厚的国学家等，他无疑是中国近代史上芸芸众生中的少数杰出人物之一。

---

①冯友兰：《中国哲学史新编》第6册，人民出版社1989年版，第149页。

参考文献

一、史料

1. 宋育仁：《时务论》，载于于宝轩主编：《皇朝蓄艾文编》卷二·通论二，上海官书局1903年版。

2. 宋育仁：《泰西各国采风记》，载于钱锺书主编，朱维铮执行主编：《郭嵩焘等使西纪六种》，《中国近代学术名著丛书》之一，三联书店1998年版。

3. 宋育仁：《泰西各国采风记》（附《时务论》一卷，《纪程感事诗》一卷），光绪二十一年（1895年）刻本。

4. 宋育仁：《借筹记》，光绪二十年（1894年）印，江安傅氏捐。

5. 宋育仁：《守御论》，载于于宝轩主编：《皇朝蓄艾文编》卷六·通论六，上海官书局1903年版。

6. 宋育仁：《车里界议》，载于于宝轩主编：《皇朝蓄艾文编》卷五十七，上海官书局1903年版。

7. 宋育仁：《庸书·序》，载于赵树贵、曾丽雅编：《陈炽集》，中华书局1997年版。

8. 宋育仁：《皇朝蓄艾文编·序》，载于于宝轩编：《皇朝蓄艾文编》，上海官书局1903年版。

9. 宋育仁：《经术公理学》，上海新马路口总发行社正本学社，光绪丙辰年（1904年）上海同文书社铅印本。

10. 宋育仁：《经世财政学》，光绪三十一年（1905年），线装铅印本。

11. 宋育仁：《会议银价说帖》，光绪三十三年（1907年）仲夏京报馆印。

12. 宋育仁：《四川财政录·序》，载于四川省财政厅编：《四川财政录》，中华民国十五年（1926年）版。

13. 宋育仁：《代国民鸣愿书》（八则），民国十二年（1923年）石印本。

14. 宋育仁：《宋芸子先生政法讲义》，江安傅氏捐，铅印本。

15. 宋育仁：《问琴阁文录》（共两卷），1912年版。

16. 宋育仁：《问琴阁诗录》，1912年版。

17. 宋育仁：《哀怨集》（附《城南词》一卷），羊鸣山房校印本，1910年版。

18. 宋育仁：《感事两首》，载于阎湘编：《中法中日战争诗文选译》，《近代文史名著选译丛书》之一，巴蜀书社1997年版。

19. 宋育仁："宋育仁诗"七十六首，载于《近代巴蜀诗钞》委员会编：《近代巴蜀诗钞》（上），四川出版集团、巴蜀书社2005年联合出版。

20. 宋育仁："宋育仁的部分诗"，载于钱仲联主编：《清诗纪事》第十九册（光绪朝、宣统朝卷），江苏古籍出版社1998年版。

21. 萧月高：《宋芸子先生传》，载于汪兆镛纂录：《碑传集三编》卷三五，《儒林》四，明文书局1985年版。

22. 宋维彝等：《宋芸子先生行状》，北平石老娘胡同傅沅林先生捐，1931年印，中国国家图书馆分馆藏。

23. 朱汝珍辑：《词林辑略》（第十一卷），载于周骏富辑：《清代传记丛刊》（学林类第18册）。

24. 宋育仁：《周官古经举例》。

25. 宋育仁：《宋氏四礼》，北京天华馆1933年版。

26. 宋育仁：《研究经籍古书方法》，探源公司代印。

27. 宋育仁：《同文解字》，民国四年（1915年）印刷。

28. 宋育仁：《说文讲义》（上下册），1912年版。

29. 宋育仁：《乐律举隅》。

30. 宋育仁：《三唐诗品》（共三卷），属于樊山居士编：《古今文艺丛书》（第一集），民国二年十二月（1913年）印。

31. 宋育仁：《与英国麻博士议修各国通行字典说例》，载于于宝轩编：《皇朝蓄艾文编》卷七十·学术二，上海官书局1903年版。

32. 宋育仁：《春秋经世微》，载于刘师培主编：《国故月刊》（第3期）。

33. 王东杰、陈阳编：《中国近代思想家文库·宋育仁卷》，中国人民大学出版社2015年版。

34. 美国中文资料中心编辑部编：《翁同龢日记排印本（附索引）》，艾文博主编：《中文研究资料中心研究资料丛书》之第六种，台北成文出版社1979年版。

35. 谭宗浚：《尊经书院十六少年歌并序》，载于谭宗浚：《荔村堂诗钞》卷八，收于《续修四库全书》编纂委员会编：《续修四库全书》第1564册，上海古籍出版社2002年版。

36. 王闿运：《与宋生》，载于王闿运：《湘绮楼笺启》，收于沈云龙主编：《近代中国史料丛刊》第十六集，文海出版社

1968年版。

37.刘光第：《送宋检讨充英法等国参赞》，载于《近代巴蜀诗钞》（上），四川出版集团、巴蜀书社2005年联合出版。

38.杨锐：《寄怀友人由京师还蜀》，载于沈宗元编：《杨叔峤诗集》（下卷），成都昌福公司民国三年（1914年）印。

39.张之洞：《致成都宋芸子》，载于杨家骆主编：《戊戌变法文献汇编》（二），鼎文书局印行，中华民国六十二年版。

40.上海图书馆编：《汪康年师友书札》（一）、（三），上海古籍出版社1986年版。

41.中国科学院图书馆整理：《续修四库全书总目提要》（稿本），齐鲁书社1996年版。

42.车吉心主编：《民国轶事》（第一卷），泰山出版社2004年版。

43.《德宗景皇帝实录》（四、六、九），中华书局影印，1987年版。

44.中共中央党校文史教研室中国近代史组编：《中国近代政治思想论著辑要》（上下），中华书局1986年版。

45.赵靖、易梦虹主编：《中国近代经济思想资料选辑》，中华书局1962年版。

46.赵树贵、曾丽雅编：《陈炽集》，中华书局1997年版。

47.中国史学会编：《戊戌变法》，中国史学会主编：《中国近代史资料丛刊》之一，神州国光社1953年版。

48.中国史学会编：《洋务运动》，《中国近代史资料丛刊》之一，上海人民出版社1961年版。

49.郭嵩焘等：《郭嵩焘等使西纪六种》，钱锺书主编，朱维铮执行主编：《中国近代学术名著丛书》之一，三联书店1998年版。

50.严中平等编：《中国近代经济史资料选辑》，科学出版社1955年版。

51.孙毓棠编：《中国近代工业史资料》第一辑（1840—1895），科学出版社1957年版。

52.汪敬虞编；《中国近代工业史资料》第二辑（1895—1914），中华书局1962年版。

53.夏东元编：《郑观应集》，上海人民出版社1982年版。

54.汤志钧主编：《康有为政论集》，中华书局1981年版。

55.蔡尚思、方行编：《谭嗣同全集》（增订本），中华书局1998年版。

56.魏源：《魏源集》（上册），中华书局1976年版。

57.严复：《严复集》第1册，中华书局1986年版。

58.郭嵩焘：《伦敦与巴黎日记》，岳麓书社1984年版。

二、专著

1.吴雁南、冯祖贻、苏中立、郭汉民主编：《中国近代社会思潮（1840—1949）》，湖南教育出版社1998年版。

2.葛兆光：《中国思想史（第二卷）——七世纪至十九世纪中国的知识、思想与信仰》，复旦大学出版社2000年版。

3.汪荣祖：《从传统中求变——晚清思想史研究》，百花洲文艺出版社2002年版。

4.郭汉民：《晚清社会思潮研究》，中国社会科学出版社2003年版。

5. 李泽厚：《中国近代思想史论》，天津社会科学出版社2003年版。

6. 王尔敏：《中国近代思想史论》，社会科学文献出版社2003年版。

7. 王尔敏：《中国近代思想史论续集》，社会科学文献出版社2005年版。

8. 冯友兰：《中国哲学史新编》（第6册），人民出版社1989年版。

9. 朱维铮：《求索真文明——晚清学术史论》，上海古籍出版社1996年版。

10. 张锡金：《中国近代思想文化史》，黑龙江教育出版社2004年版。

11. 郑大华：《晚清思想史》，湖南师范大学出版社2005年版。

12. 王汎森：《中国近代思想与学术的系谱》，吉林出版集团有限责任公司2011年版。

13. 章清：《清季民国时期的"思想界"》，社会科学文献出版社2014年版。

14. 汪晖：《现代中国思想的兴起》，三联书店2015年版。

15. 黄宗凯、刘菊素、孙山、罗毅：《宋育仁思想评传》，西南交通大学出版社2007年版。

16. 伍奕、多一木：《宋育仁：隐没的传奇》，四川文艺出版社、成都时代出版社2013年版。

17. 谢俊美：《政治制度与近代中国》（增补本），上海人民出版社2000年版。

18. 闾小波：《中国近代政治发展史》，高等教育出版社2003年版。

19. [日] 小野川秀美：《晚清政治思想研究》，台北时报文化出版事业有限公司1982年版。

20. 桑咸之、林翘编著：《中国近代政治思想史》，中国人民大学出版社1986年版。

21. 曹德本编：《中国政治思想史》，高等教育出版社1999年版。

22. 田海林主编：《中国近代政治思想史》，山东大学出版社1999年版。

23. 王尔敏：《晚清政治思想史论》，广西师范大学出版社2005年版。

24. 王先俊、章征科编著：《近代中国政治思想史》，中国科技大学出版社2006年版。

25. 萧公权：《中国政治思想史》，商务印书馆2011年版。

26. 谢世诚：《晚清道光咸丰同治朝吏治研究》，南京师范大学出版社1999年版。

27. 熊月之：《中国近代民主思想史》，上海人民出版社2002年版。

28. 许涤新、吴承明主编：《中国资本主义发展史》（第二卷），人民出版社1990年版。

29. 刘佛丁主编：《中国近代经济发展史》，高等教育出版社2001年版。

30. 孙健：《中国经济通史》（中卷），中国人民大学出版社2000年版。

31. 汪敬虞主编：《中国近代经济史（1894—1927）》，人民出版社2000年版。

32. 严中平主编：《中国近代经济史（1840—1894）》，人民出版社2001年版。

33. 马敏、朱英等：《中国经济通史》（下），湖南人民出版社2002年版。

34. 赵津主编：《中国近代经济史》，南开大学出版社2006年版。

35. 赵丰田：《晚清五十年经济思想史》，哈佛大学燕京书社1939年版。

36. 叶世昌：《近代中国经济思想史》，上海人民出版社1998年版。

37. 赵靖主编：《中国经济思想通史续集——中国近代经济思想史》，北京大学出版社2005年版。

38. 朱英：《晚清经济政策与改革措施》，华中师范大学出版社1996年版。

39. 周育民：《晚清财政与社会变迁》，上海人民出版社2000年版。

40. 周志初：《晚清财政经济研究》，齐鲁书社2002年版。

41. 刘增合：《财与政：清季财政改制研究》，三联书店2014年版。

42. 萧清编著：《中国近代货币金融史简编》，山西人民出版社1987年版。

43. 姚遂：《中国金融思想史》，中国金融出版社1994年版。

44. 叶世昌、潘连贵：《中国古近代金融史》，复旦大学出版社2001年版。

45. 张国辉：《中国金融通史》（第二卷，清鸦片战争时期至清末时期），中国金融出版社2003年版。

46. 张家骧主编：《中国货币思想史》（下），湖北人民出版社2001年版。

47. 叶世昌、李宝金、钟祥财：《中国货币理论史》，厦门大学出版社2003年版。

48. 程霖：《中国近代银行制度建设思想研究（1859—1949）》，上海财经大学出版社1999年版。

49. [美]费维恺著，虞和平译：《中国早期工业化》，中国社会科学出版社1990年版。

50. [美]陈锦江著，王笛等译：《清末现代企业与官商关系》，中国社会科学出版社2010年版。

51. 唐力行：《商人与中国近世社会》，商务印书馆2003年版。

52. 李玉：《晚清公司制度建设研究》，人民出版社2002年版。

53. 张忠民：《艰难的变迁——近代中国公司制度研究》，上海社会科学出版社2002年版。

54. 杨在军：《晚清公司与公司治理》，商务印书馆2006年版。

55. 严亚明：《晚清企业制度思想与实践的历史考察》，人民出版社2007年版。

56. 罗玉东：《中国厘金史》，商务印书馆1936年版。

57. 陈诗启：《中国近代海关史》，人民出版社2002年版。

58. 郑备军：《中国近代厘金制度研究》，中国财政经济出版社2004年版。

59. 郑学檬主编：《中国赋税制度史》，上海人民出版社2000年版。

60. 付志军：《近代中国税收现代化进程的思想史考察》，西南财经大学出版社2010年版。

61. 杨华山：《晚清厘金与中国早期现代化建设》，人民出版社2011年版。

62. 彤新春：《晚清中国道路：多元博弈下的抉择》，社会科学文献出版社2014年版。

63. 毛礼锐、沈灌群主编：《中国教育通史》（第三卷、第四卷），山东教育出版社1988年版。

64. 王炳照、阎国华主编：《中国教育思想通史》（第五卷），湖南教育出版社1994年版。

65. 董宝良、周洪宇主编：《中国近现代教育思潮与流派》，人民教育出版社1997年版。

66. 金林祥主编：《中国教育制度通史》（第六卷），山东教育出版社2000年版。

67. 粟洪武：《西学东渐与中国近代教育思潮》，高等教育出版社2002年版。

68. 施渡桥：《中国近代军事思想史》，国防大学出版社2000年版。

69. 马骏：《晚清军事揭秘》，中央广播电视大学出版社2008年版。

70. 方汉奇：《中国近代报刊史》（上），山西人民出版社1981年版。

71. 方汉奇主编：《中国新闻事业通史》（第1卷），中国人民大学出版社1996年版。

72. 钟叔河：《走向世界——近代中国知识分子考察西方的历史》，中华书局2000年版。

73. 龚书铎：《中国近代文化探索》（增订本），北京师范大学出版社1997年版。

74. 龚书铎：《中国近代文化概论》，北京师范大学出版社2010年版。

75. 马克锋：《文化思潮与近代中国》，光明日报出版社2003年版。

76. 何晓明：《返本与开新——近代文化保守主义新论》，商务印书馆2006年版。

77. 张昭军、孙燕京主编：《中国近代文化史》，中华书局2012年版。

78. 陈国庆主编：《中国近代社会转型研究》，社会科学文献出版社2005年版。

79. 隗瀛涛、周勇主编：《重庆开埠史》，重庆出版社1983年版。

80. 隗瀛涛主编：《四川近代史稿》，四川人民出版社1990年版。

81. 隗瀛涛主编：《近代重庆城市史》，四川大学出版社1991年版。

82. 周勇主编：《重庆：一个内陆城市的崛起》，重庆出版社1997年版。

83. 四川省地方志编纂委员会编纂：《四川省志·人物志》，四川人民出版社2001年版。

84. 何一民主编：《变革与发展：中国内陆城市成都现代化研究》，四川大学出版社2002年版。

85. 周勇主编：《重庆通史》[第二卷，近代史卷（上）]，重庆出版社2002年版。

86. 夏东元：《洋务运动史》，华东师范大学1996年版。

87. 关捷、唐功春、郭富纯、刘恩格总主编：《中日甲午战争全史》（第六卷，人物篇），吉林人民出版社2005年版。

88. 汤志钧：《戊戌变法人物传稿》（增订本），中华书局1961年版。

89. 吴廷嘉：《戊戌思潮纵横论》，中国人民大学出版社1988年版。

90. 孔祥吉：《康有为变法奏议研究》，辽宁教育出版社1988年版。

91. 王宪明、张勇、蔡乐苏：《戊戌变法史述论稿》，清华大学出版社2001年版。

92. 王栻：《维新运动》，上海人民出版社1986年版。

93. 汤志钧：《戊戌变法史》（修订本），上海社会科学出版社2003年版。

94. 茅海建：《戊戌变法史事考》，三联书店2005年版。

95. 黄彰健：《戊戌变法史研究》，上海书店出版社2007年。

96. 茅海建：《戊戌变法史事考二集》，三联书店2011年版。

97. 茅海建：《戊戌变法的另面——〈张之洞档案〉阅读笔记》，上海古籍出版社2014年版。

98. [美] 萧公权著，汪荣祖译：《近代中国与新世界：康有为变法与大同思想研究》，江苏人民出版社1997年版。

99. 林克光：《革命派巨人康有为》，中国人民大学出版社1999年版。

100. 龚郭清：《近代中国政治文明的构建——戊戌维新时期康有为政治改革思想研究》，社会科学文献出版社2007年版。

101. 孟祥才：《梁启超传》，北京出版社1980年版。

102. 龚郭清：《追求民族富强和人性圆满——戊戌变法时期梁启超政治思想透视》，西北大学出版社2003年版。

103. 朱俊瑞：《梁启超经济思想研究》，中国社会科学出版社2004年版。

104. [美] 本杰明·史华兹著，叶凤美译：《寻求富强——严复与西方》，江苏人民出版社1990年版。

105. 徐立亭：《晚清巨人传——严复》，哈尔滨出版社1997年版。

106. 董小燕：《严复思想研究》，浙江大学出版社2006年版。

107. 张海林：《王韬评传》，南京大学出版社1993年版。

108. [美] 柯文著，雷颐、罗检秋译：《在传统与现代性之间——王韬与晚清革命》，江苏人民出版社1998年版。

109. 王建华：《谭嗣同传》，安徽人民出版社1997年版。

110. 廖梅：《汪康年：从民权论到文化保守主义》，上海古籍出版社2001年版。

111. 张登德：《寻求近代富国之道的思想先驱——陈炽研究》，齐鲁书社2005年版。

112. 薛玉琴：《近代思想前驱者的悲剧角色——马建忠研究》，中国社会科学出版社2006年版。

113. 冯天瑜：《张之洞评传》，河南教育出版社1985年版。

114. 谢放：《中体西用之梦——张之洞评传》，四川人民出版社1995年版。

115. 黄兴涛：《文化怪杰辜鸿铭》，中华书局1995年版。

116. 王敦琴：《传统与前瞻——张謇经济思想研究》，人民出版社2005年版。

117. 周积明：《最初的纪元——中国早期现代化研究》，高等教育出版社1996年版。

118. 黎仁凯主编：《中国改革通史——救亡图存的近代化改革进程》（近代卷1840—1911），河北教育出版社2000年版。

119. 沈渭滨：《困厄中的近代化》，上海远东出版社2001年版。

120. 李斌：《顿挫与嬗变：晚清社会变革研究》，四川大学出版社2006年版。

121. 许纪霖、陈达凯主编：《中国的现代化史（1840—1949）》（第一卷），学林出版社2006年版。

122. [美] 吉尔伯特·罗兹曼主编，国家社会科学基金"比较现代化"课题组译：《中国的现代化》，江苏人民出版社2010年版。

123. 陈旭麓等编：《中国近代史词典》，上海辞书出版社

1982年版。

124. 周家珍编著：《20世纪中华人物名字号辞典》，法律出版社2000年版。

125. 乔晓军：《清代翰林传略》，陕西旅游出版社2002年版。

126. 朱彭寿编著，朱鳌、宋苓珠整理：《清代人物大事纪年》，北京图书馆出版社2005年版。

127. 郭沫若：《中国史稿》（第四册），人民出版社1962年版。

128. 陈旭麓：《近代中国的八十年》，上海人民出版社1983年版。

129. 陈旭麓：《近代中国社会的新陈代谢》，中国人民大学出版社2013年版。

130. 中国社会科学院近代史研究所编：《中国近代史稿》（第2册），人民出版社1984年版。

131. [美]费正清，刘广京编：《剑桥晚清史》（下卷），中国社会科学出版社1985年版。

132. 李侃、李时岳、李德征等：《中国近代史（1840—1919）》（第四版），中华书局1994年版。

133. 唐德刚：《晚清七十年》，岳麓书社1997年版。

134. 虞和平、谢放：《早期现代化的尝试（1865—1895）》，属中国社会科学院近代史研究所编，张海鹏主编：《中国近代通史》（第三卷），凤凰出版传媒集团、江苏人民出版社2007年版。

135. 马勇：《从戊戌维新到义和团（1895—1900）》，属中国社会科学院近代史研究所编，张海鹏主编：《中国近代通史》（第四卷），凤凰出版传媒集团、江苏人民出版社2006年版。

136.张海鹏、李细珠：《新政、立宪与辛亥革命（1901—1912）》，属中国社会科学院近代史研究所编，张海鹏主编：《中国近代通史》（第五卷），凤凰出版传媒集团、江苏人民出版社2006年版。

137.苑书义等：《中国近代史新编》（中册），人民出版社2007年版。

138.黄仁宇：《中国大历史》，三联书店2007年版。

139.徐中约：《中国近代史——1600—2000中国的奋斗》（第6版），世界图书出版公司2008年版。

140.王先明主编：《中国近代史（1840—1949）》，中国人民大学出版社2011年版。

141.郭廷以：《近代中国史纲》（第三版），格致出版社、上海人民出版社2012年版。

142.陈恭禄：《中国近代史》，中国工人出版社2012年版。

143.唐德刚：《从晚清到民国》，中国文史出版社2015年版。

144.蒋廷黻：《中国近代史》，群言出版社2015年版。

145.[美]柯文著，林同奇译：《在中国发现历史——中国中心观在美国的兴起》，中华书局2002年版。

146.罗志田：《近代中国史学十论》，复旦大学出版社2003年版。

147.郭廷以：《近代中国的变局》，九州出版社2012年版。

148.袁伟时：《晚清大变局》，线装书局2014年版。

149. 袁伟时：《文化与中国转型》，浙江大学出版社2012年版。

三、文章

1. 徐溥：《早期改良主义思想家宋育仁》，《社会科学研究》，1979年第5期。

2. 承朴：《四川近代早期农学的宣传和研究》，《今日种业》，1982年第5期。

3. 金钟：《首先举起"托古改制"旗帜的宋育仁》，《光明日报》，1984年5月30日。

4. 徐溥：《宋育仁与〈庚子秋词〉》，《文史杂志》，1985年第1期。

5. 卓清芬：《王鹏运等〈庚子秋词〉在"词史"上的意义》，《河南大学学报》（社会科学版），2010年第3期。

6. 林顿：《杨锐、刘光第、宋育仁爱国主义思想浅探——兼及维新派与光绪帝之双向依赖》，《成都大学学报》（社会科学版），1990年第1期。

7. 钟祥财：《宋育仁的经济思想》，《经济科学》，1994年第2期。

8. 许丽梅：《民国时期四川"五老七贤"述略》，四川大学2003年硕士学位论文。

9. 董凌锋：《维新运动期间宋育仁经济思想研究》，《兰州学刊》，2006年第5期。

10. 黄宗凯、刘菊素：《清末维新思想家宋育仁兴商思想探析》，《商场现代化》，2008年第36期。

11. 董凌锋：《宋育仁银行思想简论》，《保定学院学报》，2015年第1期。

12. 董凌锋：《宋育仁公司思想初探》，《保定学院学报》，2015年第3期。

13. 文成英：《近代巴蜀的"变法"散文》，《渝州大学学报》（社会科学版），2000年第2期。

14. 何承朴：《川西鼓吹变法维新的号角——〈蜀学报〉》，《四川大学学报》（哲学社会科学版），1982年第3期。

15. 凌兴珍：《试论戊戌年四川维新派的喉舌〈蜀学报〉》，载于李大明主编：《巴蜀文学和文化研究》，商务印书馆2005年版。

16. 何承朴：《四川第一家近代报纸——渝报》，《新闻与传播研究》，1983年第2期。

17. 周勇：《论〈渝报〉》，《社会科学研究》，1983年第6期。

18. 罗毅、钟盛、李飞：《〈渝报〉与宋育仁的维新事业》，《中华文化论坛》，2008年第8期。

19. 曹德权：《宋育仁：四川报业第一人》，《自贡日报》，2005年5月1日。

20. 张杰：《宋育仁：成都办报第一人》，《成都日报》，2005年10月24日。

21. 董凌锋：《维新运动期间宋育仁政治思想研究》，《太原师范学院学报》（社会科学版），2007年第1期。

22. 刘菊素：《宋育仁对西方议会制度的追求》，《历史档案》，2008年第3期。

23．刘菊素、黄宗凯：《宋育仁的法制思想》，《四川理工学院学报》（社会科学版），2007年第5期。

24．刘菊素、黄宗凯：《宋育仁的外交思想》，《中华文化论坛》，2009年第3期。

25．孙山：《宋育仁教育思想研究》，《教育评论》，2009年第6期。

26．彭华：《宋育仁与近代蜀学略论》，《历史教学问题》，2011年第2期。

27．钟永新：《麦克斯·穆勒与宋育仁的学术交往》，《宜宾学院学报》，2011年第10期。

28．彭邦明：《宋育仁与民国〈重修四川通志稿〉》，《四川图书馆学报》，2012年第1期。

29．刘菊素、黄宗凯：《清朝一次流产的袭击日本本土计划》，《芳草（经典阅读）》，2012年第3期。

30．刘永加：《计划奇袭日本的大清外交官》，《文史博览》，2014年第10期。

31．陈沫吾：《论蜀中"五老七贤"的意义》，《文史杂志》，2012年第3期。

32．邓又萍：《旧城记忆宋育仁》，《重庆与世界》，2013年第1期。

33．李晓宇：《岂有文章惊海外：辛亥革命前后宋育仁与西方人的交往》，《党政研究》，2014年第1期。

34．李树民：《宋育仁与赵熙交游考略》，《盐业史研究》，2014年第1期

35. 邓又萍：《宋育仁：重庆工商业先驱，四川报界鼻祖》，《红岩春秋》，2014年第4期。

36. 钟永新：《宋育仁故里寻访记》，《龙门阵》，2006年第1期。

37. 龙晦：《宋育仁与其〈泰西各国采风记〉》，载于西华大学、四川省文史研究馆蜀学研究中心主办：《蜀学》（第五辑），巴蜀书社2010年版。

38. 唐新梅：《四川大学图书馆藏〈问琴阁丛书五种〉版本初探》，《四川图书馆学报》，2011年第3期。

39. 程克雅：《晚清四川经学家的三礼学研究——以宋育仁、吴之英、张慎仪为中心》，载于舒大刚主编：《儒藏论坛》（第二辑），四川大学出版社2007年版。

40. 张凯：《清季民初"蜀学"之流变》，《近代史研究》，2012年第5期。

41. 祖金玉：《早期驻外使节对晚清经济变革的贡献述论》，《史学集刊》，1999年第1期。

42. 袁进：《试论晚清出洋士大夫对西方民主的理解》，《安徽史学》，1998年第2期。

43. 郭双林：《晚清驻外使领与维新运动》，《河南大学学报》，1999年第3期。

44. 祖金玉：《论早期驻外使节对西方民主政体的认识与传播》，《南开学报》（哲学社会科学版），2000年第6期。

45. 祖金玉、颜杰峰：《早期驻外使节对西方近代文明的传播及其特点》，《社会科学辑刊》，2004年第6期。

46. 祖金玉：《清末驻外使节的宪政主张》，《南京社会科学》,2005年第4期。

47.周谷平:《晚清中国人眼中的异域教育——初出国门的外交官对西方教育的观察和考量》,《浙江大学学报》(人文社会科学版),2005年第1期。

48.[德]方维规:《论近现代中国"文明"、"文化"观的嬗变》,《史林》,1999年第4期。

49.章启辉、刘平:《王闿运教育思想的经学经世特征》,《船山学刊》,2000年第4期。

50.何一民:《试论尊经书院与四川士林风气的变化》,《四川师范大学学报》,1991年第1期。

51.曲洪波:《尊经书院与晚清时期四川的经学发展略论》,《宜宾学院学报》,2009年第4期。

52.龙晦:《论薛焕、王闿运创办尊经书院》,《西华大学学报》(哲学社会科学版),2009年第6期。

53.凌兴珍:《清末民初成都中外学术文化交流》,《四川师范大学学报》(哲学社会科学版),1999年第2期。

54.陈爱平:《试论晚清重商思想》,《台州学院学报》,2002年第4期。

55.左玉河:《义利之辨与晚清重商思潮的兴起》,《晋阳学刊》,2014年第2期。

56.董贵成、赵志伟:《论维新派的经济变革思想》,《河北师范大学学报》(哲学社会科学版),2005年第2期。

57.汤志奇:《晚清政治思想超前发展论》,《安徽史学》,2004年第1期。

58.李丹:《早期维新思想家的君主立宪思潮》,《吉林师范大学学报》（人文社会科学版），2005年第5期。

59.徐小明：《晚清君主立宪思想的历史考察》，《浙江大学学报》（人文社会科学版），2008年第5期。

后记

看着即将付梓的书稿和堆满书桌的参考资料，我的心中久久难以平静，内心深处的体验是多种情感的混合，喜悦、兴奋、痛苦、遗憾……各种滋味涌上心头。此书是我在硕士、博士学位论文的基础上经过不断修改、充实写成的，它可以看作是对我攻读中国近代史专业的硕士及博士学位接受正规学术训练以来的一个阶段性总结。

时光飞逝，转眼间我硕士毕业已经近11年，博士毕业也已7年多，当年意气风发、志向远大的热血男儿在残酷现实的打压下，如今变成现实多于理想、理性多于激情的中年男人，唯有对"宋育仁研究"学术领域，尤其是对"宋育仁维新思想研究"这一课题的关注和思考一直没有变。本书选题的由来还得从我读硕士时讲起。记得在读硕士第三学期（2003年冬）的时候，导师让我考虑硕士学位论文的选题，带着问题，我去了学校图书馆查阅资料，期望能有所收获。就在我翻阅陈旭麓先生主编的《中国近代史词典》时，无意中翻到了一个辞条"宋育仁"，对人物研究感兴趣的我立刻被这一辞条吸引住了，通过阅读辞条的具体内容，我初步判断宋育仁是个有研究价值的历史人物。随后，通过请教导师和查阅相关学术史资料，最终，我将硕士学位论文的题目确定为"维新运动期间宋育仁维新思想研究"。题目确定后，我立即开始查找史料，发现宋育仁相关资料极为分散，搜寻极其不易。为了搜集撰写论文需要的原始资料，我自费到北京的国家图书馆，抄写了不少支撑论文写作的第一手史料，史料搜集之不易令我初尝做学问之艰辛，身心备受煎熬，但凭着一股不达目的不罢休的韧劲，我最终将论文写成，并以优异成绩通过硕士学位论文答辩。在攻读博士学位期间，出于对学术研究课题延续性及自身学术兴趣的考虑，我以"宋育仁维新思想研究"作为我的博士学位论文选题，延续了宋育仁研究的学术课题，最终撰写完成10万字的博士学位论文，并顺利通过了博士学位论文答辩。

有一句话叫"十年磨一剑"，意指要做好一件事，必须要经历长时间的不懈努力和不断积淀。本书的写作建立在《维新运动期间宋育仁思想研究》和《宋育仁维新思想研究》这两篇硕士、博士学位论文的基础上，笔者从2003年确定涉足宋育仁研究这个选题至今，不知不觉已经过去了近13年。本书的写作虽主要以博士学位论文为蓝本，但并不囿于此，可谓青出于蓝而胜于蓝。自启动出书计划以来，笔者对书稿进行了逐字逐词的审读、推敲、润色，吸收了关于宋育仁研究的最新成果，查阅了新发现的宋育仁相关史料，对笔者所能发现的书稿中的问题，诸如原稿篇幅较短、对宋育仁维新思想的深度挖掘不足、个别史实不准确、部分语言文字生涩等不足进行了全面、细致、系统的修改。经修改后，书稿由底稿的10万字变为如今的25万多字，新增15万多字内容，经扩充及修改后，书稿的整体质量和原稿相比应该上了一个台阶。

笔者对宋育仁进行关注和研究的十多年来，见证了宋育仁研究领域从受关注度极低和研究者极少到研究和关注宋育仁的人不断增多的变化，笔者的内心体验也经历了从因宋育仁研究领域成果少而感到哀伤、唏嘘到因目睹宋育仁相关研究成果的日益增多而欣慰、喜悦的过程。值得一提的是，进入21世纪以来，在四川报业界人士的呼吁下，宋育仁的故乡四川掀起了一股开始关注宋育仁的热潮，四川地方政府、媒体界、文化学术界等多界举行了多种活动，来缅怀宋育仁这位长期被正史遗忘的巴蜀先贤。直到2008年宋育仁诞辰150周年，宋育仁故里对宋育仁的纪念活动达到了高潮，四川专门隆重召开了纪念宋育仁先生诞辰150周年座谈会，并重修了宋育仁先生的墓地，还为宋育仁先生树立了雕塑，一系列活动都表明宋育仁这个历史人物开始得到了后世的重新审视。在此背景下，宋育仁研究领域的成果也在不断增多，从2003年笔者撰写硕士论文时仅有寥寥几篇研究宋育仁的文章，到目前有两部宋育仁专著问世（其中一部《宋育仁思想评传》为学术著作，另一部《宋育仁：隐没的传奇》为通俗读物），一部辑录了宋育仁部分著述的史料集《中国近代思想家文库·宋育仁卷》出版，专门研究宋育仁的论文和通俗文章也有数十篇发表。宋育仁先生若泉下有知，一定会感到无比欣慰！虽然宋育仁先生的受关注度日益加强，人气指数日益攀升，宋育仁研究领域呈现出日益繁荣的景象，但是已有有关宋育仁的研究成果与宋育仁先生卓尔不凡的成就还极不匹配，笔者真心期待质量更精、数量更多的宋育仁研究论著问世。

　　孤掌难鸣，孤雁难飞，仅靠个人力量的单打独斗是很难有所成就的。在本书的写作过程中，笔者得到不少贵人相助，这本书得以写成，与他们的帮助与支持密不可分，笔者内心十分感激，借此机会向这些我生命中的贵人们表示发自肺腑的由衷感谢！

　　在攻读硕士和博士阶段，我先后授业于内蒙古大学牛敬忠教授和中国人民大学何瑜教授门下，是二位先生将我领入了历史学研究的学术殿堂。两位恩师宽容乐观、平易近人、乐于助人、豁达直率的处世风格，严谨认真、一丝不苟的治学态度，渊博精深的学术水准和深邃不凡的学术见地，都潜移默化地影响着我，令我获益匪浅，终生难忘！在此书的前身即我的硕士学位论文和博士学位论文的写作阶段，论文的选题、史料的搜集、初稿的撰写、成稿后的润色等各个环节中，先后得到牛老师和何老师的精心指点，本书中凝结着两位导师的大量心血与智慧！在此，我向给予我谆谆教诲和莫大帮助的我的硕士导师牛老师和博士导师何老师表示崇高的敬意和诚挚的谢意！更令我感动的是，本书即将付梓前，我索序于二位恩师，二位先生慷慨应允，在百忙之中为我撰写了本书的序言，这令本书增色不少。道一声：师恩似海，难忘师情！

在本书的前身即我的硕士、博士学位论文写作过程中，除我的二位恩师给予我精心指导外，还有多位老师也给我提出了中肯而宝贵的意见，他们的意见对于本书的写成大有裨益，他们是：张凤翔老师、包文汉老师、李玉伟老师、陈桦老师、郭双林老师、潘向明老师、杨东梁老师、冀满红老师、黄兴涛老师、王开玺老师、孙燕京老师、郝秉键老师、杨剑利老师。在此我谨对他们表示衷心的感谢！

除去填补空白式的研究，绝大多数学术研究都建立在前人研究的基础上。同样，本书在写作过程中竭尽所能搜罗、查阅已有关于宋育仁的研究成果，理清宋育仁研究的学术史脉络，旨为在已有研究成果的基础上，更进一步深化和拓宽宋育仁研究的领域。的确，阅读已有宋育仁研究成果，令我受益匪浅，或予以我研究思路和研究视角的启迪，或予以我探寻史料的线索参考，或予以我少走弯路、有的放矢的研究方向指引，在此，我谨向辛勤创造已有宋育仁研究成果的各位老师、学者表示由衷的感谢！

　　我出生在晋西北地区晋蒙交界处的一个乡村（按行政级别讲为乡政府所在地），与内蒙古自治区仅有长城相隔（当地人称之为"一墙之隔"），家乡历史上为边关军事重镇，境内多山地少平原，多旱少雨，经济欠发达。出生于农村的我虽然自幼没有优越的生活环境，无法享受优厚的物质生活，但很庆幸也令我无比自豪的是父母对我的教育高度重视。父母都是老牌高中生，父亲从事教师职业，母亲在家操持家务（母亲在我出生之前也是教师，我出生后为照顾我而毅然辞职），在我的记忆中，父母很早就对我进行知识的启蒙，并培养我养成爱读书、爱学习的习惯。小学时的我有幸在父亲担任班主任的班里学习，父亲教育有方奠定了我小学阶段扎实的文化基础，这对我之后的学习大为裨益。为了供我读书，父母节衣缩食，但他们从来没有一句怨言，还时常对我说："凌凌，只要你爱读书，爸妈就是砸锅卖铁也供你！"父母对我一如既往的精神鼓励和源源不断的财力支持成为我一鼓作气从小学读到博士的精神动力与后方保障。本书的写作和出版过程也一直伴随着父母的关心和支持。借此机会，我对含辛茹苦给予我生命、养育我长大、培育我成才的父母表示莫大的感激之情！道一声：辛苦了，爸妈！孩儿一定不辜负你们的期望，在人生的道路上继续努力！

　　多年来姥爷对我的学业一直予以坚定支持，多次给予我雪中送炭般的经济支援和源源不断的精神鼓励，令我备受感动，绝非一个"谢"字能说清，唯有铭记在心，将姥爷对我的关怀与支持化为人生奋斗的动力，以实际成就来回报姥爷，不辜负他老人家对我的一片厚望！写作过程中妹妹董艳玲、妹夫郝新华对我的鼓励也化作我下定决心克服困难、朝着出书目标步步迈进的一股精神力量！此书的前身——我的硕士、博士学位论文得以顺利写成，与两位亲戚的关心、帮助不无关系。回想我在内蒙古大学攻读硕士学位期间，白胜大爷（教授）对我的生活、学习非常关心，时常给予我积极向上的正能量指引，使独在异乡的我深感亲情的温暖，感动之余，我将大爷对我的关心化为刻苦求学的动力。我在中国人民大学攻读博士学位期间，在京城工作的卜成大爷（美籍华人，博士，美国卡耐基训练资深讲师）不仅在物质方面对我慷慨相助，赠予我一台崭新的笔记本电脑，在精神上亦给我以莫大的鼓励，令远离家乡、经济窘迫的我倍感亲情的温暖。我的博士学位论文得以完成，大爷赠送的电脑功不可没。两位大爷对我的关心、帮助、指点、提携，我铭记在心！真诚地向你们道一声：谢谢！大姨夫朱中龙（原中央编译局译审，多年来一直从事马列主义经典著作译校工作，著名翻译家）不顾年事已高，为我精心审读了书稿，借此机会向他表示衷心的感谢！

北京燕山出版社学术分社原社长夏艳女士对本书的出版十分关心，责任编辑刘一丹女士在本书编辑过程中出力甚多，在此向她们表示由衷的谢意。在本书的修订过程中，笔者与《宋育仁文集》（此文集由我主编，即将由国家图书馆出版社于2016年推出）的责编张慧霞女士就拟收入文集中的宋育仁著述，进行过多次沟通、交流，张编辑对于《宋育仁文集》的编辑十分认真负责，与她交流也让我获益匪浅，尤其对我修订本书第一章第一节"宋育仁生平与著述"启发良多，在此向她表示由衷感谢！

本书的写作、修订主要是利用工作之余在家中进行的，感谢我的妻子喻瑞利对我生活的照顾，她强有力的后勤保障，使我得以心无旁骛地投身到书稿的写作之中。岳父、岳母对我们小家庭的关照也使我少操很多心，令我十分感动，在此一并致谢！尤其令我感到无比自豪和喜悦的是爱子鸿喻的降生，儿子的到来让我人生中第一次品尝到了做父亲的滋味，我既收获了满满的难以言表的幸福感，也感觉自己肩上的责任更重了。在书稿写作过程中，每当我疲惫困乏或者思路不畅难以继续的时候，只要看看萌态十足、无比可爱的胖虎虎（儿子的小名），幸福感便油然而生，立刻感觉浑身力量倍增、才思泉涌，这种神奇的功效或许只有天使般的儿子才能带给我！感谢儿子带给我的"超能量"！爸爸与你一起成长！

书稿虽已写完，但正如我在"后记"开头时讲的，这本书只是我接受十年历史学专业学术训练的一个阶段性总结。期望本书的出版能为宋育仁研究领域的繁荣做一点小小的贡献，引出更好、更多的研究宋育仁的著作，真正起到抛砖引玉的作用，到那时吾愿足矣！限于笔者学术水平有限，书中存在的问题肯定不少，恳请读者朋友们多提宝贵意见，也欢迎朋友们来信交流，我的邮箱地址是dlfpg@163.com。"路漫漫其修远兮，吾将上下而求索"，虽然我目前的职业并非专业学术研究，但我对宋育仁研究以及中国近代史研究领域的关注和热爱还会持续，我将会在学术研究的道路上继续攀登！

图书在版编目（CIP）数据

宋育仁维新思想研究 / 董凌锋著. —— 北京：燕山出版社，2016.6
ISBN 978-7-5402-4146-9

Ⅰ.①宋… Ⅱ.①董… Ⅲ.①宋育仁（1858-1931）-政治改革-思想评论 Ⅳ.①D092.5

中国版本图书馆CIP数据核字（2016）113597号

宋育仁维新思想研究

作者：董凌锋
责任编辑：刘一丹
封面设计：李戎
出版发行：北京燕山出版社有限公司
社址：北京市西城区陶然亭路53号
邮编：100054
电话传真：86-10-63587071（总编室）
印刷：中煤（北京）印务有限公司
开本：787毫米×1092毫米　1/16
印张：22.25
字数：260千字
版次：2016年6月第1版
印次：2016年6月北京第1次印刷
书号：ISBN 978-7-5402-4146-9
定价：49.80元